U0534508

本书为国家社科基金高校思政课研究专项"高校坚持用习近平新时代中国特色社会主义思想铸魂育人的协同机制研究"(19VSZ008)优秀结题成果

高校铸魂育人
协同机制研究

郭杰忠 等著

中国社会科学出版社

图书在版编目（CIP）数据

高校铸魂育人协同机制研究 / 郭杰忠等著 . —北京：中国社会科学出版社，2022.12

ISBN 978 – 7 – 5227 – 1210 – 9

Ⅰ.①高… Ⅱ.①郭… Ⅲ.①高等学校—人才培养—研究—中国 Ⅳ.①G649.2

中国国家版本馆 CIP 数据核字（2023）第 022165 号

出 版 人	赵剑英
责任编辑	黄　晗
责任校对	周　昊
责任印制	王　超

出　　版	中国社会科学出版社
社　　址	北京鼓楼西大街甲 158 号
邮　　编	100720
网　　址	http://www.csspw.cn
发 行 部	010 – 84083685
门 市 部	010 – 84029450
经　　销	新华书店及其他书店
印　　刷	北京明恒达印务有限公司
装　　订	廊坊市广阳区广增装订厂
版　　次	2022 年 12 月第 1 版
印　　次	2022 年 12 月第 1 次印刷
开　　本	710×1000　1/16
印　　张	15.5
字　　数	220 千字
定　　价	86.00 元

凡购买中国社会科学出版社图书，如有质量问题请与本社营销中心联系调换
电话：010 – 84083683
版权所有　侵权必究

前　　言

　　教育的首要任务是培养人。高等教育根本任务就是要培养德智体美劳全面发展的社会主义建设者和接班人,就是要回答"培养什么人""怎样培养人""为谁培养人"的根本问题。中国特色社会主义进入新时代,思想政治教育面临新形势、新任务,怎样担负起立德树人的根本任务,其中根本的一条,就是要以习近平新时代中国特色社会主义思想铸魂育人。

　　习近平新时代中国特色社会主义思想是马克思主义中国化的最新成果,是21世纪的中国马克思主义,回答了"铸什么魂、育什么人、怎样铸魂育人"的根本问题,是高校铸魂育人的最新理论成果和理论基石,是高校铸魂育人的根本要求和行动指南。用习近平新时代中国特色社会主义思想铸魂育人,就是要让学生全面把握习近平新时代中国特色社会主义思想的时代背景、丰富内容、理论逻辑、思想精髓、核心要义和精神实质,内化于心,外化于行,正确认识世界形势和中国国情,实现由感性上升为理性,由认知化为践行,由自发上升为自觉。当然,这个过程是复杂的,涉及的因素也是多方面的。所以,以习近平新时代中国特色社会主义思想铸魂育人,要真正地实现学思用相贯通,知信行相统一,就要加强铸魂育人内部和外部各因素之间的相互协同与合作,建立协同机制,形成协同效应。

　　当前,高校铸魂育人存在三个方面的现实问题,一是协同育人意识淡薄问题。铸魂育人作为一个复杂的系统工程,需要各育人主体,各职能部门协同完成。然而,在现实中,由于协同育人意识淡薄,无论是队伍协同、课程协同、阵地协同,还是场域协同、机制协同等都没有达到合力最优化。还有一些职能部门认为育人是教师的事,与自己无关。"各自为政""单打独斗""孤岛"现象等问题还没有完全解决,各育人主体、场域、路径、方法之间优势互补的作用难以发挥。二是协同育人内容模糊问题。协同育人包含方向协同、主体协同、内容协同、路径协同等多重内容,在实践中,由于课程性质不同以及育人主体素质不一,导致对育人内容的认知上,客观存在差异,思政课与课程思政之间的衔接点和交融点常常成为实践难题。三是协同育人统筹不足问题。铸魂育人作为一个系统工程,具有体系化特征,它要求将铸魂育人看作一个有机整体进行统筹。高校铸魂育人之所以会出现"孤岛""脱节"等现象,除与育人主体认知有关外,也与协同育人统筹不足有关。

协同是解决高校铸魂育人存在问题的重要途径,也是铸魂育人的内在要求。本研究基于"三全育人"理念,坚持以问题为导向,对解决铸魂育人中存在的问题提出了一些新的见解。如提出高校坚持用习近平新时代中国特色社会主义思想铸魂育人目标任务的实现,需要依托"三全育人"理念和"十大育人体系"的一体化运行,构建纵向衔接、横向协调的协同机制,形成协同合力育人"场";建构"3+4"模型,从宏观主体、中观主体和微观主体三个层面,设定开放性、远离平衡态、非线性相互作用以及涨落交替性四个模块,厘清协同关键因素及运行机理;采用二次成本函数来研究习近平新时代中国特色社会主义思想铸魂育人的协同效率及协同边界问题等。提出了铸魂育人的本质要求是促使学生实现"三个转化",即由感性向理性转化、由认知向践行转化以及由自发向自觉转化。提出了搭建主体协同形成育人合力、场域协同构建立体课堂、过程协同贯穿育人始终的协同机制。在深化思政课改革中,对习近平总书记提出的"大思政课善用之",运用协同机制,提出了"一线课堂",被江西省委教育工委、教育厅采纳,并在全省推行。即思政课教师带领学生"一线故事听变化""一线走读访样本""一线收获话真知"以及"一线成果展风采",通过听一线故事、访一线样本、话一线感受、展一线风采,着力打造"四色三同"一线实践,让思政课更"深"、更"活"、更"实",让学生更深刻感悟习近平新时代中国特色社会主义思想在中华大地的生动实践,更好地推动习近平新时代中国特色社会主义思想进教材、进课堂、进头脑,从而促进理论与实践相结合、"思政小课堂"与"社会大课堂"相结合,学校和社会协同育人。

经过课题组成员两年来认真深入的探索研究,研究成果较为丰富,既有阶段性成果,如论文、调研报告、省领导批示、教学改革成果奖等,也有20多万字的专著最终成果,可为高校实现铸魂育人的协同提供一定理论参考和可供推广、应用的一些经验。

郭杰忠

2022年3月

目　录

第一章　习近平新时代中国特色社会主义思想
　　　　铸魂育人协同的必要性 ……………………………（1）
　　第一节　用习近平新时代中国特色社会主义思想
　　　　　　铸魂育人何以必要 ………………………………（1）
　　第二节　高校铸魂育人为何需要协同 …………………（21）

第二章　习近平新时代中国特色社会主义思想
　　　　铸魂育人的理论概述 …………………………………（34）
　　第一节　铸魂育人的科学内涵 …………………………（34）
　　第二节　铸魂育人的代表性观点 ………………………（54）
　　第三节　铸魂育人的五个向度 …………………………（81）
　　第四节　铸魂育人的本质要求 …………………………（104）
　　第五节　铸魂育人的方法论 ……………………………（122）

第三章　习近平新时代中国特色社会主义思想
　　　　铸魂育人协同的关键要素及机理 …………………（137）
　　第一节　铸魂育人协同的关键要素 ……………………（137）
　　第二节　铸魂育人协同的机理 …………………………（156）

第四章 习近平新时代中国特色社会主义思想
　　　　铸魂育人的协同样本 …………………………………（170）
　第一节 "五粮文化"三维协同铸魂育人模式 …………………（170）
　第二节 "五粮文化"三维协同铸魂育人效应 …………………（187）

第五章 习近平新时代中国特色社会主义思想
　　　　铸魂育人的协同效率评估
　　　　——基于江西高校的实证检验 ………………………（202）
　第一节 协同效率评估的必要性 ………………………………（202）
　第二节 理论分析与研究假设 …………………………………（206）
　第三节 研究设计 ………………………………………………（210）
　第四节 实证分析 ………………………………………………（215）
　第五节 对策建议 ………………………………………………（220）

附　江西省高校思政工作测评满意度调查问卷 ……………（226）

参考文献 ………………………………………………………（235）

后　记 …………………………………………………………（241）

第一章 习近平新时代中国特色社会主义思想铸魂育人协同的必要性

高校坚持用习近平新时代中国特色社会主义思想铸魂育人的协同机制研究，既回答了"用什么育人"的问题，又回答了"如何育人"的问题。"用什么育人"的问题，既是对新时代铸魂育人内容继承性、民族性、时代性的回应，也是对高校思想政治教育体系的丰富。"如何育人"的问题，既是对当下高校铸魂育人途径和方法的有效探索，也是对高校铸魂育人实践样本的提炼总结。那么，高校为何要坚持用习近平新时代中国特色社会主义思想铸魂育人呢？又为何需要协同呢？

第一节 用习近平新时代中国特色社会主义思想铸魂育人何以必要

习近平新时代中国特色社会主义思想回答了新时代"铸什么魂""育什么人""怎样铸魂育人"三个重大问题。用习近平新时代中国特色社会主义思想铸魂育人是新时代高校的职责和使命所在，对于筑牢高校意识形态前沿阵地、坚持马克思主义指导地位，开启社会主义现代化建设新征程，培养信仰坚定、对党忠诚的中国特色社会主义合格建设者和接班人，实现中华民族伟大复兴，最终夺取新时代中国特色社会主义伟大胜利意义深远。

一 筑牢高校意识形态前沿阵地的现实需要

高校是培养人才和输送人才的重要基地,事关党和国家的千秋伟业,但是高校也是意识形态领域斗争的前沿阵地,是西方敌对势力企图渗透、侵蚀的地方。正如习近平总书记指出:"意识形态工作是党的一项极端重要的工作。"① 高校意识形态工作对于凝聚师生共识、实现主流价值引领,拥护党的领导、巩固党的执政地位和维护国家稳定、繁荣和兴盛,保持中华民族永续发展,实现中华民族伟大复兴的中国梦具有重要的意义。因此,党的十八大以来,以习近平同志为核心的党中央综合世界发展趋势和国内政治经济发展新形势,面对新形势下出现的新情况、新问题,明确提出"牢牢掌握意识形态工作领导权"的新要求,要求各级党委尤其是高校党委要落实主体责任,高度重视意识形态工作,加强管理、教学、科研和后勤保障等各个层面的意识形态工作,筑牢意识形态阵地建设。面对国内外敌对势力利用各种手段对意识形态领域的渗透和侵蚀,面对西方敌对势力的西化、分化图谋,党中央从实现中华民族伟大复兴的战略全局出发,作出准确研判,要求各级党委要坚持马克思主义在意识形态领域的指导地位不放松,坚持党对意识形态工作的全面领导不放松,强化落实意识形态工作责任制不放松,筑牢阵地建设,加强管理和防范。习近平总书记关于意识形态工作做了系列讲话和详细部署,为新时代高校加强和改进意识形态工作指明了前进方向,所以各高校只有坚持用习近平新时代中国特色社会主义思想铸魂育人,才能真正做到捍卫"两个确立",坚决做到"两个维护",应对高校意识形态领域的复杂态势,巩固马克思主义的指导地位。

---

① 中共中央宣传部:《习近平新时代中国特色社会主义思想学习纲要》,学习出版社、人民出版社2019年版,第140页。

第一章　习近平新时代中国特色社会主义思想铸魂育人协同的必要性

（一）坚定捍卫"两个确立"、坚决做到"两个维护"的必然要求

2021年11月，党的十九届六中全会审议通过的《中共中央关于党的百年奋斗重大成就和历史经验的决议》（以下简称《决议》），确立了习近平同志党中央的核心、全党的核心地位，确立了习近平新时代中国特色社会主义思想的指导地位。"两个确立"是深刻总结党的百年奋斗史，特别是深刻总结新时代的伟大实践得出的重大历史结论，对于推进新时代党和国家事业发展和实现中华民族伟大复兴具有深远而重要的意义。

马克思指出："每一个社会时代都需要有自己的大人物，如果没有这样的人物，它就要把他们创造出来。"[①] 一切伟人和伟大的思想都是社会实践和时代的产物。回望党的百年历程，每当历史关头，都需要一个勇立潮头、肩负使命、不惧艰辛、砥砺前行的核心人物，也需要有科学的正确的理论指导。正如邓小平同志指出："任何一个领导集体都需要一个核心，没有核心的领导是靠不住的。"[②] 长期的革命、建设和改革实践充分表明，只有在实践中形成坚强有力的中央领导集体，锤炼出优秀的核心领袖人物，党和国家的事业就能顺利推进。在历史进程中，如果没有形成坚强有力的领导集体和锤炼出现核心领袖人物，党和国家的事业就容易遭受挫折，这是血的教训和铁的规律，也是坚持民主集中制的一个重大问题。当前，在向第二个百年奋斗目标迈进和冲刺的重大历史关头，确立习近平同志党中央的核心和全党的核心地位，是历史发展规律的必然选择、是人民的必然选择，是迈向社会主义现代化建设新征程取得新的伟大胜利的根本保证，是面对西方敌对势力对我国开展新的斗争取得新的伟大胜利的根本保证。

理论是实践的先导。在推进实践过程中，不断用新的理论指导实践，是马克思主义的本质要求。党的百年奋斗历程，也是马克思主义

[①] 《马克思恩格斯文集》第2卷，人民出版社2009年版，第137页。
[②] 《邓小平文选》第3卷，人民出版社1993年版，第310页。

不断适应中国国情、实现中国化和本土化的历程。在中国革命、建设和改革、发展历程中，马克思主义展示了强大的生命力。马克思主义为什么能展示出强大的生命力，究其根本，在于马克思主义不断地与中国的具体实际相结合，不断实现中国化、本土化，在于马克思主义不断地解决党在各个历史时期出现的不同的问题，在于马克思主义新的理论成果不断引领新的伟大实践。《决议》指出："马克思主义是我们立党立国、兴党强国的根本指导思想。马克思主义理论不是教条而是行动指南。"[1] 实践反复证明，马克思主义只有真正中国化和本土化，才能适应中国国情、才能在中国大地生根开花结果。中国革命和建设时期，以毛泽东同志为主要代表的中国共产党人，面对中国独特的国情、历史和文化，辩证地看待俄国和中国革命发展实际，没有照搬照抄俄国革命模式，而是将马克思列宁关于无产阶级革命的基本原理同中国革命的具体情况、中国近代的国情和独特的历史文化相结合，提出了"工农武装割据，武装夺取政权胜利"，创造性地运用和发展了马克思列宁主义，提出"矛盾论""实践论""论十大关系""正确处理人民内部矛盾"等创新性的理论，创立了毛泽东思想，实现了马克思主义中国化的第一次飞跃，取得了新民主主义革命的伟大胜利，由此，中国人民在世界的东方站起来了。对于如何巩固新生政权、恢复国民生产、突破西方势力的封锁围攻，中国共产党带领中国人民万众一心、不惧困难，着力开展社会主义建设并取得系列突破性的成就，为党在新的历史时期开创中国特色社会主义夯实了物质基础，提供了宝贵经验，奠定了理论基础。改革开放和社会主义现代化建设新时期，以邓小平同志为主要代表的中国共产党人，正确认识社会主义建设过程中的挫折，准确判断世界发展形势，提出"和平与发展"是世界的主题，围绕"什么是社会主义、怎样建设社会主义"

---

[1] 人民日报评论部：《论学习贯彻党的十九届六中全会精神——人民日报评论员文章合集》，人民出版社2021年版，第12页。

第一章 习近平新时代中国特色社会主义思想铸魂育人协同的必要性

这一根本问题,借鉴社会主义建设兴衰成败的历史经验,吸收国内外一切优秀成果,提出了"社会主义本质""一个中心,两个基本点"等重大理论观点,创立了邓小平理论,由此拉开改革开放的序幕,开创了中国特色社会主义并取得巨大成就,改革开放成为中国历史上里程碑式的大事件,推动了中国特色社会主义事业的伟大飞跃;以江泽民同志为主要代表的中国共产党人吸取东欧剧变、苏联解体的深刻教训,加深了"对什么是社会主义、怎样建设社会主义和建设什么样的党、怎样建设党"的认识,形成了"三个代表"重要思想,"三个代表"重要思想成为凝聚了党内外的广泛共识,成为指引党和国家向21世纪伟大进军的行动指南。进入21世纪,以胡锦涛同志为主要代表的中国共产党人,党和国家事业在21世纪如何实现深入科学持久地发展,深刻认识和回答了新形势下"实现什么样的发展、怎样发展"等重大问题,形成了科学发展观,开创了改革开放和社会主义现代化建设新局面,形成了中国特色社会主义理论体系,实现了马克思主义中国化新的飞跃。中国特色社会主义进入新时代,面对中华民族伟大复兴战略全局和世界百年未有之大变局,以习近平同志为主要代表的中国共产党人坚持把马克思主义基本原理同中国具体实际及中华优秀传统文化相结合,立足当前,面向未来,创立了习近平新时代中国特色社会主义思想,实现了马克思主义中国化新的飞跃。实践证明,党的十八大以来,党中央之所以能推动"五位一体"总体布局和"四个全面"战略布局的逐步落实,党和国家事业之所以能取得令世人瞩目的伟大成就,党和国家的面貌之所以能发生历史性的变化,比如,"天宫""悟空""墨子"科技难关的不断突破,脱贫攻坚战的决定性胜利,小康社会的全面建成,中央八项规定的严格落实,党风政风作风的焕然一新等,根本在于有以习近平同志为核心的党中央领航掌舵和习近平新时代中国特色社会主义思想的指引航向。

因此,高校坚持用习近平新时代中国特色社会主义思想铸魂育人,要从战略高度深刻认识捍卫"两个确立"、做到"两个维护"的重大意义，增强捍卫"两个确立"、做到"两个维护"的政治自觉、理论自觉、思想自觉和行动自觉，坚持以习近平新时代中国特色社会主义思想为指导，把培养合格的社会主义建设者和接班人作为根本任务，深入推进习近平新时代中国特色社会主义思想"进教材""进课堂""进学生头脑"。

（二）巩固马克思主义在高校意识形态领域指导地位的内在要求

马克思主义深刻揭示了自然界、人类社会和人类思维发展的普遍规律，坚定维护人民的根本利益，是指引人民推动社会进步、创造美好生活的科学理论，它既是科学的世界观，也是正确的方法论，是我们认识和改造世界的强大思想武器，是我们立党立国、兴党强国的根本指导思想。2013年，习近平总书记出席全国宣传思想工作会议并做了重要讲话，明确提出"两个巩固"的要求，即"要巩固马克思主义在意识形态领域的指导地位，巩固全党全国人民团结奋斗的共同思想基础"。[①] 习近平总书记在中国共产党成立95周年纪念大会上也明确指出："中国共产党之所以能够完成近代以来各种政治力量不可能完成的艰巨任务，就在于始终把马克思主义这一科学理论作为自己的行动指南，并坚持在实践中不断丰富和发展马克思主义。"[②] 高校是意识形态领域斗争的前沿阵地，西方国家妄图通过意识形态领域的渗透来与我们争夺青年一代，最终达到颠覆社会主义意识形态、推翻社会主义制度的目的。如何在意识形态领域的交锋中，巩固马克思主义的指导地位，巩固全党全国人民团结奋斗的共同思想基础，成为当前高校思想政治教育工作的重中之重。习近平新时代中国特色社会主义思想是马克思主义中国化新的飞跃，是对马克思主义的坚持和发展，坚持用习近平新时代中国特色社会主义思想铸魂育人，对于巩固马克思主义在意识形态领域的指导地位发挥着重要作用。因此，用习近平

[①] 《学习习近平总书记8·19重要讲话》，人民出版社2013年版，第2页。

[②] 习近平：《在庆祝中国共产党成立95周年大会上的讲话》，人民出版社2016年版，第8页。

第一章　习近平新时代中国特色社会主义思想铸魂育人协同的必要性

新时代中国特色社会主义思想铸魂育人，是当前思想政治工作的首要任务。

《决议》指出："党的十八大以来，我国意识形态领域形势发生全局性、根本性转变，全党全国各族人民文化自信明显增强，全社会凝聚力和向心力极大提升，为新时代开创党和国家事业新局面提供了坚强思想保证和强大精神力量。"[①] 意识形态领域形势之所以发生全局性、根本性转变，就在于有习近平新时代中国特色社会主义思想的指导，在于习近平总书记就意识形态领域许多方向性、战略性问题作出了有力部署，对一些根本问题进行了阐释，对一些理论是非进行了澄清，对一些导向问题进行了校正，让党和国家的事业前进有方向，人民干事创业有动力，同时推动了全党动手抓思想宣传工作，坚持用党的创新理论武装全党、教育人民和指导实践，坚持用社会主义核心价值观凝魂聚力，坚持用中华优秀传统文化、革命文化和社会主义先进文化培根铸魂，以文化人，旗帜鲜明反对和抵制个人主义、享乐主义和奢靡之风，理直气壮反对和抵制历史虚无主义和新自由主义等各种错误思潮。

当前，巩固马克思主义在高校意识形态领域的指导地位，必须坚持党在意识形态领域的全面领导，教育引导广大师生读原著、学原理、悟思想，加强对马克思主义理论的学习和转化，加深对马克思主义中国化历程的认知和理解，加大对马克思主义理论的传播和宣传，以科学态度对待马克思主义，更好地坚守马克思主义在意识形态领域的指导地位，尤其是要教育引导师生对中国共产党的光辉历程真心感动，对中国特色社会主义制度深刻认识，对党的创新理论真正理解。坚持用习近平新时代中国特色社会主义思想铸魂育人，就是要始终巩固马克思主义在高校意识形态领域的指导地位，高校要深刻理解习近

[①] 《中共中央关于党的百年奋斗重大成就和历史经验的决议》，人民出版社2021年版，第46页。

平新时代中国特色社会主义思想关于铸魂育人的基本观点、核心要义和本质要求，学深悟透习近平总书记提出的关于加强和改进新时代高校思想政治工作有关论述的出发点、立足点和落脚点，掌握其精神实质，准确理解和把握理想信念、社会主义核心价值观、中国梦、中国精神、中国力量和中华优秀传统文化等用以铸魂育人的丰富内容及其关系，完善思想政治工作体系，深化思想政治理论课改革创新，着力构建"全员、全过程、全方位"的育人长效机制，筑牢青年学生成长成才的科学思想基础。

（三）积极应对新时代高校意识形态领域复杂态势的现实需要

如今，因社会制度不同、文化差异、价值多元等因素，意识形态领域斗争激烈，我们要建设强大凝聚力、引领力的社会主义意识形态困难仍然存在、任务依然艰巨，也面临诸多挑战。从国内形势分析，随着改革开放的不断深入，市场经济的不断发展，利益格局的不断调整，难以隔断一些西方国家的错误社会思潮涌入，容易出现一些非马克思主义、反马克思主义者为满足个人私欲，到处扩散非科学的错误思潮，一定程度上影响了人们对马克思主义的坚定信仰和信心；从国际形势上分析，冷战结束后，东西方国家交流增多，全球化加快、互联网技术的发展普及和"地球村"的出现，国家与国家之间的博弈与竞争从过去在政治、经济、军事、科技等方面的"硬碰硬"，逐渐转向思想、文化、艺术、价值观及其意识形态等方面的"软着陆"。意识形态领域的侵蚀往往是披着文化多样、价值多元的外衣，策划破坏和颠覆中国共产党的领导和社会主义制度的颜色革命，企图实施西化分化策略。

高校是各种思想文化交融，各种社会思潮交锋的前沿阵地。青年学生社会阅历少，实践锤炼不够，容易受到西方国家个人主义、享乐主义、拜金主义和奢靡之风等错误思想的影响，陷入信仰迷茫、信念模糊、理想缺失、精神空虚等价值困境。

新时代高校思想政治工作面临诸多挑战，主要表现为：第一，

第一章 习近平新时代中国特色社会主义思想铸魂育人协同的必要性

复杂的社会问题引发多变的社会心理，统一集中的思想引导面临挑战。如今，改革进入攻坚期和深水区，固有的利益藩篱被打破，既得利益受到损害容易引发的社会心理变化，区域之间、行业之间不平衡不充分引发的社会心理变化；市场主体多元化、分配方式多样化导致社会利益结构分化、社会阶层分化引发的社会心理变化等，相对统一集中的思想引导面临挑战。第二，各种思想文化交流、交融、交锋频繁，主流思想价值受到挑战。比如，不同文化的交融交织、不同价值的交汇交锋等，形成一种"你中有我，我中有你"的耦合局面，容易导致主流思想价值受到挑战，巩固社会主义意识形态出现困难。第三，"互联网+"模式的出现，思想政治教育模式面临挑战。互联网的迅猛发展已经深刻改变着社会各个层面的面貌，"互联网+"已经成为生产、生活、流通、消费等各个领域的前缀，"互联网+生产、生活、消费和……"已经成为一种习惯并正在逐渐改变人们的生产、生活方式、流通方式、消费行为和交往方式，面对面的交流交心少了，屏隔屏的互动多了，同时随着微信、微博等通信工具的出现，促使社会交流隐秘而多变、社会思想交融而多变、社会舆论复杂而多变，网络以从未有过的方式改变了社会交往和舆论生态，重塑了人与人交流沟通的生态和新时代思想政治工作的环境。

面对新时代高校意识形态领域的复杂态势，习近平新时代中国特色社会主义思想为我们提供了根本遵循和行动指南，习近平新时代中国特色社会主义思想明确回答了高校意识形态工作"为什么抓、抓什么、怎么抓、谁来抓"等基本问题。因此，高校要深刻理解"为什么抓"，为党的千秋伟业来抓，为维护人民的根本利益来抓，为党和国家的事业发展后继有人来抓，为实现中华民族伟大复兴来抓；深刻理解"抓什么"，抓意识形态领域的指导地位，抓马克思主义的理论武装，抓社会主义核心价值观的凝魂聚力、抓中华优秀传统文化的培根铸魂；"怎么抓"，通过思想政治理论课的主渠道来抓，通过课程思政示范课建设来抓，通过打造清朗网络空间来抓，通过打造"协同育人、N维育心"的大思政格局来抓；"谁来抓"，高校党委统筹抓，各个职能部门协同抓，无论是教学部门、管理部门和服务后勤保障部门，都是应对高校意识形态领域复杂态势的主体。正如2016年习近平总书记在全国高校思想政治工作会议上，站在中华民族伟大复兴的战略全局和战略高度，科学回答了"高校培养什么人、如何培养人以及为谁培养人"这个根本问题。"培养什么人"，我们培养的是中国特色社会主义事业的建设者和接班人；"如何培养人"，我们必须始终坚持党的领导、始终坚持正确的政治方向、始终坚持以人为本、以学生为本、始终坚持遵循学生的成长成才规律；"为谁培养人"，我们培养的人必须要实现"四个服务"①。高校是中国共产党领导下的高校，要在党言党，马克思主义学院必须姓马，坚定不移用马克思主义武装思想、开展工作和指导实践。实践反复告诫我们，只有始终坚持党的领导，培养出一批又一批真心拥护党的领导，拥护中国特色社会主义事业的建设者和接班人，党的根基才能夯实，党的事业才能发展。在应对意识形态领域的复杂态势，我们绝不能掉以轻心，绝不能培养社会主义的反对者、破坏者和掘墓人，绝不能培养出一些"长着中国脸，不是中国心，没有中国情，缺少中国味"②的精致利己主义者。教育的失败，将是一种难以挽回的根本性失败，也难以抵制意识形态领域的侵蚀和渗透与西方敌对势力的策反和阴谋。毛泽东同志曾经担心的第三、第四代问题，正是各高校目前的"90后""00后"大学生面临的问题。因此，争夺青年的斗争是长期的、复杂的、严峻的。

所以，高校要坚持把习近平新时代中国特色社会主义思想作为办学和开展各项工作的指导思想和根本遵循，坚持立德树人，培根铸

---

① "四个服务"即为人民服务、为中国共产党治国理政服务、为巩固和发展中国特色社会主义制度服务，为改革开放和社会主义现代化事业服务。
② 中共中央宣传部：《习近平新时代中国特色社会主义思想学习问答》，学习出版社、人民出版社2021年版，第338页。

魂，聚焦培养又红又专、德才兼备、全面发展的中国特色社会主义合格建设者和可靠接班人。只有这样，才能够巩固马克思主义在高校意识形态领域的指导地位，防止马克思主义在教材"失踪"、课堂"失语"和网络"失声"，防范错误的思想和反动的思潮对青年学生的侵蚀和毒害，在文化多样、价值多元的背景下牢牢坚守高校意识形态阵地。

二 实现中华民族伟大复兴中国梦的必然要求

实现中华民族伟大复兴的中国梦，是近代以来无数中国人共同的社会理想和共同夙愿。当前，我们比历史上任何时候都更接近实现中华民族伟大复兴的宏伟目标，新时代赋予了中国青年担当中华民族伟大复兴的责任和使命，这就需要高校坚持用习近平新时代中国特色社会主义思想凝聚青年学生、教育引导青年学生，为实现第二个百年奋斗目标、实现中华民族伟大复兴的中国梦汇聚青春力量。

(一) 为实现中华民族伟大复兴的中国梦凝聚思想共识

习近平新时代中国特色社会主义思想为实现中华民族伟大复兴的中国梦确定了"时间表""路线图"和分步走战略，即分两步走：第一步，从2020年到2035年，利用15年时间，在全面建成小康社会的基础上，基本实现社会主义现代化；第二步，从2035年到21世纪中叶，再利用15年时间，在基本实现社会主义现代化的基础上，把我国建设成为富强、民主、文明、和谐和美丽的社会主义现代化强国。"方法论"也已经明确，即实现民族复兴伟大的中国梦，需要广泛凝聚社会共识、积聚最大力量，坚持走中国道路，弘扬中国精神。"中国道路"是中国特色社会主义道路，而不是僵化停滞的老路，更不是改旗易帜的邪路；"中国精神"是以爱国主义为核心的民族精神和以改革创新为核心的时代精神；"中国力量"是中国各族人民大团结的力量。

中国共产党带领各族人民，实现中华民族伟大复兴的中国梦是一项光荣而艰巨的伟大事业，需要用习近平新时代中国特色社会主义思想凝聚共识，激发奋斗伟力，为实现中国梦提供理论支撑和思想基础。虽然我们现在比以往历史上任何一个时期都更有信心、更有能力、更接近实现这个伟大目标，但过程始终是艰辛的，任务仍然是艰巨的。中华民族伟大复兴的中国梦，绝不是轻轻松松、敲锣打鼓就能实现的，必须要有抓铁有痕、踏石留印的韧劲，必须要有锲而不舍、金石可镂的坚持，必须要有更为艰辛、更为艰苦的付出，必须要有全体中华儿女的勠力同心和奋力拼搏。高校青年始终是我们的希望，是全社会中最有朝气、最有力量、最有冲劲的一代，是与新时代共同前进的一代，是中华民族复兴伟业的见证者、参与者和实践者。在新的历史条件下，高校要坚持不懈地用习近平新时代中国特色社会主义思想铸魂育人，夯实青年学生的思想基础，提供不断奋斗的精神养料。引导广大青年深刻把握人类历史发展规律，坚定马克思主义的信仰，深刻把握中国特色与国际比较，坚定中国特色社会主义的信念，深刻把握自身的历史使命与责任担当，坚定中华民族伟大复兴中国梦的信心，积极争当习近平新时代中国特色社会主义思想的坚定信仰者、真心拥护者和忠实实践者，用习近平新时代中国特色社会主义思想引导青年学生响应时代之需，勇担使命，与历史同向、与祖国同行、与人民同在，以强烈的时代使命感和担当精神走好新时代长征路，用过硬本领，创造崭新成就，赢得新未来。

（二）为青年成长成才指明了方向

中国共产党的历史，从某种程度上来讲，就是中国共产党用理想信念凝聚青年、引领青年接力实现中国梦的历史。正是有一代代青年把青春和热血融入了革命、建设、改革和发展的历程中，把辛勤和汗水洒在了中国大地上，谱写出了一曲曲动人的青春之歌，让党和国家事业不断推向前进。青年是使命的担负者、是历史推动者、是事业的成就者。因此，习近平总书记对新时代青年寄予厚望。2021年，在清华大学考察时，习近平总书记对广大青年提出了殷切希望："要肩负历史使命，坚定前进信心，立大志、明大德、成大才、担大任，努力

第一章　习近平新时代中国特色社会主义思想铸魂育人协同的必要性

成为堪当民族复兴重任的时代新人，让青春在为祖国、为民族、为人民、为人类的不懈奋斗中绽放绚丽之花。"① 在纪念中国共产党成立100周年纪念大会上，习近平总书记也对广大青年深情寄语："新时代的中国青年要以实现中华民族伟大复兴为己任，增强做中国人的志气、骨气、底气，不负时代，不负韶华，不负党和人民的殷切期望！"② 习近平总书记的殷切期望和深情寄语，深刻回答了青年大学生的"理想信念""使命担当""道德修为""服务社会"等问题，为新时代青年成长成才指明了方向。高校要善用、好用习近平新时代中国特色社会主义思想这个铸魂育人的武器，解决好大学生的思想认识问题、使命担当问题、知行统一问题等。

在中国共产党的历史上，历来重视教育引导青年树立远大理想。习近平总书记多次强调理想信念对于青年大学生成长成才的重要性，高校坚持用习近平新时代中国特色社会主义思想铸魂育人，要不断重视并加强青年学生思想政治引领，坚定政治立场、提高政治素养、提升政治觉悟，自觉把自己投身于中国特色社会主义共同理想和共产主义远大理想的伟大实践中，不断增强对马克思主义的坚定信仰，对共产主义的坚定信仰，对中国特色社会主义的坚定信念，对中华民族伟大复兴的坚定信心，厚植爱国情怀，激发干事创业热情，着力推动把小我融入集体的大我、人民的大我之中，深爱人民，扎根人民，奉献人民，在奋斗与奉献中实现人生价值。

"国无德不兴，人无德不立。"大学时期是道德观形成和发展的重要时期，青年的道德水准和精神风貌直接决定着一个民族的文明程度。习近平总书记对青年的道德养成和道德实践十分关心与高度重视。习近平总书记指出："道德之于个人、之于社会，都具有基础性

---

① 《习近平在清华大学考察时强调 坚持中国特色世界一流大学建设目标方向　为服务国家富强民族复兴人民幸福贡献力量》，《人民日报》2021年4月20日第1版。

② 习近平：《习近平重要讲话单行本》（2021年合订本），人民出版社2022年版，第100页。

意义，做人做事第一位的是崇德修身。"① "青年要把正确的道德认知、自觉的道德养成、积极的道德实践紧密结合起来，不断修身立德，打牢道德根基，在人生道路上走得更正、走得更远。"② "核心价值观，其实就是一种德，既是个人的德，也是一种大德，就是国家的德、社会的德。"③ 持久深沉的道德力量，对于大学生成长成才极为重要。因此，青年学生要坚持用习近平新时代中国特色社会主义思想武装头脑，指导实践，坚持明大德守公德严私德，自觉弘扬和践行社会主义核心价值观，弘扬中华传统美德、发扬革命道德，提升个人品德，努力使自己成为品德高尚的人。

当前是青年一代难得的建功立业机遇期，广大青年大学生生逢其时，也重任在肩。青年是新时代的生力军，更是勇挑中华民族伟大复兴重任的先锋力量。青年只有将个人的命运与国家、民族和人民的命运紧紧相连，勇担历史重任，奋力拼搏，才能绽放出最绚丽的生命之花。当然，党的百年奋斗实践告诉我们，青年要激发勇于斗争的力量、发挥推动历史进步的作用，离不开党的创新理论的武装。因此，党的理论创新与青年理论武装始终要保持同步进行，坚持用习近平新时代中国特色社会主义思想铸魂育人，要引导广大青年充分认识自身所处的时代方位，肩负的历史使命始终保持与时代同行、与人民同向，牢记"国之大者"，自觉投身中国特色社会主义伟大实践，把个人的前途命运与国家民族的前途命运、把个人的青春梦想与国家民族的伟大梦想紧密相连，将肩负的历史重任转化为自觉的担当和积极的作为。

"社会主义是干出来的，幸福是奋斗出来的"，"新时代是奋斗者的时代"，这是习近平总书记的幸福观、奋斗观。广大青年可以从中

---

① 《习近平谈治国理政》第 1 卷，外文出版社 2018 年版，第 172—173 页。
② 中共中央党史和文献研究院：《十九大以来重要文献选编》（中），中央文献出版社 2021 年版，第 32 页。
③ 《习近平谈治国理政》第 1 卷，外文出版社 2018 年版，第 168 页。

汲取智慧、激发斗志。广大青年要扎根中国大地，在创新创业中实现青春梦想和人生价值。正如习近平总书记在纪念五四运动100周年大会上的讲话提出"做走在时代前列的奋进者、开拓者、奉献者"，"生活条件好了，但奋斗精神一点也都不能少"。[①] 习近平总书记的讲话对于激励新时代青年奋斗持续奋斗具有重要的意义。习近平新时代中国特色社会主义思想具有强大的实践引领力，在推进中华民族伟大复兴的历史进程中，面对新矛盾、新问题，坚持用习近平新时代中国特色社会主义思想铸魂育人，能够引导广大青年知行合一，投身中国特色社会主义实践。因此，青年要用奋斗的足迹给自己留下充实、温暖、持久、无悔的青春记忆。奋斗不仅仅是一句响亮的口号，更是对每一项工作、每一件小事所体现出来的一种姿态、一种行动。青年要在实践中弘扬奋斗精神，练就过硬本领，把对祖国的热爱、对人民的热忱融入到中国特色社会主义伟大实践中，用青春和汗水谱写奋斗之歌。

三 保证中国特色社会主义事业后继有人的必然要求

《决议》进一步指出："党和人民事业发展需要一代代中国共产党人接续奋斗，必须抓好后继有人这个根本大计。"[②] 这是我们党历史经验的总结，是一项重大战略任务。人才是后续有人的范畴，抓好后继有人这个根本大计，就要把青年培养好，这样才能为党不断输送新生力量。习近平总书记面对世界百年未有之大变局，站在实现中华民族伟大复兴的战略全局，以强烈的历史担当和使命意识，科学地并准确地回答了高校"培养什么样的人、如何培养人以及为谁培养人"这一根本问题并提出了具体的实践路径。高校要切实抓好党为党育人、

[①] 中共中央党史和文献研究院：《十九大以来重要文献选编》（中），中央文献出版社2021年版，第31页。
[②] 《中共中央关于党的百年奋斗重大成就和历史经验的决议》，人民出版社2021年版，第74页。

为国育才，保证中国特色社会主义事业后继有人这个根本问题，始终坚持用习近平新时代中国特色社会主义思想铸魂育人，解决好"育什么人"这一首要问题。

（一）培养社会主义合格建设者和接班人

在历史长河中，不同的阶级、不同的国度，对人才培养都有符合阶级统治需求，符合国家发展需要的标准。人的培养，不同于物的生产，不存在单一通用的标准。我们"培养什么人"，这是由我国的历史、国情和文化决定的，我们必须要走自己的路，培养的人必须是中国特色社会主义合格建设者和接班人，这是所有高校的根本目标所在，是落实立德树人根本任务的关键所在。这里的建设者和接班人的定语必须是中国特色社会主义，而不是其他什么主义，这里的修饰词是德智体美劳全面发展，缺一不可。因此，高校坚持用习近平新时代中国特色社会主义思想铸魂育人，着力培养出一代又一代衷心拥护、对党忠诚的建设者和接班人，是使命所在、责任所在和方向所在。

关于如何培养人，习近平总书记在2019年3月18日主持召开的学校思想政治理论课教师座谈会上，明确指出，"思想政治理论课是落实立德树人根本任务的关键课程，思政课程作用不可替代"。[1] 因此，我们办中国特色社会主义教育，要理直气壮开好思政课，用新时代中国特色社会主义思想铸魂育人。习近平总书记在全国教育大会上，还提出了"如何培养人"的实施路径，即"要在坚定理想信念上下功夫，要在厚植爱国主义情怀上下功夫，要在加强品德修养上下功夫，要在增长知识见识上下功夫，要在培养奋斗精神上下功夫，要在增强综合素质上下功夫。"[2] 这"六个下功夫"是习近平新时代中国特色社会主义思想对人才培养提出的新要求，为高校开展立德树人、铸魂育人工作指明了具体方向。高校落实立德树人根本任务，要

---

[1] 习近平：《思政课是落实立德树人根本任务的关键课程》，人民出版社2020年版，第2页。
[2] 中共中央党史和文献研究院：《十九大以来重要文献选编》（上），中央文献出版社2019年版，第648—652页。

第一章 习近平新时代中国特色社会主义思想铸魂育人协同的必要性

坚持以习近平新时代中国特色社会主义思想铸魂育人,对学生开展理想信念教育、爱国主义教育、社会主义道德教育、社会主义核心价值观教育和中国精神教育等,教育引导青年学生始终以祖国和人民的利益为重,从而铸牢青年学生的"社会主义"之魂,最终让他们成长为社会主义合格建设者和接班人。

(二)培养德智体美劳全面发展的人

党和国家事业要发展,青年首先要发展。青年应如何发展?习近平总书记在全国教育大会指出,要"培养德智体美劳全面发展的社会主义建设者和接班人"。[①] 至此,党和国家的教育方针从社会主义建设时期的"德智体"三位一体全面发展、改革开放时期的"德智体美"四位一体全面发展,深化拓展为中国特色社会主义新时代"德智体美劳"五位一体全面发展,这标志着党和国家对育人目标更加具体更加全面,如何育人的路径更加清晰。"五育并举"的教育理念是习近平新时代中国特色社会主义思想的内容之一,是对马克思主义关于"人的全面发展"理论的创新与发展,体现了育人的系统思维和关联思维,为提升育人效果提供了方法和路径。

德智体美劳是相辅相成、有机结合的整体,共同构成社会主义合格建设者和接班人的综合素质结构。高校是"五育"主体之一,新时代培养德智体美劳全面发展的社会主义建设者和接班人,要以习近平总书记"五育并举"为教育理念,优化学校育人工作体系,协调好"五育"之间的关系。"五育并举"并不意味各育在育人中的地位和作用相同,"育人为本,德育为先",德育是首要、是方向。德为才之帅,人无德不立,德育在青年成长中具有重要的地位。育人的根本在于立德,智育、体育、美育、劳育都要坚持正确的育人导向,将立德树人作为根本任务。新时代,德育置于更加重要位置、更开阔的视

---

① 中共中央党史和文献研究院:《十九大以来重要文献选编》(上),中央文献出版社2019年版,第647页。

野，高校要将德育摆在突出的位置，旗帜鲜明地加强青少年理想信念教育、品德教育和社会主义核心价值观教育等，将德育与其他综合素质的培养有机结合起来。

智育为人的全面发展提供知识和智力支持，能够促进人的心智发展。高校要通过智育，使青年学生获得丰富知识，掌握专业本领，增长技能才干。当今世界，科技革命和产业革命日新月异，给我国的高等教育带来新的挑战，培养高素质、复合型、创新型全面发展的人才成为高校教育的基本目标。智育不仅要向学生传授知识和技能，更要教育引导学生树立正确的价值观，要坚持以习近平新时代中国特色社会主义思想铸魂育人，坚持价值性与知识性相统一，课程思政与思政课程同向同行。

体育强健体魄，促进人的身心健康，体育也是造就全面发展人的方法。青少年的健康成长关系祖国和民族的未来，当前，青少年体质健康不甚理想，体育在"五育"中紧迫性突出。习近平总书记非常重视青少年的体质健康，指出要将体育强国梦融入中国梦中，不断加强学校体育工作，牢固树立"健康第一"的教育理念，提出"享受乐趣、增强体质、健全人格、锤炼意志"的体育教育目标，鼓励青少年在体育锻炼中增强体质、健全人格、锤炼意志。

美育能够滋养人的心灵、丰富人的精神、提升人的审美。习近平总书记强调，要全面加强和改进美育教育，以美育人，提高学生的审美情趣，在美的滋养中健康成长。这为学校如何加强美育工作指明了方向，提供了根本遵循。高校要坚持以习近平新时代中国特色社会主义思想为指导，强化美育的育人导向，坚持立德树人，以"美"铸魂育人，引导学生树立正确的审美观念和正确的价值取向，提升学生的审美和人文素养。

劳动教育是人的全面发展的现实需要。习近平总书记强调，"要在学生中弘扬劳动精神，教育引导学生崇尚劳动、尊重劳动，懂得劳动最光荣、劳动最崇高、劳动最伟大、劳动最美丽的道理，长大后能够辛勤劳动、诚实劳动、创造性劳动"。①这为新时代劳动教育明确了教育内容和教育目标,要求高校坚持马克思主义劳动观,将劳动作为促进人全面发展的方式,充分发挥劳动独特的育人价值,帮助青年大学生树立正确的劳动观,引导学生真正热爱劳动,积极投身劳动,促进全面发展。

(三)培育担当民族复兴大任的时代新人

"时代新人"是"社会主义建设者和接班人"在中国特色社会主义新时代的具体体现。"时代新人"具有丰富内涵,从时代新人担负的历史使命来看,时代新人是民族复兴大任的担当者和实现者。习近平总书记强调"建成社会主义现代化强国,实现中华民族伟大复兴,是一场接力跑,我们要一棒接着一棒跑下去"。②因此,要坚持以习近平新时代中国特色社会主义思想铸魂育人,着力培育担当民族复兴大任的时代新人。

中华民族的伟大复兴贯穿中国共产党百年奋斗的主题,我们党自建党之日起,青年就与党的百年奋斗主题有着不可分割的关系,一代又一代中国共产党人,大多数都是在青年时代加入了党组织,投身党的伟大事业。青年始终是有着崇高理想信念、充满奋斗激情的最有生气的一个群体,是历经风雨依然坚如磐石的一个群体,在历史的长河中因青年燃烧的激情而谱写了一曲曲动人的乐章,因青年蓬勃的生气而留下了一首首赞美的歌谣。每一个时代都因有这样的一个群体而熠熠生辉,每一个时代都因有这样的一个群体而荡气回肠。在新民主主义革命时期、社会主义建设时期、改革开放和社会主义现代化建设新时期以及中国特色社会主义新时代,一代代青年不顾个人安危、不计个人得失,始终将个人理想与国家富强、民族复兴和人民幸福的梦想结合起来,在为实现中华民族伟大复兴的中国梦中奉献自己的青春力

---

① 中共中央党史和文献研究院:《十九大以来重要文献选编》(上),中央文献出版社2019年版,第653页。

② 习近平:《在庆祝改革开放40周年大会上的讲话》,人民出版社2018年版,第43页。

量。比如，革命战争时期，青年一代为争取民族独立、人民解放不惜抛头颅洒热血，涌现了夏明翰"砍头不要紧，只要主义真"，方志敏"敌人只能砍下我们的头颅，绝不能动摇我们的信仰"式的无数先烈；社会主义革命和建设时期，青年一代为了祖国的建设忘我劳动，艰苦创业，涌现了王进喜"少活二十年，拼命也要拿下大油田"般的无数建设者；改革开放和社会主义现代化建设新时期，青年一代为祖国的繁荣富强开拓奋进，锐意创新，涌现了沈浩"托孤改革"般的无数创业者。

中国特色社会主义进入新时代，充满活力、生机勃勃的新时代为青年成长成才提供了广阔的空间和无限的机遇，也赋予了青年新的历史使命。正如习近平总书记指出："当代青年是同新时代共同前进的一代""广大青年既拥有广阔发展空间，也承载着伟大的时代使命。"[1] 因此，广大青年不仅要深刻认识自身肩负的历史使命，更要勇担大任。那么，怎样的时代新人才能承载起伟大的时代使命呢？《决议》为新时代高校如何培养造就一大批堪当时代重任的接班人指明了方向："要坚持用习近平新时代中国特色社会主义思想教育人，用党的理想信念凝聚人，用社会主义核心价值观培育人，用中华民族伟大复兴历史使命激励人，培养造就大批堪当时代重任的接班人。"[2] 从时代新人的素质结构和精神状态来看，时代新人应该是德智体美劳全面发展的人，是政治素质、思想素质、理论素质、道德素质、法治素质、专业素质、身体素质、心理素质等综合素质的体现。"青年兴则国家兴，青年强则国家强。青年一代有理想、有本领、有担当，国家就有前途，民族就有希望。"[3] 当今世界正经历百年未有之大变局，挑

---

[1] 习近平：《在北京大学师生座谈会上的讲话》，人民出版社2018年版，第11页。
[2] 《中共中央关于党的百年奋斗重大成就和历史经验的决议》，人民出版社2021年版，第74页。
[3] 《决胜全面建成小康社会 夺取新时代中国特色社会主义伟大胜利——在中国共产党第十九次全国代表大会上的报告》，人民出版社2017年版，第70页。

第一章 习近平新时代中国特色社会主义思想铸魂育人协同的必要性

战中蕴含着机遇，需要青年一代抢抓机遇、迎难而上，为实现中华民族复兴，把自己锤炼成有理想、有本领、有担当的时代新人，一代接着一代干、一棒接着一棒跑，只有这样，才能真正实现国家富强、民族复兴和人民幸福，也只有这样，中国共产党的千秋伟业才能光辉无限，中国人民才能在人类历史的长河中留下浓墨重彩的一笔，中国发展才能在真正为世界发展提供中国方案，展示中国样板。

第二节 高校铸魂育人为何需要协同

高校铸魂育人事关人才是否合格，关涉社会主义事业是否后继有人。高校用习近平新时代中国特色社会主义思想铸魂育人要遵循大学生成长成才规律，落实立德树人根本任务，凝聚各方力量，促进协同育人。那么，高校坚持用习近平新时代中国特色社会主义思想筑魂育人，为何需要协同？

一 协同有助于产生铸魂育人的合力

协同契合了铸魂育人的要求，可以将各育人要素和育人资源进行整合与优化，"协同强调整合、协作的一致性或和谐性，以及在某种模式的支配下，事物或系统产生不同于原来状态的质变过程"。[①] 协同的这种对系统内部的各要素的整合和优化功能，促进内部运行的一致性，进而产生 1+1>2 的合力运行效果。铸魂育人在育人目标、育人过程、育人内容、育人方法等方面是一个有机统一、密切联系的整体。高校坚持用习近平新时代中国特色社会主义思想铸魂育人在目标上具有一致性、在过程上具有衔接性、在育人主体上具有多元性，铸魂育人的这些特征内在地要求运用协同思维，在把握铸魂育人规律的基础上，使得育人系统内各要素关系协调，方向一致，促进育人合力的形成。

---

① 潘开灵、白烈湖：《管理协同理论及其应用》，经济管理出版社2006年版，第84页。

（一）铸魂育人目标的一致性

铸魂育人在目标上具有一致性，即都指向培养有理想、有本领、有担当，能够堪当民族复兴大任的时代新人。习近平总书记从新时代党和国家事业发展的战略高度，就培养什么人、怎样培养人、为谁培养人的问题提出了战略任务，他强调要教育引导学生做到"四个正确认识。"[①]"四个正确认识"从社会发展大势、中国和国际、责任和使命、理想与现实四个方面，为新时代高校培养时代新人和如何铸魂育人指明了目标和方向，这一目标和方向是高校教育工作的出发点和最终落脚点。

人的培养离不开时代的需要，这就要求将人的培养与时代的需要结合起来。当前，中国特色社会主义进入新时代，这个时代是中华民族强起来的时代，是历史上最接近民族复兴目标的时代。新时代实现中华民族伟大复兴，离不开有理想、有本领、有担当的时代新人。培养时代新人，是一项复杂的系统工程，协同是其逻辑必然，要求高校的一切工作都要服务于这一目标。"协调的本质就是聚合各类资源，通过组织的最优化运行，以合理的投入获得最佳的回报，以实现设定的目标。"[②] 这就要求我们牢牢把握培养担当民族复兴大任时代新人的实践要求，坚持"大思政"理念，统筹各育人要素和资源，探索把握培养时代新人的特点和规律，将习近平新时代中国特色社会主义思想贯穿育人各环节、各领域、各过程，培养堪当民族复兴重任的时代新人。比如，高校课程体系作为高校教育体系的重要内容和育人内容的

---

① "四个正确认识"即要教育引导学生正确认识世界和中国发展大势，从我们党探索中国特色社会主义历史发展和伟大实践中，认识和把握人类社会发展的历史必然性，认识和把握中国特色社会主义的历史必然性，不断树立为共产主义远大理想和中国特色社会主义共同理想而奋斗的信念和信心；正确认识中国特色和国际比较，全面客观认识当代中国、看待外部世界；正确认识时代责任和历史使命，用中国梦激扬青春梦，为学生点亮理想的灯、照亮前行的路，激励学生自觉把个人的理想追求融入国家和民族的事业中，勇做走在时代前列的奋进者、开拓者；正确认识远大抱负和脚踏实地，珍惜韶华、脚踏实地，把远大抱负落实到实际行动中，让勤奋学习成为青春飞扬的动力，让增长本领成为青春搏击的能量。

② 王习胜：《以"三全育人"为导向构建高校思想政治工作管理体系》，《思想理论教育》2021 年第 4 期。

第一章　习近平新时代中国特色社会主义思想铸魂育人协同的必要性

重要载体，为了满足学生成长所需专业知识、思想道德、人文素养等方面的要求，形成了内容丰富的课程体系。坚持思政课建设与党的创新理论武装同步，与时俱进地推进党的创新理论进课堂，通过不断供给新鲜教学内容，处理好教学内容变与不变的关系，形成"教材＋活页"的课程内容体系。这就要求各类各门课程根据围绕培养时代新人的这一总目标，根据自身特点及时将党的创新理论及时纳入课程内容，使得各课程同向同行，在政治方向、价值引领等方面增强协同效应，发挥合力作用。其他各项育人工作，也要在党委的统揽下，把培养时代新人同自身工作结合起来，形成各方协同、多元力量联动、合力育人的局面，达到育人效率最优。

（二）铸魂育人过程的衔接性

育人过程就是思想政治教育的过程，是基于某一育人目标组织起来的、由育人活动构成的、具有先后衔接和横向呼应的多样化过程，它包括若干相互关联的呈纵向线性的阶段性关系和相互影响的各种因素相互作用形成的非线性关系。用习近平新时代中国特色社会主义思想铸魂育人，要融入文化知识教育、思想道德教育、社会实践教育等环节，将铸魂育人贯穿于教育教学的全过程。协同是遵循育人过程基本规律的体现，它要求高校将立德铸魂"作为一个可持续的、整体性的周密过程，既不能停留在某一层面、某一阶段和某项具体教育内容上，又不能人为割裂各个步骤、环节、时间和程式之间的联系"。[①]

铸魂育人过程的衔接性，并不意味着铸魂育人的过程是以线性的方式发生，过程的衔接性，既有纵向线性的方式，也有横向非线性的方式，表现为铸魂育人发生的多端口切入，这就要求将铸魂育人的过程一方面看作有机不可分割的整体，加强横向和纵向的过程协同，在铸魂育人过程中守好一段渠、种好责任田；另一方面要注重铸魂育人

[①] 北京大学课题组宇文利：《社会主义核心价值体系与大学生思想教育全过程》，《河北学刊》2010年第4期。

过程的多端性，将铸魂育人的过程看作一个多端口接入的非线性过程。不同于智育、美育和体育，只从知、情、意、信、行中的某个单一点出发的特性，思想政治教育"可以从知、情、意、信、行任何一端开始教育。就是说，根据特定的受教育者的实际情况和教育因素的变化等条件，思想政治教育既可以从传授思想、政治、道德知识开始，也可以从磨炼意志或训练行为习惯开始"。① 培根铸魂是高校思想政治工作的时代使命，它强调知情意信行的统一，这决定了育人过程的非线性特点。思想政治工作是一个系统工作，党的各届领导人都强调高校加强思想政治工作，必须调动各个育人力量和育人载体，绝不能搞成单纯一条线，尤其需要专业教育同向同行，形成育人合力。新时代，铸魂育人过程协同，在教育理念上要树立大思政、系统育人理念，并贯穿于育人的全过程。在时间维度上，要贯穿学生整个在校学习阶段，强调育人的持续性、连贯性。在空间维度上，强调立体育人，网上与网下、第一课堂与第二课堂、学习空间与生活空间等协同发力。在育人路径上，注重课程育人、科研育人、网络育人、文化育人等各育路径的协同，从而形成同向同行的共同育人场。

（三）铸魂育人主体的多元性

铸魂育人作为人的一项有意识、有目的的实践活动，铸魂育人主体在教育内容、教育方法、教育载体、教育过程等方面起着主导作用。铸魂育人由学校、职能部门、教师等多元主体共同参与，虽然各参与主体的角色和职能各不相同，但都是围绕培养时代新人这一时代育人目标展开的，形成多元主体互动，如师生互动、师师互动、各职能之间互动等，互动的目的就在于促进各育人主体之间的沟通与合作，减少育人主体之间相互掣肘以及由于缺乏协同意识而产生内耗。马克思主义合力论认为，在生产过程中，个体劳动总和简单相加，跟结合劳动所发挥出来的力量有本质区别。"单个劳动者的力量的机械

---

① 张耀灿等：《现代思想政治教育学》，人民出版社2006年版，第329页。

第一章　习近平新时代中国特色社会主义思想铸魂育人协同的必要性

总和，与许多人手同时共同完成同一不可分割的操作（如举重、转绞车、清除道路上的障碍物等）所发挥的社会力量有本质的差别……这里的问题不仅是通过协作提高了个人生产力，而且是创造了一种生产力，这种生产力本身必然是集体力。"① 在马克思主义看来，许多人共同协作劳动，完成不可分割的、相互联系的系统工作，所创造集体力要大于个人生产力简单相加之和。许多人共同协作不仅可以节约劳动时间，提高劳动效率，而且在有计划有共同目标的同向同行中，能够摆脱个体的局限性，实现优势互补。恩格斯在继承马克思生产合力思想的基础上，提出了"历史合力"，他认为历史是这样创造的："最终的结果总是从许多单个的意志的相互冲突中产生出来的"，"有无数互相交错的力量，有无数个力的平行四边形，由此就产生出一个合力，即历史结果。"② 马克思主义合力论实质上就是强调协同协作的整体效应及合力形成的规律性。为了提高育人效果，早在新中国成立初期，毛泽东同志就指出："思想政治工作，各个部门都要负责任。共产党应该管，青年团应该管，政府主管部门应该管，学校的校长教师更应该管。"③ 这实质是对全员育人的强调，新时代高校坚持用习近平新时代中国特色社会主义思想铸魂育人同样要求贯彻全员育人理念，以形成育人合力。

铸魂育人主体多元的特性，内在地要求各育人主体之间相互协同配合，促进育人个体力量向集体力量转化，使之形成高于个体之和的育人效果。如基于党委统一领导、党政齐抓共管的体制优势，从顶层整体设计的角度，思考如何将党政领导体制优势转化为用党的创新理论铸魂育人的优势；为确保习近平新时代中国特色社会主义思想在课程主渠道、日常思想政治教育主阵地和网络主战场铸魂育人，考虑专兼职队伍如何协同的问题。基于高校存在学校、院系（各职能部门）

---

① 《马克思恩格斯全集》第 23 卷，人民出版社 1972 年版，第 362 页。
② 《马克思恩格斯选集》第 4 卷，人民出版社 2012 年版，第 605 页。
③ 《毛泽东文集》第 7 卷，人民出版社 1999 年版，第 226 页。

和育人个体的层级管理，可重点思考如何强化协同铸魂育人理念，将坚持用习近平新时代中国特色社会主义思想铸魂育人内化于心，外化于行，达到上下同心和上下顺畅衔接，防止上面流于口号，下面流于应付，或运行过程中出现的执行力递减现象。

二 协同有助于实现铸魂育人的目标

当前，高校用习近平新时代中国特色社会主义思想铸魂育人实践急需协同创新，协同有助于改进当前铸魂育人的方法和破解铸魂育人所面临的一些实践困境。根据马克思主义的协同论，协同是许多主体基于同一个目标，共同协作劳动，完成不可分割的、相互联系的系统工作的活动。铸魂育人是一个系统工程，需运用协同思维化解现实问题，促进系统内部各要素之间有效配合，形成同向同行的整体态势和教育合力。运用协同思维需要解决以下三个方面的现实问题，进而实现铸魂育人的目标。

（一）协同育人意识淡薄问题

构建铸魂育人协同机制，实现协同创新，前提是各育人主体有协同育人的理念共识。铸魂育人作为一个复杂的系统工程，需要各育人主体，各职能部门协同完成。马克思曾引用德斯杜特·德·特拉西的话说明完成复杂的劳动必须要同心同力："一人划船，另一人掌舵，第三人撒网或叉鱼，没有这种协力，捕鱼就不可能取得成果。"[①] 马克思引用这句话的目的在于强调协作的价值和意义，通过协作，可以形成多主体相互联系统一的共同劳动和整个劳动，可以解决单一主体努力所根本不能达到的结果。然而，在现实中，由于各育人主体协同育人意识淡薄，无论是目标协同、内容协同、队伍协同、课程协同、阵地协同，还是载体协同和机制协同等都没有达到合力最优化。还有一些职能部门认为育人是教师的事，与自己无关。"各自为政""单打

---

① 《马克思恩格斯全集》第32卷，人民出版社1998年版，第298页。

第一章　习近平新时代中国特色社会主义思想铸魂育人协同的必要性

独斗""孤岛"现象等问题仍然存在，各育人主体、目标、内容、载体、路径、方法之间互补的作用没有完全发挥。比如育人主体方面，辅导员和思政课教师作为思想政治教育的两支专门力量，两者之间缺乏常态化的沟通协作机制。高校辅导员队伍多数从高校到高校，普遍年轻化，工作经验不足，常显得心有余而力不足；党政管理干部、专任教师和教辅后勤人员因较多精力放在管理、教学等工作任务，与学生接触的时间有限，对学生了解远不如辅导员，各育人主体由于经常处于各自为政的作战状态，因而无法形成基于优势互补的"1+1>2"的效果。专业课程的教育常常存在知识性与价值性脱节的情况，只重知识传授而忽略价值塑造和政治引导，只教书不育人，这种状况必然难以形成全课程育人和课程与课程之间的协同，最终影响到育人的效果。只教育不育人的结果往往培养出的是有知识无灵魂的人，这样的人难以形成正确的世界观、价值观和人生观。因此，有必要通过强化协同育人意识，将铸魂育人贯穿在教学全过程，贯穿思想道德教育、文化知识教育、社会实践教育各环节，从而破解高校用习近平新时代中国特色社会主义思想铸魂育人存在的孤岛、断点和壁垒等问题。

（二）协同育人内容模糊问题

协同育人包含方向协同、主体协同、内容协同、路径协同等多重内容，在实践中，由于对育人内容认知模糊，导致容易出现育人合力无法形成的突出问题。按照耗散结构理论，"处于开放系统之中的任何事物，都需要与外界进行物质和能量的交换，都必然有其涨落变化的趋势和可能性"。[1] 高校铸魂育人作为一个开放复杂的动态体系，始终处于与外界不断的信息交流中，这种信息交流会产生两种结果：一种是让育人系统更加有序地朝着目标运动，不断接近目标；另一种结果就是涨落变化的趋势并没有向预期的方向发展，而是走向对立。这就需要高校铸魂育人内部体系无论是在育人目标和任务上，还是在育

---

[1] 王习胜：《"三全育人"合理性的逻辑诠释》，《思想理论教育》2019年第3期。

人内容上，各育人主体彼此要有清醒的认知，要紧紧围绕培育有理想、有本领和有担当的时代新人这一目标和任务，正确认识知识、能力、价值三者之间关系，深刻认知到涉及理想信念、政治立场、道德情操和综合素养的内容一般都或显或隐于各类课程中，尤其是涉及思想引领、价值塑造的内容需要育人主体秉持课程思政的理念，对相关思政元素进行整理和挖掘，实现思想引领、价值塑造与知识体系教育的有机统一，与思政课程形成合力，共同消解外界负面信息对铸魂育人目标实现产生的斥力，从而保持高校内部育人成效的相对稳定性。然而在实践中，由于课程性质不同以及育人主体素质不一，导致对课程育人资源的认知上客观存在差异，思政课与课程思政之间的如何同向同行常常成为教学实践中的难题。由于思政课与专业课存在的客观差异，以及思政课教师与专业课教师学科背景的差异，导致在具体实践中，思政课教师无法了解专业课程中的思政元素，有的专业教师也不能正确理解课程思政的真正内涵，生硬融入，甚至为思政而思政，不能做到将思政元素如盐溶于水般融入专业课程，影响了同向同行的效果。

为了解学生学习党的创新理论的实际效果，课题组对大学生"为什么要学""实践中怎么用""学习党的创新理论与人生价值实现有什么关系"等问题进行了问卷调查，调查显示：有43.41%的大学生认为学习过程中遇到的最大的困难是学习目标模糊，有14.73%的大学生认为党的创新理论学习中学习氛围不好，还有9.71%的大学生认为党的创新理论教育是"政治说教，希望减少教学时数，增加专业课"，这些数据实际上从学生的角度反映了高校铸魂育人存在的突出问题，如全员育人理念还没有深入人心，没有形成全员育人的氛围，没有做到价值性与知识性相统一、教书育人相统一等。高校课程育人、科研育人、文化育人、实践育人、管理育人内容虽各有侧重，但都服务于铸魂育人这一总目标，不同内容之间具有相互响应关系，但由于在协同育人内容认知上存在模糊认识，导致育人系统内部产生耗

第一章　习近平新时代中国特色社会主义思想铸魂育人协同的必要性

损,影响了主渠道主阵地作用的发挥。因此,如何挖掘具有各自特点,同时又符合协同育人要求的资源,如何做到与主渠道主阵地同向同行,形成运行有序、具有合力效应的协同育人体系是需要深入思考的现实问题。

（三）协同育人统筹不足问题

当前,高校用习近平新时代中国特色社会主义思想铸魂育人之所以会出现"孤岛""脱节"等,除与育人主体认知有关外,也与协同育人统筹不足有关。铸魂育人作为一个系统工程,具有体系化特征,强调系统观念和系统思维,它要求将铸魂育人看作一个有机整体进行统筹。协同学理论认为,让一个不平衡的系统,实现平衡发展,"既要单独研究系统的孤立部分和过程,也要把每个孤立部分和过程整合起来看,部分制约整个系统,整个系统内的各个部分需要在行为上有效衔接,才能解决系统运转的秩序和组织问题"。[①] 也就是说,协同是实现系统由无序到有序、由分力到合力的重要方式,它有助于体系结构和功能的优化,有助于解决育人目标、内容、方向等离散问题。在一个系统内,如果各要素之间不能够相互协同协作,必然会导致系统的无序运行,严重时甚至导致系统的崩溃,最终影响系统运行目标的实现。因此,实现更好的育人功能,必须根据育人规律对教师、职工、学生、课程、课堂等育人体系内各相关要素进行统筹考虑,厘清协同育人的关键因素,科学分析各育人要素的作用,以及各要素协同互动的机理,才能实现育人系统从无序到有序的变化,并能够根据效果反馈以及影响协同育人内外影响因素的变化及时进行动态调整,使得铸魂育人体系始终朝着既定育人目标有序运行。

当前,高校发挥党委统筹协调各方的作用还有待进一步提升,有的高校存在没有系统梳理各育人主体、各育人岗位的具体育人目标、

---

① 崔晓丹:《大学生思想政治教育主渠道与主阵地协同研究》,博士学位论文,北京科技大学,2020年,第21页。

育人职责、育人内容以及各要素在育人体系中所处的地位、应发挥的作用，各育人主体对于用什么铸魂育人、怎样铸魂育人还存在模糊认识，没有把握学生的成长规律，育人系统内还存在育人力量合力不足、育人内容离散、育人方式单一等问题。这些问题都需要通过学校各级党委的统筹解决，全面统筹教育教学、人才培养各方面的资源和力量。需要以系统观念加强顶层设计，进行全局性谋划、整体性推进。从目标的制定、内容的确定、方式的选择、效果的评价等方面抓好从整体谋划到分散落实的每个环节，把协同育人始终作为落实用习近平新时代中国特色社会主义思想铸魂育人的重要途径和举措，协调好系统内部各育人力量、育人元素、育人资源的关系，着力解决铸魂育人中的"孤岛""脱节""隔膜"等现象[①]，形成铸魂育人工作统筹推进的工作格局，进而促进铸魂育人目标的实现，为党和国家培养能够担当民族复兴大任的时代新人。

三 协同有助于提升铸魂育人的成效

高校用习近平新时代中国特色社会主义思想铸魂育人，关涉到课程、阵地、文化、队伍等育人体系的各个内容，运用协同思维，统筹各方面的资源和力量，才能形成育人合力，提高育人成效。近几年来，协同育人被国家日益重视，党中央、国务院、教育部等先后出台了一系列政策文件，强调"三全"育人理念和协同效应，随着这些政策文件落实，"三全"育人改革试点逐渐铺开，协同也成为提高铸魂育人成效，实现铸魂育人新发展的现实选择。

（一）有助于"三全育人"观念的贯彻落实

"三全育人"是对育人规律的进一步深化和探索。早在2005年，胡锦涛同志就指出："各高校要切实担负起加强和改进思想政治教育工

[①] 沈壮海、李佳俊：《论新时代高校思想政治工作体系的构建》，《思想理论教育》2019年第12期。

第一章 习近平新时代中国特色社会主义思想铸魂育人协同的必要性

作的责任,建立健全党委统一领导、党政群齐抓共管、全体教职员工全员育人、全方位育人、全过程育人的工作机制。"①2015 年,中宣部、教育部印发的《普通高校思想政治理论课建设体系创新计划》要求"注重发挥辅导员队伍的联动作用"。2016 年全国高校思想政治工作会议上,习近平总书记也强调,"要使各类课程与思想政治理论课同向同行,形成协同效应"。②2017 年 9 月中共中央办公厅和国务院办公厅印发的《关于深化教育体制机制改革的意见》、2017 年 2 月中共中央和国务院印发的《关于加强和改进新形势下高校思想政治工作的意见》、2018 年 5 月教育部颁发的《"三全育人"综合改革试点工作建设要求和管理办法(试行)》、2019 年 11 月党的十九届四中全会通过的《中共中央关于坚持和完善中国特色社会主义制度推进国家治理体系和治理能力现代化若干重大问题的决定》、2020 年教育部印发的《高等学校课程思政建设指导纲要》等文件均强调全员全过程全方位育人大格局和协同的重要性。"三全育人"是对应主体、场域和过程三个维度构建起来的一种育人模式。有学者指出,思想观念的非线性存在形态告诉我们,作用于思想观念的信息不是特定于某个方面的,而是全方位的。因此,"要在耗散样态的思想观念中实现育人目的,就必须充分发挥非线性的全员参与、全方位协同的作用,以全过程贯穿的方式应对开放系统中的随机涨落变化,才能形成育人系统的正向有序演化"。③"三全育人"作为新时代高校思想政治工作改革的主要措施和行动指南,内在要求协同,协同可以有效地将"三全育人"所涉要素协调起来,促进教书育人、科研育人、实践育人、管理育人、组织育人的一体化有序运行,从整体推进育人合力的形成和育人目标的实现,能够产生比"部分力量

---

① 中共中央文献研究室:《十六大以来重要文献选编》(中),中央文献出版社 2006 年版,第 645 页。
② 《习近平谈治国理政》第 2 卷,外文出版社 2017 年版,第 378 页。
③ 申文缙、周志刚:《协同视阈下德国职业教育教师培训体系研究》,《外国教育研究》2017 年第 4 期。

的总和要大"的"总力量",即 1 + 1 > 2 的效果。

（二）有助于"十大育人体系"整体效果的形成

铸魂育人目标的实现，并非单一育人体系就可以完成的，所有与学生学习、生活发生联系的所有人员，均应树立大思政理念，主动担当育人职责，履行全员育人的要求。2017 年 12 月教育部下发《高校思想政治工作质量提升工程实施纲要》（以下简称《实施纲要》）明确高校思想政治工作质量提升工程的基本任务是充分发挥课程、科研、实践等十个方面载体的育人功能，挖掘各载体的育人要素和育人功能，构建质量提升育人体系，着力打通高校思想政治工作存在的盲区、断点，真正把各项工作的重点和目标落在育人效果上。《实施纲要》在总体思路中强调，坚持一体化育人，就是要全面统筹办学治校各领域、教育教学各环节、人才培养各方面的育人资源和育人力量，进行全面而系统的设计，构建一体化育人工作体系，实现各个层面、各个部门的协同协作，最终达到铸魂育人的最优效果。此外，《实施纲要》的基本原则还强调了要坚持协同联动，要求在构建多元化育人体系的同时，高校要紧紧围绕铸魂育人这一目标，深入推进构建纵向与横向的协调联动机制，充分发挥课程、科研、管理、资助、组织等载体的育人功能，促进十大育人体系同频共振，形成全员全过程全方位育人的协同育人局面的同时，达到信息互动、功能互补、主体互动等效果。

（三）有助于思想政治工作体系的运行

铸魂育人是一项系统性、协同性很强的活动，铸魂育人离不开思想政治工作体系的支撑，而如何建立铸魂育人系统内部各子系统之间尤其是骨干队伍之间的协同合作，是新时代高校铸魂育人取得成效的关键问题。为了以体系化思维推动高校思想政治工作，发挥思想政治工作在人才培养中的主导作用，2020 年 4 月，教育部等八部门颁布的《关于加快构建高校思想政治工作体系的意见》（以下简称《意见》），强调以建立完善全员、全程、全方位育人体制机制为关键，全面提升高校思想政治工作质量。《意见》明确要求以体系化思维，把立德树人融入思想道

第一章　习近平新时代中国特色社会主义思想铸魂育人协同的必要性

德、文化知识、社会实践教育等各环节，打通教学体系、学科体系、管理体系、教材体系之间的壁垒，构建运行畅通的思想政治工作体系，这为高校深化"三全育人"改革，在"十大育人体系"基础上进一步构建系统性的、协同性的育人格局提供了政策依据和实践方向。

新时代高校思想政治工作面临的形势和环境日益复杂，迫切需要将思想政治工作体系化建设作为提高人才培养质量的重要内容。《意见》的核心要求将育人元素全面融入教学体系、学科体系、管理体系、教材体系中，促进教学体系、学科体系、管理体系、教材体系围绕铸魂育人这一目标同向同行，形成具有协作关系的育人工作体系。从系统论的角度看，理论武装体系、学科教学体系、日常教育体系、管理服务体系、安全稳定体系、队伍建设体系、评估督导体系，其中任何一个独立的体系都无法有效完成铸魂育人的任务，它们都是高校育人体系中不可分割的部分，这七个体系无论是作为子系统运行，还是作为整体性体系运行，都要围绕用习近平新时代中国特色社会主义思想铸魂育人这一目标，从协同育人的角度出发，探寻这一工作体系整体与部分，部分与部分之间的协同育人机理，尤其要加强人才培养体系的协同，即学科体系、教学体系、教材体系和管理体系的协同，确保习近平新时代中国特色社会主义思想体系贯穿学科体系、教学体系、教材体系和管理体系，从而破解高校用习近平新时代中国特色社会主义思想铸魂育人存在的孤岛、断点和壁垒等问题。

第二章　习近平新时代中国特色社会主义思想铸魂育人的理论概述

教育是塑造灵魂的工程。用习近平新时代中国特色社会主义思想铸魂育人，就是要充分挖掘习近平新时代中国特色社会主义思想中可用于"铸魂育人"的育人元素，如理想信念、社会主义核心价值观、中国精神、文化等，以此来培育可以担当民族复兴大任的时代新人以及德智体美劳全面发展的社会主义建设者和接班人。

第一节　铸魂育人的科学内涵

铸魂育人是一项事关大局、影响深远的教育系统工程，是统领高校大学生成长成才的龙头工程，是战略性工程。[①] 那么，"什么是灵魂？""何为铸魂育人？""人的灵魂可以被铸塑吗？"这一系列问题，是我们探讨铸魂育人问题的前提和基础。

一　"灵魂"的多维解读

灵魂是一个古老的词汇。人类社会自诞生起，就开始了对人生意

[①] 谢梅成、夏聘庭：《铸魂——大学生思想政治教育的理论与实践》，光明日报出版社2018年版，第24—25页。

第二章 习近平新时代中国特色社会主义思想铸魂育人的理论概述

义的终极追问和对灵魂问题的讨论。古今中外,几乎所有的文化传统都探讨过"灵魂"观念。正如法国思想家伏尔泰所言:"在古代,不论是叙利亚人、迦勒底人、埃及人、希腊人或是最后定居于腓尼基一部分地方的人,'灵魂'一词从来就是'生命'的意思。"① 灵魂作为一个精神性概念,关联人的生死问题,体现了人们对自身生命的一种认识和理解。不同的文明源头和文化传统,对灵魂问题有着不同的解读和阐释,由此形成了各自不同的灵魂观。

(一) 西方哲学中的灵魂观

在西方哲学史中,灵魂问题一直是古今哲学家们所重点研究和探讨的话题之一。从古希腊神话,到泰勒斯、毕达哥拉斯,再到苏格拉底、柏拉图、亚里士多德等,都对灵魂问题进行过深入的探讨和研究。根据《希英辞典》中解释,灵魂的本义为呼吸、活着,"是指呼吸,是生命的起源,是指人的感觉、情感、理智等意识活动的主体或活动本身"。② 由呼吸的意思进而衍生为"灵魂",指的是与人的身体相对立的状态。《荷马史诗》中将灵魂解释为:"仅指死者的灵魂、精灵、鬼魂,仍然保留着生命拥有者的形状。"③ 荷马时代的人们把灵魂理解为一种生命气息,是一种可见或者不可见的真实存在的物质形式。在这一时期的灵魂观中,灵魂与肉体是一个整体,人的肉体存在,灵魂就活力,没有了肉体,灵魂也就不存在了,二者并不是分离的,也没有灵魂不朽的意思,这就是最初的宗教神话和物质意义上的灵魂观。

荷马传统之后的古希腊哲学家们对于灵魂问题的思考,有了一个巨大的转变,他们逐渐将灵魂赋予了"轮回不朽""不生不灭"的神秘主义色彩。毕达哥拉斯学派的灵魂观将灵魂分为表象、生气和心灵

---

① [法] 伏尔泰:《风俗论》,梁守锵译,商务印书馆1994年版,第23页。
② 汪子嵩、范明生、陈村富:《希腊哲学史》第1卷,人民出版社1988年版,第83页。
③ 尚新建、杜度:《苏格拉底灵魂概念的承袭与发展》,《中国政治青年学院学报》2004年第6期。

（理性）三个部分，其中的心灵或理性部分是不朽的、不生不灭的，是可以轮回再生、循环往复的。柏拉图进一步提出了"灵魂是不朽不灭"的思想。他坚持灵魂—肉体二元论，认为灵魂和肉体的来源完全不同，肉体会消亡，而灵魂是能够超越时空而永恒不朽。在《理想国》中，柏拉图将灵魂分为理性、激情和欲望三个部分，理性这部分最高级，能够控制激情和欲望，是灵魂的最高原则。他将灵魂和理性等同视之，强调理性的支配地位，认为灵魂不朽即是理性的不朽。柏拉图的灵魂三分法对后世的影响很大，基督教就充分借鉴了柏拉图的思想，正如钱穆在《灵魂与心》中所说："此伦理上之二元观，为基督教灵魂观导其先路。……从希腊思想转至基督教，其接榫处只在此。"[①] 亚里士多德发展了柏拉图的思想，认为一切有生命的实体都有灵魂。例如植物的灵魂具有营养生长功能，动物的灵魂具有感觉运动功能，而人类的灵魂除此之外具有思维功能，这是灵魂的最高能力，是人类所独有的思维和判断的能力，即理性，这也是人与动物的根本区别。亚里士多德把整个认识活动看作是灵魂的功能，人有理性的灵魂，有思维和判断的能力，人们可以凭借灵魂去感受、学习和理解，灵魂在人的身体内部推动生命活动，是生命运动的原因。

通过以上对西方哲学史中灵魂观的简要阐述，我们可以看出，在西方文化语境中，灵魂作为一种形而上的超自然力量，是永恒不朽的，是轮回转换的。与东方人相比，西方人更加注重死后的彼岸世界，祈求死后的灵魂在上帝的怀抱中得其永生不朽。因此，西方的灵魂观带有神秘主义的宗教文化色彩。

（二）中国传统文化中的灵魂观

在中国传统文化语境中，灵魂被理解为具有主宰性的灵体。在中国古代文献中，"灵魂"两个字最初并不是连在一起使用的，与其意思相近的字有神、灵、魂、魄等。后来中国学者面对西文 soul 的翻译

[①] 钱穆：《灵魂与心》，广西师范大学出版社 2004 年版，第 2 页。

第二章　习近平新时代中国特色社会主义思想铸魂育人的理论概述

问题，因上述各字都无法准确表达其义，于是便把灵与魂合在一起来翻译它①。"灵"字，在《说文解字》中解释为："灵，巫以玉事神。"说明灵最初的意思为巫，也有神灵的意思。"魂"，常常与"魄"字连起来并用。《说文·鬼部》记载："魂，阳气也。从鬼，云声。""魄，阴神也，从鬼白声。"古人认为，魂，是人天生的阳气，是统领精神的神秘力量；魄，是人天生的阴气，是统领肉体的神秘能量，"魄"必须附着于肉体之上，当肉体死亡，"魄"也将随之消失，但作为精神力量的"魂"却可以离开人的肉体而独立存在。在《左传·昭公七年》中，子产对于"魂魄"一词的意思，也有着相近的解释："人生始化为魄，既生魄，阳曰魂。用物精多，则魂魄强。是以有精爽至于神明。"这里的"魄"指的就是构成人身体方面的生命力，主要负责无意识状态下的感知、代谢等生理本能，必须依附形体而存在；而"魂"则表示能够离开人的形体而独立存在的精神生命，负责有意识状态下的情感、意志、思想等心智活动。

对于如何寻求永生与不朽等灵魂问题，中国传统文化有着与西方文化完全不同的理路。早在春秋时期，鲁国的士大夫叔孙豹就指出，人生的最高境界是"三不朽"，即"立德、立功、立言"，"太上有立德，其次有立功，其次有立言，虽久不废，此之谓不朽"。②古人认为，人死了之后，只有德行、事功、言论长存在人们心中，这才是真正的灵魂不朽。对于生与死、人与鬼的问题，孔子也一贯主张"重生不重死，重人不重鬼"。他认为谈论鬼神问题，对于人们的现世德行并没有帮助，并提出了"未知生，焉知死？""子不语怪力乱神""敬鬼神而远之"等一系列观点。"知生""事人"的生死观体现了孔子人文关怀的伟大之处。可见，早在春秋时期，中国人对于人类是否有灵魂，以及是否存在上帝及鬼神等观念，早已有极大的解放。

---

① 陈俊伟等编：《灵魂面面观》，中国社会科学出版社2006年版，第3页。
② （战国）左丘明：《左传·襄公二十四年》。

因此，在灵魂问题上，西方人追求的不朽，在其死后是到另一个彼岸世界去；而中国人所追求的不朽，则是死后依然能够在这个世界发生影响。中国传统文化更加关注今生，更加注重现世的修行，这种"重生"的文化传统与西方基督教"重死"的文化传统有着根本的区别，由此也形成了两种完全不同的哲学观。

（三）马克思主义灵魂观

在分析了中西关于灵魂问题的不同看法之后，我们可以运用马克思主义的立场、观点、方法来对灵魂问题进行科学的分析和阐释，进而揭示出灵魂问题的科学内涵和本质属性。如前所述，马克思之前的哲学家、思想家对灵魂问题的阐释，或将灵魂视为一种生命气息，是一种可见或者不可见的真实存在的物质形式；或将灵魂视为一种独立于肉体的、永生不朽的纯粹精神性存在。无论是旧唯物主义哲学，还是唯心主义哲学对灵魂问题的阐释，都是从"形而上"的角度去阐释的，都带有一种神秘主义的色彩。正如马克思在《关于费尔巴哈的提纲》中所说："从前的一切唯物主义（包括费尔巴哈的唯物主义）的主要缺点是：对对象、现世、感性，只是从客体的或者直观的形式去理解，而不是把它们当作感性的人的活动，当作实践去理解，不是从主体方面去理解。因此，和唯物主义相反，唯心主义却把能动的方面抽象地发展了，当然，唯心主义是不知道现实的、感性的活动本身的。"[①] 研究习近平新时代中国特色社会主义思想铸魂育人问题，我们必须运用马克思主义的基本立场和方法，在马克思主义的视域下对灵魂问题的科学内涵和本质属性作出科学正确的解读。

1. 从人与社会的实践性本质论述灵魂产生的根源，即灵魂是人们在社会实践活动中产生的思维运动，灵魂并不具有实体性，不能脱离人的肉体而自存

马克思指出："全部社会生活在本质上是实践的。凡是把理论引

---

① 《马克思恩格斯文集》第1卷，人民出版社2009年版，第499页。

向神秘主义的神秘东西，都能在人的实践中以及对这种实践的理解中得到合理的解决。"① 人类灵魂的产生和发展，归根结底是由社会物质生产实践所决定的，并不是其他某种神秘的力量。恩格斯曾经对意识形态的产生有过详细的论述："任何意识形态一经产生，就同现有的观念材料相结合而发展起来，并对这些材料作进一步的加工；不然，它就不是意识形态了，就是说，它就不是把思想当作独立地发展的、仅仅服从自身规律的独立存在的东西来对待了。人们头脑中发生的这一思想过程，归根结底是由人们的物质生活条件决定的。"② 灵魂实际上是人们在社会实践活动中产生的一种思想观念，"观念的东西不外是移入人的头脑并在人的头脑中改造过的物质的东西而已"。③ 观念本身并不具有实体性，也不能脱离人的肉体而独立自存。因此，在灵魂问题上，我们不能把灵魂和产生它的具体社会条件分割开来，不能抛开人们的现实生活实践来空谈灵魂，否则就会陷入神秘宗教主义的泥潭，无法正确揭示灵魂的本质内涵。

2. 从社会存在与社会意识的关系论述灵魂的本质，即灵魂本质上属于一种社会意识，是由社会存在所决定的，并随着社会存在的变化而发生变化

社会存在与社会意识关系的理论，是马克思主义的基本理论。马克思、恩格斯指出："思想、观念、意识的生产最初是直接与人们的物质活动，与人们的物质交往，与现实生活的语言交织在一起的。人们的想象、思维、精神交往在这里还是人们物质行动的直接产物。表现在某一民族的政治、法律、道德、宗教、形而上学等的语言中的精神生产也是这样。人们是自己的观念、思想等的生产者，但这里所说的人们是现实的、从事活动的人们，他们受自己的生产力和与之相适应的交往的一定发展——直到交往的最遥远的形态——所制约。意识

---

① 《马克思恩格斯文集》第1卷，人民出版社2009年版，第501页。
② 《马克思恩格斯选集》第4卷，人民出版社2012年版，第261页。
③ 《资本论》第1卷，人民出版社2004年版，第22页。

在任何时候都只能是被意识到了的存在，而人们的存在就是他们的现实生活过程。"① 社会存在是社会生活的物质方面，是社会实践和物质生活条件的总和。社会意识是社会生活的精神方面，主要包括政治、法律、哲学、道德、宗教等以及风俗习惯、社会心理等。社会存在决定社会意识，社会意识是社会存在的反映，如果社会存在发生变化，社会意识也将随之改变。社会意识具有主观能动性，能够反作用于社会存在。灵魂作为关于人类生命运动发展的思想意识，本质上属于社会意识的一部分，它是人们在物质生产和社会交往实践中形成的，对自身生命运动发展的思想观念和精神力量。灵魂是由人们的物质生产方式所决定的，物质生产方式发生变化，灵魂的具体内涵也将随之改变。

3. 从人的社会性本质论述灵魂的可塑性，即人的灵魂是受到一定社会关系影响和制约的，是可以被影响、教育和铸塑的

马克思在《关于费尔巴哈的提纲》中指出："人的本质并不是单个人所固有的抽象物，在其现实性上，它是一切社会关系的总和。"② 任何人都是处在一定的社会关系之中，并受其影响和制约的。这些社会关系包括了物质关系、思想社会关系、群体关系、个体关系等。列宁指出："思想的社会关系不过是物质的社会关系的上层建筑，而物质的社会关系是不以人的意志和意识为转移而形成的，是人维持生存的活动的（结果）形式。"③ 人类从来到人世间的那一刻起，就从属于一定的社会关系，人们生存和发展都离不开社会关系。人的一生正是在这种客观的、不断变化的社会关系中塑造自我，实现从自然人向社会人的不断进化，而这个过程也就是人的灵魂的生成过程。

从主体上来看，灵魂可以分为个体灵魂和群体灵魂。个体灵魂是社会单个的个人的关于生命运动发展的思想意识。它来源于社会中个

---

① 《马克思恩格斯选集》第1卷，人民出版社2012年版，第151—152页。
② 《马克思恩格斯文集》第1卷，人民出版社2009年版，第501页。
③ 《列宁全集》第1卷，人民出版社2020年版，第19页。

体的人的实践,是个体的社会经历和社会实践的反映;群体灵魂即社会灵魂,是社会上一定群体如阶级、政党、民族、国家等的关于生命运动发展的思想意识,往往具有共识性和群体性。个体灵魂与群体灵魂相互依存、相互作用。经过时间的积淀,社会大众的个体灵魂可以上升凝结为所有社会成员共同认同的群体灵魂;反过来,社会群体灵魂也能够通过一定的组织和手段对个体灵魂进行教育、影响和塑造。人的存在并不是固定不变的,而是处在不断变化的社会关系中,并随着社会实践的发展而不断变化发展的。无论是个体灵魂还是群体灵魂,都是在社会实践活动中不断生成的,人们在实践中形成对科学理论的认识,并将这种认识内化为自身的理想信念、精神追求和价值观念,从而引导自身的行为和行动。因此,人的转化是一个外在力量促进人内在思想灵魂生成的过程,人的灵魂具有可塑性。

4. 从人的主观能动性论述灵魂的主观能动性,即灵魂作为一种精神力量,对于人的行为和实践具有强大的能动作用

马克思主义认为,人的实践活动具有主观能动性,人是有意识、有计划、有思想的,这也是人区别于动物的表现之一。"在社会历史领域内进行活动的,是具有意识的、经过思虑或凭激情行动的、追求某种目的的人;任何事情的发生都不是没有自觉的意图,没有预期的目的的。"[①] 人的主观能动性决定了人对思想和精神的需要,人们需要确立目标来指导自己的行动,才能实现自身与社会的发展。灵魂不是一般的社会意识和精神力量,而是在人的思想观念体系中居于核心地位,对其他意识和精神的形成和发展起着主宰性作用。灵魂的内在结构核心内容包括了"作为意义世界核心的信仰、作为观念世界核心的价值和作为情感世界核心的精神三个部分"[②],是社会意识形态的核心,是推动人们实践活动的强大精神动力。

---

① 《马克思恩格斯选集》第4卷,人民出版社2012年版,第253页。
② 李忠军:《中国梦·社会主义核心价值观·中国精神三位一体的铸魂逻辑》,《社会科学战线》2015年第6期。

二 铸魂育人的基本内涵

随着"铸魂育人"概念的正式提出,学术界关于"铸魂育人"的讨论和研究也逐渐兴起,学者们分别从不同视角对铸魂育人的基本内涵作出了不同的解读和阐释。

张军从军队建设的视角,对"革命军人有灵魂"的政治要求作出了阐释:"习主席指出,有灵魂就是要信念坚定,听党指挥。这一重要思想的核心是要求每名官兵,始终坚定对马克思主义的信仰,对中国特色社会主义的信念,对改革开放和社会主义现代化建设的信心,对党中央、中央军委和习主席的信赖,坚决同错误思想作斗争,矢志不渝听党话跟党走,永葆革命军人政治本色。"[1] 骆郁廷从文化建设的视角,探讨了铸魂育人与新时代文化软实力发展战略之间的关系。他指出:"以文化人的核心是铸魂育人,铸魂育人的关键是用作为中国特色社会主义文化核心的理想信念、价值观念特别是社会主义核心价值观熔铸和塑造人的思想灵魂,确立人生正确的政治方向和价值取向,进而凝聚人们的思想价值共识,夯实人民的共同思想基础,整合人民群众和全民族的力量,为实现中华民族伟大复兴而团结奋斗。"[2] 更多的学者则是从思想政治教育学的视角来探讨思想政治教育与铸魂育人的关系。李忠军认为:"铸魂育人是思想政治教育本质核心内涵的准确表述。"[3] 毛志强等认为:"思政课是铸魂育人的第一课程和关键课程,思政课的实践本质就是铸魂育人,这也是新时代中国特色社会主义教育的本质属性。"[4] 因此,本书所探讨的"铸魂育人",主要

---

[1] 张军:《在把握铸魂育人特点规律中培养新一代"四有"革命军人》,《南京政治学院学报》2015年第1期。
[2] 骆郁廷:《铸魂育人:新时代文化软实力发展战略》,《文化软实力研究》2018年第6期。
[3] 李忠军:《"铸魂育人"是思想政治教育本质核心内涵的探讨》,《思想理论教育导刊》2015年第10期。
[4] 毛志强、熊官旭、丁梅君:《"思政课"铸魂育人的三维标识:逻辑抽象·价值意象·路径具象》,《学术探索》2019年第6期。

是从思想政治教育学领域展开。

人无魂不立，国无魂不强。2016年12月，习近平总书记在全国高校思想政治工作会议上指出："思想政治工作从根本上说是做人的工作，必须围绕学生、关照学生、服务学生，不断提高学生思想水平、政治觉悟、道德品质、文化素养，让学生成为德才兼备、全面发展的人才。"①高校思想政治工作是一项"战略工程、固本工程、铸魂工程"，思想政治理论课肩负着"立德树人、铸魂育人"的神圣使命。铸魂，就是铸造高尚灵魂；育人，即教育、培养人才。所谓铸魂育人，就是一定的阶级、政党或社会群体，用符合和体现本阶级、政党或社会群体的信仰信念、价值追求的思想观念或思想体系，对其社会成员的思想灵魂施加有目的、有计划、有组织的教育、培养和改造，使他们成长为符合本阶级、政党或社会群体所需要的人才的工作。铸魂和育人一体同构、缺一不可，铸魂是育人的基础和前提，育人是铸魂的目标和归宿。人的思想观念体系有着非常复杂的内在构成，其中起着主导和决定性作用的核心要素，集中表现为理想信念、价值观念、精神追求。因此，高校思想政治教育铸魂育人，主要是围绕铸牢信仰之魂、铸塑价值之魂、铸就精神之魂这三个方面展开。

（一）铸牢信仰之魂

信仰是与人的理想、信念相联系的一个概念，它是人的精神世界的重要组成部分。如果说理想是人的奋斗目标，信念是人为了目标的实现而坚定不移奋斗的精神状态的话，那么，信仰就是人为了理想信念实现而坚定不移、矢志不渝并身体力行的精神气质。在信念体系中，居于最高层次，对其他信念起到支配作用的就是信仰。信仰是人们对某种理论、学说、主义、宗教等的信服和尊崇，并把它奉为自己的行动准则和活动指南。信仰是灵魂的核心要素，在整个精神体系中具有统摄作用。信仰一旦形成，能够对人们的行动和实践具有很强的

---

① 《习近平谈治国理政》第2卷，外文出版社2017年版，第377页。

指导性。对于个体而言，信仰是人把握世界的一种重要方式，是人们一切行为的出发点和归宿，引导人们不断追求人生价值和生命意义的目标使命；对于群体而言，信仰是凝聚社会共识的精神内核，是推动国家和民族发展的强大精神支撑。正如习近平总书记在党的十九大报告中所说："人民有信仰，国家有力量，民族有希望。"[①]

理想信念是精神之"钙"，是人生发展的内在动力，是一个国家和民族奋勇前进的精神动力。中国特色社会主义共同理想，是实现中华民族伟大复兴的必由之路，是全国各族人民团结奋斗的强大动力。信仰分为科学的信仰和非科学的信仰。非科学的信仰表现为对想象的虚幻世界、非科学理论或思想观念等的迷信和崇拜，大多数以宗教信仰的形式呈现；科学的信仰则来自人们对自然界和人类社会发展规律的正确认识，对个人和社会具有导向、激励和凝聚作用。因此，只有树立科学的信仰，才能发挥信仰对个体和社会的积极作用。马克思主义是我国的立国之本，是我党的根本指导思想。马克思主义信仰是科学的、崇高的信仰，是中国革命、改革、建设取得成功的强大精神动力，是中国共产党人的政治灵魂。正如习近平总书记所说："对马克思主义的信仰，对社会主义和共产主义的信念，是共产党人的政治灵魂，是共产党人经受任何考验的精神支柱。"[②] 当代中国铸牢信仰之魂，就是要引导全党全国人民铸牢坚定的马克思主义科学信仰、树立共产主义远大理想和中国特色社会主义共同理想，为实现中华民族伟大复兴的中国梦而不懈奋斗。

(二) 铸塑价值之魂

从一般意义上来说，价值是指在实践基础上形成的主体和客体之间的意义关系。价值的主体是人，可以是单个人，也可以是群体（包

[①] 习近平：《决胜全面建成小康社会 夺取新时代中国特色社会主义伟大胜利——在中国共产党第十九次全国代表大会上的报告》，人民出版社2017年版，第42页。

[②] 中共中央党史和文献研究院、中央"不忘初心、牢记使命"主题教育领导小组办公室：《习近平关于"不忘初心、牢记使命"论述摘编》，中央文献出版社、党建读物出版社2019年版，第87页。

括政党、社会、国家），还可以是全人类。价值的客体即是人认识和改造的对象，可以是自然界、社会，或者人本身。价值是一对关系范畴，任何事物或人，只有当它与主体之人发生联系，成为主体活动的组成部分，才成为主体的价值对象。价值具有多样性，同一个人或事物，与不同的主体相结合，成为不同活动的对象，也就形成了不同的价值。价值观是人们在对价值的认识过程中逐步形成的关于价值的基本观点和根本看法。通俗地说，价值观就是对什么应该做和什么不应该做的基本观点，是人们在社会实践活动中形成的对事物的好恶、美丑、是非、善恶等的总观念。价值观蕴含了人们的价值选择和价值判断，对人们的思想意识和行为行动起着规范和导向作用。

每一个社会都存在多种多样的价值观念和价值取向，其中居于核心地位，对其他价值观起着主导和支配作用的价值观就是核心价值观。核心价值观是一定社会形态、社会性质的集中体现，体现着社会制度的阶级属性、社会运行的基本原则和社会发展的基本方向的价值观。不同的国家，不同的社会形态，其核心价值观各不相同。核心价值观是价值观的"最大公约数"，在整个社会思想观念体系中处于核心地位，是维系国家团结、统一、稳定的关键要素，对于凝聚社会共识、促进经济繁荣发展、维护社会稳定、构建政治认同发挥着重要作用。

社会主义核心价值观是中国特色社会主义制度在价值和精神层面的体现，代表着中国特色社会主义文化的价值取向，体现了社会主义的奋斗目标，充分彰显了社会主义的本质要求。社会主义核心价值观是当代中国兴国之魂的灵魂，是社会主义先进文化精髓的精髓，更是实现中华民族伟大复兴梦想的最高精神统摄。社会主义核心价值观高度反映了中国人民的共同价值追求，具有极大的引导力、感召力、凝聚力，对全社会的价值观念起着整合、协调和引领的作用，是构筑中国精神、凝聚中国力量的思想道德基础，能够为实现中华民族伟大复兴中国梦奠定价值共识、鼓舞斗志、增强信心，凝聚强大正能量，并将这种共同的精神追求凝结升华为终极信仰。因此，当代中国铸塑价值之魂，就是要坚持以社会主义核心价值观来引领社会思潮，在全党全社会形成统一的指导思想、共同的价值理念、强大精神力量和基本道德规范，增强全体人民的凝聚力和向心力，构筑"全国各民族团结奋斗共同思想基础的社会主义价值之魂"。

（三）铸就精神之魂

精神是人类所特有的现象。人不仅需要物质生活，也需要精神生活。对于人而言，精神是追求，一个人有了精神，就有了明确的目标和努力的方向；精神是支柱，一个人有了精神，就有了脊梁骨，就有了战胜一切困难的信心和勇气；精神是动力，一个人有了饱满的精神，就有了前进的动力；精神指挥行动，评价一个人或群体是否具有某种精神，最终要看其是否将这种精神内化成了自身的品质，并且形成了一种稳定的、自觉践行的行为习惯。邓小平说过："没有一股气呀、劲呀，就走不出一条好路，走不出一条新路"。[①] 精神对于社会成员个体，对于民族和国家来说都是十分珍贵的。缺少了精神，就缺少了人生追求，就丧失了信心和勇气，就无法实现人生目标，无法成就伟大的事业。有了精神，个人才能发展，社会才能进步，民族才能振兴。

中华民族在5000多年筚路蓝缕的奋斗历程中，形成了伟大的中国精神。中国精神是中华民族长期社会实践的精神凝结，蕴含着中华民族最深沉的精神追求，为中华民族生生不息、发展奋进、克服困难提供了强大精神支撑；中国精神是凝聚中国力量的精神纽带，是我们战胜一切困难，夺取社会主义现代化事业胜利的强大精神动力。当前，无论是战胜全面深化改革中遇到的艰难险阻，还是众志成城抵御重大灾害，都需要大力弘扬中国精神，将每个人的命运与国家的命运紧密相连，最大限度地凝聚共识，从而团结一切可以团结的力量，汇

---

① 《邓小平文选》第3卷，人民出版社1993年版，第372页。

聚成推动社会发展进步的磅礴力量。正如习近平总书记指出："实现中国梦必须弘扬中国精神。这就是以爱国主义为核心的民族精神，以改革创新为核心的时代精神。这种精神是凝心聚力的兴国之魂、强国之魂。"① 因此，当代中国铸就精神之魂，就是要以中国精神为指引，继承和弘扬民族精神，培育时代精神，并以此作为自身发展的精神追求和动力支撑，铸育全体社会成员共有的精神家园和每个社会成员的精神灵魂。

三 铸魂育人的基本特征

在以上对铸魂育人基本内涵分析的基础上，我们可以进一步揭示铸魂育人的基本特征。对铸魂育人基本特征的把握，有助于我们更好地把握铸魂育人的内涵。

（一）意识形态性

"意识形态发生作用的过程恰是'铸魂'的过程。"② 思想政治教育是一门政治性和阶级性很强的实践活动，具有强烈的意识形态性，是统治阶级利益和意识形态的本质体现。铸魂育人作为一种思想政治教育活动，必然也具有鲜明的阶级性、政治性和意识形态性，其在本质上是一种意识形态教育和人才培养的教育实践活动。"所铸之魂是体现着意识形态本质观念和精神实质的思想灵魂；所育之人是符合政权巩固和社会发展的有用之人。"③

在阶级社会中，统治阶级为了维护本阶级利益，非常重视发挥教育的社会功能，通过教育培养符合本阶级利益的接班人。正如马克思所说："统治阶级的思想在每一时代都是占统治地位的思想。这就是

---

① 《习近平谈治国理政》第1卷，外文出版社2018年版，第82页。
② 李忠军：《铸魂育人是思想政治教育本质核心内涵的探讨》，《思想理论教育导刊》2015年第10期。
③ 谷佳媚、周静：《习近平新时代中国特色社会主义思想铸魂育人的逻辑分析》，《思想教育研究》2019年第11期。

说，一个阶级是社会上占统治地位的物质力量，同时也是社会上占统治地位的精神力量。"① 统治阶级为了维护其阶级统治地位，会通过各种形式的思想政治教育、舆论宣传等途径，培养出符合政权巩固和统治阶级根本利益需要的社会成员。思想政治教育是传播和巩固意识形态的重要方式，思想政治教育的过程就是统治阶级全体社会成员灌输本阶级的意识形态的过程。纵观人类发展史，任何一个国家、一个社会都会开展与其经济基础和上层建筑相适应的意识形态教育活动，用反映主流意识形态价值内核的政治纲领、政治信仰、核心价值观等来教育和塑造全体社会成员的思想灵魂，使其内化为社会大众的意识，形成共同的价值观念、道德信仰和精神追求。

在不同的历史时期，各阶级社会的意识形态铸魂育人活动普遍存在，并呈现出不同的铸魂要求和内涵。在中国奴隶社会，奴隶主所开展的是以等级观念和天命观为核心内容的意识形态铸魂育人活动；在封建社会，封建地主阶级开展的是以"三纲五常"为核心内容的意识形态铸魂育人活动，并把这些思想内容渗透到社会各个阶层，成为人们主导的信仰信念、价值观念和行为取向；在西方封建社会，统治阶级采取的是以宗教神权为内容的意识形态铸魂育人活动，利用宗教的欺骗性和隐蔽性进行意识形态教育；在西方资本主义社会，统治阶级采取的是以"自由、民主、平等"等核心价值观为主要内容的意识形态铸魂育人活动。在阶级社会，统治阶级总是通过各种力量和途径来进行铸魂育人的意识形态教育活动，以维护其阶级统治的合法性，但本质上不过是剥削阶级巩固和扩大其根本利益的教化手段而已。

中国是社会主义国家，坚持铸魂育人的意识形态性，就是坚持马克思主义指导思想的主导地位，发挥马克思主义在铸魂育人中的主导作用。正如习近平总书记所指出："我国是中国共产党领导的社会主义国家，这就决定了我们的教育必须把培养社会主义建设者和接班人

---

① 《马克思恩格斯选集》第1卷，人民出版社2012年版，第178页。

第二章 习近平新时代中国特色社会主义思想铸魂育人的理论概述

作为根本任务,培养一代又一代拥护中国共产党领导和我国社会主义制度、立志为中国特色社会主义奋斗终身的有用人才。"①新时代中国特色社会主义铸魂育人不能价值中立化、去政治化、去意识形态化,必须要有鲜明的政治立场,坚持意识形态属性。因此,坚持用习近平新时代中国特色社会主义思想铸魂育人,就是要坚持社会主义意识形态的主导性,坚持以马克思主义科学理论为指导,坚持以习近平新时代中国特色社会主义思想为"思想之旗、精神之魂",坚持以爱国主义、集体主义、社会主义为主要内容的主旋律教育,引导人们坚定"四个自信",将对中国共产党的忠诚和拥护、对中国特色社会主义的信念和信心与个人的价值观念融为一体,使马克思主义指导思想内化为个人价值观,外化为行为,塑造时代新人。

(二) 时代性

社会存在决定社会意识,社会意识随着社会存在的变化而变化。马克思指出:"人们的观念、观点和概念,一句话,人们的意识,随着人们的生活条件、人们的社会关系、人们的社会存在的改变而改变。"② 思想政治教育是我们党和国家各项工作的生命线,具有时代性的特点,必须随着时代的发展不断丰富发展思想政治教育的目标、内容和方法等。因此,思想政治教育的时代性特点,要求"铸魂育人"工作必须把握时代脉搏,跟上时代潮流,体现时代特点,与时俱进不断进行理论和实践的创新。

思想政治教育是中国共产党的优良传统,为中国革命建设和改革发展事业培养"有灵魂"的人是中国共产党始终秉持的核心育人目标。早在新民主主义革命时期,中国共产党就十分注重思想政治教育,坚持用马克思主义理论武装全党,致力于"培养革命的先锋分子"。1929 年 12 月,毛泽东同志指出:"红军党内最迫切的问题,要

---

① 中共中央党史和文献研究院:《十九大以来重要文献选编》(上),中央文献出版社 2019 年版,第 647 页。

② 《马克思恩格斯文集》第 2 卷,人民出版社 2009 年版,第 50 页。

算是教育的问题"，要"从教育上提高党内的政治水平。"① 1932年，党中央针对红军中"政治机关工作的敷衍和党的路线的动摇"问题，首次提出了"政治工作是红军的生命线"的命题②。之后，党中央又在多个会议上全面、系统地论述了"生命线"的问题。树立马克思主义信仰，是中国共产党人始终坚守的"政治灵魂"。

在社会主义革命和建设时期，随着国家性质和社会主要矛盾的变化，党提出了社会主义中国的教育培养目标，即"我们的教育方针，应该使受教育者在德育、智育、体育几方面都得到发展，成为有社会主义觉悟的有文化的劳动者"。③ 毛泽东还特别强调，广大青年应该把坚定正确的政治方向放在第一位，加强思想政治学习，"思想和政治又是统帅，是灵魂。只要我们的思想工作和政治工作稍微一放松，经济工作和技术工作就一定会走到邪路上去"。④ "共产主义社会的全面发展的新人，就是既有政治觉悟又有文化的、既能从事脑力劳动又能从事体力劳动的人，而不是旧社会的只专不红，脱离生产劳动的资产阶级知识分子。"⑤ 培养"又红又专"的有社会主义觉悟的一代新人成为这一时期中国共产党铸魂育人的目标要求。

改革开放后，随着国内外形势的变化，思想政治教育进入新的发展时期，铸魂育人的内容和形式得到不断完善，培养面向现代化、面向世界、面向未来，有理想、有道德、有文化、有纪律的四有新人，成为中国共产党在改革开放新时期的教育目标。邓小平还突出强调有理想和有纪律的重要性，"教育全国人民做到有理想、有道德、有文化、有纪律。这四条里面，理想和纪律特别重要"。⑥ 有理想，即有理

---

① 《军队政治工作历史资料》（2），中国人民解放军战士出版社1982年版，第209页。
② 《中共中央文件选集（1932—1933）》，中共中央党校出版社1985年版，第269页。
③ 《毛泽东文集》第7卷，人民出版社1999年版，第226页。
④ 《毛泽东文集》第7卷，人民出版社1999年版，第351页。
⑤ 中共中央文献研究室：《建国以来重要文献选编》第11册，中央文献出版社1995年版，第491页。
⑥ 《十二大以来重要文献选编》（中），人民出版社1986年版，第658页。

第二章 习近平新时代中国特色社会主义思想铸魂育人的理论概述

想信念，指向的是马克思主义信仰和中国特色社会主义的共同理想，也体现了"铸魂育人"的时代要求。此外，邓小平同志针对思想战线，尤其是理论界文艺出现的思想混乱和精神污染的问题，提出要加强党对思想战线的领导，"思想战线不能搞精神污染。……思想战线上的战士，都应当是人类灵魂工程师，在当前这个转变时期，在社会主义精神文明建设和整个社会主义建设事业中，他们在思想教育方面的责任尤其重大"。[①] 这一论述反映了中国共产党在新形势下开展铸魂育人工作的高度自觉。

进入21世纪以来，面对复杂多变的国内国际环境，江泽民同志特别强调思想政治教育的"生命线""中心环节""重要政治优势"的重要地位，把"要在增强时代感，加强针对性、实效性、主动性上下功夫"[②] 作为加强和改进思想政治工作的重点。2004年10月，中共中央明确提出要"以理想信念教育为核心，以爱国主义教育为重点，以基本道德规范为基础，以大学生全面发展为目标，……培养德智体美全面发展的社会主义合格建设者和可靠接班人"。[③] 这一要求回应了在深刻变化的时空境遇中如何加强和改进思想政治教育，铸牢理想信念之魂这一重要问题。

党的十八大以来，习近平总书记在"两个大局"国际国内背景下，着眼民族复兴伟大梦想，围绕立德树人、铸魂育人等根本问题，提出了一系列的新理念新观点新论述。关于培养什么人的问题，2018年9月10日，习近平总书记在全国教育大会上指出："我国是中国共产党领导的社会主义国家，这就决定了我们的教育必须把培养社会主义建设者和接班人作为根本任务，培养一代又一代拥护中国共产党领导和我国社会

[①] 《十二大以来重要文献选编》（上），人民出版社1986年版，第413—414页。
[②] 本书编写组：《江泽民同志重要论述研究》，人民出版社2002年版，第549页。
[③] 中共中央办公厅、国务院办公厅：《关于进一步加强和改进大学生思想政治教育的意见》，2004年10月14日。

主义制度、立志为中国特色社会主义奋斗终身的有用人才。"[①] 关于用什么培养人的问题，2019年3月18日，习近平总书记进一步提出："我们办中国特色社会主义教育，就是要理直气壮开好思政课，用新时代中国特色社会主义思想铸魂育人，引导学生增强中国特色社会主义道路自信、理论自信、制度自信、文化自信，厚植爱国主义情怀，把爱国情、强国志、报国行自觉融入坚持和发展中国特色社会主义事业、建设社会主义现代化强国、实现中华民族伟大复兴的奋斗之中。"[②] 关于如何培养社会主义建设者和接班人，习近平总书记提出了"六个下功夫"，即要在坚定理想信念、厚植爱国情怀、加强品德修养、增长知识见识、培养奋斗精神、增强综合素质这六个方面下功夫。从这一系列的讲话和论述中我们可以看出，我们党在领导中国革命、建设和改革的过程中，始终坚持把培育有灵魂的人作为思想政治教育的首要目标，不断丰富和发展马克思主义的思想政治教育理论与实践。

（三）民族性

党的十八大以来，习近平总书记非常重视中华优秀传统文化的继承和弘扬，他指出："泱泱中华，历史悠久，文明博大。中华民族在几千年历史中创造和延续的中华优秀传统文化，是中华民族的根和魂。"[③] 中华文化历史悠久、源远流长，经过五千年的历史积淀，形成了光辉灿烂而又独具特色灿烂的文化传统，其基本内涵包括"朝闻道，夕死可矣""知其不可而为之"的追求真理精神；"乐而忘忧，不知老之将至""吾将上下而求索"，为实现理想而生命不息、奋斗不止的追求理想精神；"既不契于初心，生死永诀"的永葆初心精神；"为天地立心，为生民立命，为往圣继绝学，为万世开太平"的使命担当精神；"天行健，君子以自强不息""地势坤，君子以厚德载物"的勇于斗争、不懈奋斗精神；"精忠报

---

① 中共中央党史和文献研究院：《十九大以来重要文献选编》（上），中央文献出版社2019年版，第647页。
② 《习近平谈治国理政》第3卷，外文出版社2020年版，第329页。
③ 《习近平谈治国理政》第2卷，外文出版社2017年版，第426页。

第二章 习近平新时代中国特色社会主义思想铸魂育人的理论概述

国""天下兴亡、匹夫有责"的爱国精神;"民惟邦本、本固邦宁""以百姓心为心"的民本精神等,成为当代中国铸魂育人的文化底蕴和精神滋养,赋予了铸魂育人活动鲜明的民族性特征。

当代中国铸魂育人,其基本内涵与中华优秀传统文化的教育思想、价值观念、精神追求等是一脉相承、意蕴相通的,体现了中国传统文化的精髓和中华民族的品格精神。从教育思想上看,中国古人一直以来就十分注重培养教育人才。西汉时期的哲学家扬雄在其著作《扬子法言·学行卷》中记载:"或问:'世言铸金,金可铸与?'曰:'吾闻觌君子者,问铸人,不问铸金。'或曰:'人可铸与?'曰:'孔子铸颜渊矣。'或人踧尔曰:'皆哉!问铸金,得铸人。'"[1]可以看出,古人很早就意识到培养人才的重要性,认为必须有计划、有目的地教育和培养,才能铸造像颜渊这样品德优良、灵魂高尚的人才。古人关于"铸人""铸颜"的教育思想,成为当代中国铸魂育人的重要思想渊源;从理想信念上看,中国优秀传统文化中蕴含的"天下大同、天下为公"的社会理想,与当代中国铸魂育人所铸育的中国特色社会主义共同理想、共产主义远大理想、实现中华民族伟大复兴的中国梦是一脉相承的。而无数仁人志士心怀天下,利济苍生,为追求道义、实现理想而上下求索,"无求生以害仁,有杀身以成仁","为天地立心,为生民立命,为往圣继绝学,为天下开太平"的理想主义情怀,成为当代中国铸魂育人的精神滋养;从价值观念上看,中国优秀传统文化中蕴含的"富民富国""民为邦本、本固邦宁""世界大同""以和为贵""天下兴亡、匹夫有责""实事求是""自强不息""诚实守信"等价值理念,与当代中国铸魂育人中所铸就的"富强、民主、文明、和谐;自由、平等、公正、法治;爱国、敬业、诚信、友善"社会主义核心价值观是同根同源的;从精神追求上看,中华民族在历史的长河中形成的以爱国主义为核心的民族精神,在长期奋斗中培育、

---

[1] (汉)扬雄:《扬子法言·学行卷》。

继承、发展起来的伟大的创造精神、奋斗精神、团结精神和梦想精神，是中华民族战胜一切困难的根本精神力量，是当代中国铸魂育人的精神滋养；从育人方式上看，中华优秀传统文化向来十分强调道德修养和道德教化，将"立德"置于"三不朽"之首，将"修身"作为"治国平天下"的前提。"大丈夫""君子""贤人""圣人"，是中国古人的理想道德人格，"修身齐家治国平天下"是实现道德理想的方式。这与当代中国铸魂育人坚持以立德树人为根本任务、育人为本、德育为先的思想是意蕴相通的。

第二节　铸魂育人的代表性观点

在梳理国内关于铸魂育人研究现状的基础上，我们可以进一步提炼出关于铸魂育人的代表性学术观点。用什么铸魂育人，目前学界存在四种代表性观点，即用理想信念铸魂育人、用中国精神铸魂育人、用社会主义核心价值观铸魂育人以及用文化铸魂育人。高校用习近平新时代中国特色社会主义思想铸魂育人，就是要充分挖掘蕴含其中的育人元素，用习近平总书记关于理想信念、社会主义核心价值观、中国精神、社会主义文化建设等重要论述铸魂育人，培育担当民族复兴大任的时代新人和德智体美劳全面发展的社会主义建设者和接班人。

一　用理想信念铸魂育人

党的十八大以来，习近平总书记明确指出："对马克思主义的信仰，对社会主义和共产主义的信念，是共产党人的政治灵魂，是共产党人经受住任何考验的精神支柱。"[①] 习近平总书记关于坚定理想信念

[①] 中共中央宣传部：《习近平总书记系列重要讲话读本》，人民出版社、学习出版社2014年版，第160页。

第二章　习近平新时代中国特色社会主义思想铸魂育人的理论概述

的重要论述，为高校铸魂育人指明了方向，高校铸魂育人的目标就是要培养出一代又一代具有远大理想和坚定信念的时代新人。基于此，学界有不少学者提出用理想信念铸魂育人的学术观点。

（一）理想信念铸魂育人的代表性观点

1. 理想信念是铸魂育人的核心范畴

有学者从铸魂育人的本质出发，把坚定理想信念作为铸魂育人的核心范畴。如李忠军从思想政治教育本质的角度出发，阐明铸魂育人中理想信念的重要作用，认为意识形态性是思想政治教育的本质，理想信念是思想政治教育意识形态性的核心要素，集中体现了思想政治教育本质。他特别指出在新时代，实现中国梦的理想信念是推动高校铸魂育人的强大推动力。[1] 钟启东认为坚定的理想信念是用习近平新时代中国特色社会主义思想铸魂育人的基本内容范畴之一，在世界百年未有之大变局这个新的历史条件下，坚定理想信念是用习近平新时代中国特色社会主义思想铸魂育人的"魂中之魂"。[2] 铸魂育人的内涵之一是"铸魂补钙"，而铸魂育人就是要固本铸魂，坚定理想信念，补强共产党人的精神之"钙"。[3]

2. 理想信念指明铸魂育人的方向

有学者从铸魂育人的目的出发，阐述理想信念对铸魂育人方向的指引性。刘建璋指出马克思主义信仰是新时代铸魂育人的"精神支柱"。马克思主义信仰既是铸魂育人的目标，同时也为铸魂育人提供了强大的精神动力。[4] 谷佳媚、周静认为习近平新时代中国特色社会主义思想是共产主义远大理想和中国特色社会主义共同理想的有机统

---

[1] 李忠军：《"铸魂育人"是思想政治教育本质核心内涵的探讨》，《思想理论教育导刊》2015 年第 10 期。

[2] 钟启东：《用习近平新时代中国特色社会主义思想铸魂育人的内容范畴与精神实质》，《思想理论教育》2020 年第 8 期。

[3] 钟启东：《习近平铸魂育人思想研究》，博士学位论文，东北师范大学，2017 年。

[4] 刘建璋：《新时代铸魂育人的要素构成、现实表征与实践理路——基于习近平关于铸魂育人重要论述的探析》，《广西社会科学》2019 年第 12 期。

一，体现了对铸魂育人方向的指引。[1]

　　3. 理想信念是铸魂育人的根本

　　有学者从理想信念与铸魂育人的关系出发，认为理想信念是铸魂育人的根本。如李忠军指出"对马克思主义的信仰""对中国特色社会主义的信念""对实现中华民族伟大复兴中国梦的信心"分别构成了新时代铸魂育人的政治灵魂、观念支撑、心理基础，为新时代铸魂育人提供了根本遵循、指明了时代方向，注入了强劲动力。[2] 李红权认为，用习近平新时代中国特色社会主义思想铸魂育人，就是运用习近平新时代中国特色社会主义思想武装人的头脑，引导人们接受认同习近平新时代中国特色社会主义思想，并在实践中践行习近平新时代中国特色社会主义思想，从而提升自己的精神境界，铸就理想信念之魂的过程。[3]

　　（二）理想信念是信仰、信念、信心之魂

　　习近平总书记强调："信仰、信念、信心，任何时候都至关重要。……无论过去、现在还是将来，对马克思主义的信仰，对中国特色社会主义的信念，对实现中华民族伟大复兴中国梦的信心，都是指引和支撑中国人民站起来、富起来、强起来的强大精神力量。"[4] 高校铸魂育人，既包含用什么铸魂育人的问题，也包含育什么人的问题。新时代铸魂育人，需培育具有坚定理想信念的时代新人。他们为了共同理想和远大目标，不负时代，不负韶华，努力奋斗，用青春书写无愧于党和人民的壮丽史诗。

---

[1] 谷佳媚、周静：《习近平新时代中国特色社会主义思想铸魂育人的逻辑分析》，《思想教育研究》2019年第11期。
[2] 李忠军、杨科：《新时代铸魂育人的关键：信仰、信念、信心》，《思想教育研究》2019年第6期。
[3] 李红权、张春宇：《习近平新时代中国特色社会主义思想铸魂育人的内在机理分析》，《思想教育研究》2019年第7期。
[4] 习近平：《在庆祝改革开放40周年大会上的讲话》，人民出版社2018年版，第42页。

第二章　习近平新时代中国特色社会主义思想铸魂育人的理论概述

1. 对马克思主义的信仰

铸魂育人首先要铸牢信仰之魂，它是魂之根本。信仰是人们对某种价值目标的敬仰和追求。信仰具有强大的精神力量，它为人们理解世界的终极意义提供指引。信仰无论是对于国家，还是对于民族都极其重要，习近平总书记指出："人民有信仰，国家有力量，民族有希望。"① 马克思主义是中国共产党强大的思想武器，是我们立党立国的根本指导思想。马克思主义不是书斋里的学问，是我们认识世界改造世界的强大思想武器，它深刻改变了中国，使古老的东方大国摆脱殖民地半殖民地的命运，走上康庄发展大道。习近平总书记在"七一"重要讲话中指出："中国共产党为什么能，中国特色社会主义为什么好，归根到底是因为马克思主义行！"② 用理想信念铸魂育人就是要引导学生从党和人民在实现民族伟大复兴的奋斗历程中，领会马克思主义是如何深刻改变中国、改变世界的，感悟马克思主义的真理力量和实践力量。

当下，社会思潮日益多元化，中西方文化交流交融交锋，西方敌对势力加大对我国西化、分化力度，并借助互联网实施"文化冷战"和"政治转基因工程"，妄图动摇马克思主义在社会主义意识形态领域的指导地位，在这样的时代背景下，更需要坚定大学生对社会主义和共产主义的信念。马克思主义是迄今为止最科学、最严密和最有生命力的理论体系，因为它是在对前人优秀文明成果和丰富历史经验进行批判性的吸收中逐步形成的，深刻揭示了自然界、人类社会和思维发展的普遍规律。在人类思想史上，就科学性和真理性而言，马克思主义的思想理论是无与伦比的，是经过实践检验的科学真理，其学说对世界产生了巨大的影响。正如邓小平所说："世界上赞成马克思主

---

① 习近平:《决胜全面建成小康社会　夺取新时代中国特色社会主义伟大胜利——在中国共产党第十九次全国代表大会上的报告》，人民出版社 2017 年版，第 42 页。
② 习近平:《在庆祝中国共产党成立 100 周年大会上的讲话》，人民出版社 2021 年版，第 13 页。

义的人会多起来的，因为马克思主义是科学。"① 马克思主义不仅深刻改变了世界，也深刻改变了中国。② 我们党之所以能够从小到大、从弱到强、从胜利走向胜利，正是因为我们党把对科学的马克思主义的信仰始终鲜明地写在自己的旗帜上，作为一切思想和行动的指南。

政治上的坚定源于理论上的清醒。要树立坚定的理想信念，必须是建立在对社会主义和共产主义科学性真理性的认识基础之上。习近平总书记指出："要抓好理论学习，通过坚持不懈学习，学会运用马克思主义立场、观点、方法观察和解决问题，坚定理想信念。"习近平新时代中国特色社会主义思想是马克思主义中国化的新篇章，大学生要坚定理想信念，就要认真学习马克思主义基本原理和马克思主义中国化最新成果，并做到学以致用、知行合一，运用马克思主义的世界观和方法论洞察世情，不断增强政治敏锐性和政治鉴别力，始终坚定对社会主义和共产主义的信念。

2. 对中国特色社会主义的信念

信念体现的一种执着的态度，这种执着的态度能够内化为人们行动力量，共同的信念能够凝聚社会共识，促进社会共同体的形成。中国特色社会主义共同理想是社会主义阶段中国人民的伟大社会理想，也是共产主义最高理想在社会主义阶段的具体体现，实现共同理想和实现最高理想本质是一致的。中国特色社会主义道路是中国共产党人把马克思主义同中国具体实际相结合开创的具有中国特色的社会主义道路，我们战胜来自各方面的风险挑战，开创、坚持、捍卫、发展中国特色社会主义，实现了从高度集中的计划经济体制到充满活力的社会主义市场经济体制、从封闭半封闭到全方位开放的历史性转变，实现了从生产力相对落后的状况到经济总量跃居世界第二位的历史性突破。中国特色社会主义进入新时代，中国共产党人团结带领人民战胜

---

① 《邓小平文选》第3卷，人民出版社1993年版，第382页。
② 习近平：《论党的宣传思想工作》，中央文献出版社2020年版，第324页。

第二章 习近平新时代中国特色社会主义思想铸魂育人的理论概述

一系列重大风险挑战，实现第一个百年奋斗目标，明确了实现第二个百年奋斗目标的战略安排，党和国家事业取得历史性成就、发生历史性变革，推动党和国家事业取得全方位、开创性历史成就，发生深层次、根本性历史变革，中华民族迎来了从富起来到强起来的伟大飞跃，这充分证明只有坚持和发展中国特色社会主义才能实现中华民族伟大复兴。习近平总书记在庆祝中国共产党成立100周年大会上指出："以史为鉴、开创未来，必须坚持和发展中国特色社会主义""走自己的路，是党的全部理论和实践立足点，更是党百年奋斗得出的历史结论。"① 习近平新时代中国特色社会主义思想回答了新时代"坚持和发展什么样的中国特色社会主义、怎样坚持和发展中国特色社会主义"这一重大时代课题，用习近平新时代中国特色社会主义铸魂育人就是要坚定新时代大学生的中国特色社会主义信念，就是要坚信社会主义事业是人类历史上光辉的事业，坚信中国特色社会主义道路是实现中华民族伟大复兴的唯一正确道路，坚信在中国共产党的领导下，中国人民一定能克服万难、在世界社会主义处于低潮的国际局势中擎举社会主义大旗，将社会主义事业推向胜利的彼岸。

3. 对实现中华民族伟大复兴中国梦的信心

实现中华民族伟大复兴，是近代以来中华民族最伟大的梦想，是激励中国人民接续奋斗、开辟未来的精神旗帜。"今天，我们比历史上任何时期都更接近中华民族伟大复兴的目标，比历史上任何时期都更有信心、有能力实现这个目标。我们完全可以说，中华民族伟大复兴的中国梦一定要实现，也一定能够实现。"② 同时，我们必须清醒地认识到，中华民族伟大复兴绝不是轻轻松松、敲锣打鼓就能实现的，③ 我们要付出更为艰巨、更为艰苦的努力。用习近平新时代中国特色社

---

① 习近平：《在庆祝中国共产党成立100周年大会上的讲话》，人民出版社2021年版，第13页。
② 习近平：《在庆祝中国共产党成立95周年大会上的讲话》，人民出版社2016年版，第27页。
③ 习近平：《在党史学习教育动员大会上的讲话》，人民出版社2021年版，第7页。

会主义思想铸魂育人，其中任务之一就是要将体现于这一习近平新时代中国特色社会主义思想之中的中国梦与大学生的个体梦想统一起来，这就需要提高铸魂育人的针对性和实效性。"一方面，要切实关注学生的主体诉求，注重运用理论回应学生现实关切，解答现实疑惑，导引学生成长成才；另一方面，要密切跟踪正在发生和广为传播的重大实际问题和新闻舆论，不回避矛盾和热点，不忌讳争论和反驳，以深厚的理论功底、积极自信的态度和敏锐的洞察力，回应和解说引发学生关注的焦点问题。"[①]

新时代大学生是实现中华民族伟大复兴的"筑梦人"，正如习近平总书记2014年在北京大学参加师生座谈会时所说，"现在在高校学习的大学生都是20岁左右，到2020年全面建成小康社会时，很多人还不到30岁；到本世纪中叶基本实现现代化时，很多人还不到60岁。也就是说，实现'两个一百年'奋斗目标，你们和千千万万青年将全过程参与。"[②] 国家好，民族好，大家才会好。中国梦集中表达了百年来每一位中华儿女对建设美好国家的期盼，体现了中华民族的根本利益诉求。习近平总书记关于实现中华民族伟大复兴中国梦的重要论述，系统阐述了其基本内涵、实现路径、战略步骤等，深刻揭示了当前中华民族在伟大复兴历史进程中新的历史方位。新时代大学生只有坚定实现中华民族伟大复兴的信心，才能自觉把个人理想融入实现中华民族伟大复兴的壮阔征程，担当起党和人民赋予的历史重任，在激荡青春、开拓人生、奉献社会的进程中书写无愧于时代的壮丽篇章。

二 用中国精神铸魂育人

党的十八大以来，习近平总书记多次强调和论述中国精神，对中

[①] 沈壮海、王芸婷：《用习近平新时代中国特色社会主义思想铸魂育人》，《思想理论教育》2020年第6期。

[②]《习近平谈治国理政》第1卷，外文出版社2018年版，第175页。

第二章　习近平新时代中国特色社会主义思想铸魂育人的理论概述

国精神进行了新的凝练，并不断丰富和充实中国精神的内涵，形成具有特定内涵和丰富内容的中国精神的思想，构成习近平新时代中国特色社会主义思想的重要内容。习近平总书记指出："中国精神就是以爱国主义为核心的民族精神，以改革创新为核心的时代精神。"① 以爱国主义为核心的民族精神，以改革创新为核心的时代精神构成了中国精神的核心内涵。从民族精神和时代精神中汲取前进力量，中国精神为铸魂育人提供不竭的精神动力。基于此，学界有不少学者提出用中国精神铸魂育人的观点。

（一）中国精神铸魂育人代表性观点

1. 中国精神是铸魂育人的精神支撑

有学者从中国精神与铸魂育人的关系出发，认为中国精神是铸魂育人的重要精神支撑。如杨峻岭认为弘扬以改革创新为核心的时代精神，是"实现'铸魂'任务的有效路径"、是"完成'育人'使命的精神归宿"、是"推进铸魂育人伟大工程的精神基础"。② 钟启东阐述了以"培育和弘扬中国精神"为基础构建马克思主义理论教育精神铸魂内容体系，提出精神铸魂是马克思主义理论教育信仰铸魂和价值铸魂的情感表达和动力支撑。③ 郑崇玲以爱国主义情怀为高校铸魂育人提供精神力量，用新中国成立70年铸就的伟大成就厚植新时代爱国主义情怀，只有了解近代以来中华民族从站起来、富起来到强起来的伟大飞跃，青年学生才能形成对祖国的强大归属感和荣誉感，才能清醒认识自己所肩负的使命任务。④

2. 中国精神是铸魂育人的情感表达

不少学者从高校思想政治教育角度，阐述中国精神是铸魂育人的

---

① 中共中央党史和文献研究院：《习近平新时代中国特色社会主义思想学习论丛（第一辑）》，中央文献出版社2020年版，第8页。
② 杨峻岭：《时代精神：铸魂育人的重要精神支撑》，《社会科学战线》2016年第6期。
③ 钟启东：《马克思主义理论教育铸魂逻辑论析》，《社会科学战线》2016年第6期。
④ 郑崇玲：《新中国史为新时代高校铸魂育人提供丰厚精神滋养》，《中国高等教育》2020年第5期。

情感表达。李忠军提出："中国精神作为共有精神凝聚着民族国家文化的全部生命力，在对民族中国家文化的传承和现实反思中沉淀出对自身与社会、民族、国家最深层的心理、情感和文化认同""中国精神是'魂之基础'，铸就中国精神的精神之魂，构成思想政治教育'铸魂育人'的凝聚力量。"① 钟启东从新时代中国精神的具体内涵出发，提出用习近平新时代中国特色社会主义思想的家国情怀铸魂育人，认为习近平新时代中国特色社会主义思想是中国特色社会主义与中华文明相结合的理论产物，内蕴着深厚宽广的精神情怀，是新时代铸魂育人汲取信念力量和价值能量的源头活水，是建构和铸牢中华儿女共有精神家园的科学指引，要深入阐发习近平新时代中国特色社会主义思想作为"中国精神的时代精华"所彰显的文明理念和精神情怀、培植民族精神和时代精神，引导和塑造正确的历史观、民族观、国家观、文化观，创新爱国主义、集体主义、社会主义教育，为引领和支撑当代中国发展进步铸就精神之魂。② 李忠军和牟霖认为铸牢大学生精神之魂，应以中国精神为根本内容，以爱国主义为核心的民族精神和以改革创新为核心的时代精神是高校思政课铸魂育人的情感表达和动力支撑。③ 习近平新时代中国特色社会主义思想是中国特色社会主义与中华文明相结合的理论产物，内蕴着深厚宽广的精神情怀，是新时代铸魂育人汲取信念力量和价值能量的源头活水，是建构和铸牢中华儿女共有精神家园的科学指引。④

习近平总书记强调，"人无精神则不立，国无精神则不强"。⑤

---

① 李忠军：《"铸魂育人"是思想政治教育本质核心内涵的探讨》，《思想理论教育导刊》2015年第10期。
② 钟启东：《用习近平新时代中国特色社会主义思想铸魂育人的内容范畴与精神实质》，《思想理论教育》2020年第8期。
③ 李忠军、牟霖：《发挥高校思想政治理论课的铸魂功能》，《中国高等教育》2019年第2期。
④ 钟启东：《用习近平新时代中国特色社会主义思想铸魂育人的内容范畴与精神实质》，《思想理论教育》2020年第8期。
⑤ 习近平：《在纪念红军长征胜利80周年大会上的讲话》，人民出版社2016年版，第9页。

第二章 习近平新时代中国特色社会主义思想铸魂育人的理论概述

"精神情怀彰显着人的思想境界和人格修为,深厚崇高的精神情怀可以感染人、陶冶人、激励人,有助于洗涤心灵和提升境界。"① 新时代铸魂育人,需要用中国精神鼓舞斗志,激发向上向善的力量,为铸魂育人提供强有力的精神支撑。高校坚持用习近平新时代中国特色社会主义思想铸魂育人,要深刻挖掘习近平新时代中国特色社会主义思想中关于中国精神的重要论述及其自身所具有的精神情怀,如担当精神、人民情怀、家国情怀、使命情怀等,用中国精神感染、鼓舞学生和塑造学生,厚植爱国主义情怀,激发创新动力和活力,增强学生的使命感和责任意识。

(二) 中国精神是兴国强国之魂

2018年3月20日,习近平总书记在第十三届全国人民代表大会第一次会议的讲话中指出:"中国人民的特质、禀赋不仅铸就了绵延几千年发展至今的中华文明,而且深刻影响着当代中国发展进步,深刻影响着当代中国人的精神世界。中国人民在长期奋斗中培育、继承、发展起来的伟大民族精神,为中国发展和人类文明进步提供了强大精神动力"②,它是"兴国之魂、强国之魂"。

1. 中国精神具有丰富的精神内涵

2013年3月17日,习近平总书记在第十二届全国人民代表大会第一次会议的讲话中,首次使用"中国精神"这个概念,并将其与"中国梦"联系起来,指出:"实现中国梦必须弘扬中国精神。这就是以爱国主义为核心的民族精神,以改革创新为核心的时代精神。这种精神是凝心聚力的兴国之魂、强国之魂。"③ 这次讲话对中国精神的核心内涵进行了阐发,即中国精神内涵包括以爱国主义为核心的民族精神,以改革创新为核心的时代精神。同时,在对中国精神定位时,

---

① 钟启东:《用习近平新时代中国特色社会主义思想铸魂育人的内容范畴与精神实质》,《思想理论教育》2020年第8期。
② 习近平:《论党的宣传思想工作》,中央文献出版社2020年版,第296页。
③ 《习近平谈治国理政》第1卷,外文出版社2018年版,第40页。

习近平使用"这种"精神一词，显然是一个整体性的单数概念。

2014年2月24日，习近平总书记在主持中共十八届中央政治局第十三次集体学习时，对中华优秀传统文化中的民族精神进行了阐发，指出："博大精深的中华优秀传统文化是我们在世界文化激荡中站稳脚跟的根基。中华文化源远流长，积淀着中华民族最深层的精神追求，代表着中华民族独特的精神标识，为中华民族生生不息、发展壮大提供了丰厚滋养。"[①] 2014年10月13日，习近平总书记在主持中共十八届中央政治局第十八次集体学习时，对中国精神与社会主义核心价值体系和社会主义核心价值观的内在关系进行阐发指出："实现中华民族伟大复兴的中国梦，必须要有中国精神，而中国精神必须在坚持社会主义核心价值体系的前提下，积极深入中华民族历久弥新的精神世界，把长期以来我们民族形成的积极向上向善的思想文化充分继承和弘扬起来，使之为培育和践行社会主义核心价值观服务，为建设社会主义先进文化服务，为党和国家事业发展服务。"[②]在党的十九大报告中，习近平总书记又进一步指出："社会主义核心价值观是当代中国精神的集中体现，凝结着全体人民共同的价值追求。"[③]

2016年10月21日，习近平总书记在纪念红军长征胜利80周年的讲话中指出："伟大长征精神，是中国共产党人及其领导的人民军队革命风范的生动反映，是中华民族自强不息的民族品格的集中展示，是以爱国主义为核心的民族精神的最高体现。"[④] 2018年3月20日，习近平总书记在第十三届全国人民代表大会第一次会议的讲话中他连用"四个伟大"，即中国人民是"具有伟大创造精神的人民""具有伟大奋斗精神的人民""具有伟大团结精神的人民""具有伟大梦想精神的人民"的气势磅礴的排比论述，对中华民族精神进行了新的凝练。在这次讲话中，习近平总

---

① 习近平：《论党的宣传思想工作》，中央文献出版社2020年版，第55页。
② 习近平：《论党的宣传思想工作》，中央文献出版社2020年版，第89页。
③ 习近平：《论党的宣传思想工作》，中央文献出版社2020年版，第11页。
④ 习近平：《论党的宣传思想工作》，中央文献出版社2020年版，第26页。

第二章 习近平新时代中国特色社会主义思想铸魂育人的理论概述

书记虽然是对中华民族精神进行提炼和升华，但其中彰显着时代精神的内在要求，事实上也是对当代中国精神新的注解。

习近平总书记关于中国精神的重要论述，将以爱国主义为核心的民族精神和以改革创新为核心的时代精神作为两个基点，并在此基础上对中国精神的内涵进行不断注解和阐述。因此，"中国精神"并不是一种静态，而是根据时代和实践的发展不断赋予其新的时代内涵，而且"中国精神"是"兴国之魂、强国之魂"，在实现中华民族伟大复兴中国梦中具有独特的精神价值，对提振当代中国人的精神状态，构筑中国道路的精神支撑，调动中国力量的内在源泉，提供世界发展的中国智慧具有重要的现实意义。[①]

2. 中国精神为铸魂育人提供精神指引

中国精神是兴国强国之魂，它为铸魂育人提供精神指引。伟大梦想孕育伟大精神，伟大精神支撑伟大梦想。中华文明生生不息，中国精神薪火相传。以爱国主义为核心的民族精神和以改革创新为核心的时代精神，是凝心聚力的兴国之魂、强国之魂。爱国主义是中华民族的精神基因，维系着华夏大地上各个民族的团结统一，激励着一代又一代中华儿女为祖国繁荣而不懈奋斗；改革创新体现了中华民族最深沉的民族禀赋，反映了当代中国发展进步的要求，始终是鞭策我们在改革开放与时俱进的精神理想。中国精神为高校用习近平新时代中国特色社会主义思想铸魂育人提供精神指引，要教育引导大学生充分认识到，只有弘扬中国精神，才能不断振奋精气神，不断增强团结一心的精神纽带、自强不息的精神动力，永远朝气蓬勃地迈向未来。

中国精神凝聚中国力量。推进民族复兴的时代伟业，我们必须有万众一心、众志成城的强大精神凝聚力。在我国古代，中华民族团结一心，建立了统一的多民族国家，形成了守望相助的中华民族大家

[①] 佘双好：《习近平关于中国精神重要论述的现实意义》，《马克思主义理论学科研究》2019年第2期。

庭。近代以来，我们打败一切穷凶极恶的侵略者，捍卫民族独立和自由，靠的是各族人民手挽手、肩并肩地英勇奋斗、浴血奋战；今天，我们实现了第一个百年奋斗目标，在中华大地上全面建成了小康社会，历史性地解决了绝对贫困问题，靠的是全国各族人民同心同德、同心同向的努力；明天，我们要实现第二个百年奋斗目标，全面建成社会主义现代化强国，仍然要靠包括大学生群体在内的14亿多中国人民始终弘扬中国精神，团结一致，心往一处想、劲往一处使，汇聚成勇往直前、无坚不摧的强大力量。

中国精神激发创新创造。纵观人类发展史，创新始终是一个国家、一个民族发展的重要力量，也始终是推动人类社会进步的重要力量。中华民族是注重创新精神的民族。"苟日新、日日新"的创新精神成为一种文化基因，流淌在中华民族血液里。产生了老子、孔子等闻名于世的伟大思想家，发明了造纸术、火药等影响人类文明进程的伟大科技成果，创作了《诗经》《楚辞》等伟大文艺作品，建设了万里长城、都江堰等气势恢宏的伟大工程。当今世界，第四次工业革命正在全球范围内悄然发生，唯有坚持创新，才能抢占先机，在新一轮科技革命中占据有利位置。因此，要应对挑战、实现梦想、创造未来，需要创新创造，勇于变革、勇于创新，永不僵化、永不停滞，使包括全体大学生在内的14亿中国人民始终保持昂扬向上的精神状态，为实现中国梦注入强大的精神力量。

中国精神助力复兴伟业。近代以来，实现中华民族伟大复兴成为中华民族最伟大的梦想，中国人民百折不挠、坚韧不拔，以同敌人血战到底的气概、在自力更生的基础上光复旧物的决心、自立于世界民族之林的能力，为实现这个伟大梦想进行了一百七十多年的持续奋斗。[①] 今天，"经过长期努力，中国特色社会主义进入了新时代，这是我国发展新的历

---

① 习近平：《论党的宣传思想工作》，中央文献出版社2020年版，第298页。

史方位"。① 要坚持和发展中国特色社会主义,需要中国精神提供精神动力和支撑。强调独立自主、奋斗自强的中国精神是实现中国梦的不竭的精神动力。坚持和发展中国特色社会主义,需要我们正确认识当代世界和中国发展大势,正确认识中国特色和国际比较,增强"四个意识",坚定"四个自信",做到"两个维护"。新时代大学生只有自觉弘扬中国精神,增强民族自尊心和自豪感,才能在实现中华民族伟大复兴的征途中拥有坚如磐石的精神和信仰力量,不为困难吓倒,不为诱惑所动,不为干扰迷惑,坚定不移把我们的事业不断推向前进,直至光辉的彼岸。

青年由于其思维活跃敏锐、易于接受新鲜事物、具备开拓创新精神等,因而是社会中最积极、最有生气的力量。青年是国家的希望。高校大学生是青年群体中的中坚力量,肩负着实现中华民族伟大复兴的时代重任,更要努力传承和弘扬中国精神,将中国精神融入做中国人的志气、骨气、底气之中,融入为党和人民事业奋斗的青春行动之中,勇做弘扬和践行中国精神的时代先锋,为实现中华民族伟大复兴的中国梦贡献自己的智慧和力量。

三 用核心价值观铸魂育人

社会主义核心价值观用12个词精练表达了14亿中国人共同的价值目标和价值追求,是中国特色社会主义制度的价值之魂。因此,有不少学者提出了用社会主义核心价值观铸魂育人的学术观点。大学生要深刻领会社会主义核心价值观的重要意义和科学内涵,自觉践行社会主义核心价值观,使社会主义核心价值观成为自己的价值遵循和行动指南,这也是用习近平关于社会主义核心价值观的重要论述铸魂育人的意义所在。

(一)社会主义核心价值观铸魂育人的代表性观点

1. 社会主义核心价值观是铸魂育人的重点工程

有学者从社会主义核心价值观与铸魂育人的关系出发,把社会主

---

① 《习近平谈治国理政》第3卷,外文出版社2020年版,第8页。

义核心价值观建设作为铸魂育人的重点工程。如袁占亭把社会主义核心价值观建设作为铸魂育人的重点工程，全面融入管党治党、办学治校的全方位全过程，提升培育和践行的针对性与时效性。①刘建璋认为社会主义核心价值观是新时代铸魂育人的"主体工程"。②樊泓池、王贵新认为社会主义核心价值观大众化，也绝非一般意义上的学术话题和个体性的基层思想教育的问题，它应当属于一个至少囊括主流意识形态建构、文化价值观念导引等关键维度，具有教育理念、政治文化和管理模式之整体融合诉求的理论及实务共建工程。③

2. 用社会主义核心价值观统筹铸魂育人

有学者认为社会主义核心价值观能够统筹铸魂育人。如史巍指出，社会主义核心价值观能够统筹传统文化与时代要求，体现对魂之底色的传承和升华；社会主义核心价值观能够统筹理想信念与现实状况，体现对魂之核心的具象与切入；社会主义核心价值观能够统筹主流意识形态与多元社会思潮，体现对魂之影响因素的引领与统整。④张利明指出，社会主义核心价值观是优秀传统文化、革命文化与社会主义先进文化的提炼和精准表达，是兴国之魂，也是铸魂育人有效落实的整体统筹。⑤

3. 社会主义核心价值观是铸魂育人的价值地基

有学者从社会主义核心价值观对铸魂育人的作用出发，认为社会主义核心价值观能够筑牢中国特色社会主义建设的价值地基和精神大堤。如谢新峰、张鑫凝认为，在多元价值混杂，内外意识形态的斗争

---

① 袁占亭：《高校要始终以社会主义核心价值观铸魂育人》，《中国高等教育》2019年第23期。

② 刘建璋：《新时代铸魂育人的要素构成、现实表征与实践理路——基于习近平关于铸魂育人重要论述的探析》，《广西社会科学》2019年第12期。

③ 樊泓池、王贵新：《社会主义核心价值观大众化的四维进路》，《思想政治教育研究》2017年第5期。

④ 史巍：《社会主义核心价值观：铸魂育人有效落实的整体统筹》，《社会科学战线》2016年第6期。

⑤ 张利明：《铸魂育人的文化之维》，《思想政治教育研究》2020年第6期。

第二章 习近平新时代中国特色社会主义思想铸魂育人的理论概述

和争夺波谲云诡之际，以中国特色社会主义核心价值观引领主流意识形态，培育国人在国家层面、社会层面和个人层面的价值信仰和人格追求，引领人们对西方所谓的"普世价值观"和"政治正确"识理明辨，对旧的价值认知或价值判断进行彻底批判或革故鼎新，筑牢中国特色社会主义建设的价值地基和精神大堤。[①] 冯巍等指出，在校园文化建设中，以社会主义核心价值体系铸造校园文化之魂，引领形式多样的校园文化活动和社会实践活动，通过活动强化认知，内化为信念、外化为行为，知行统一。[②] 钟启东指出，发挥社会主义核心价值观在精神文明创建和文化产品生产传播领域的先进价值优势，推动社会主义核心价值观融入国民教育、嵌入社会生活，使之转化为人们的情感认同和行动自觉，铸就引领和支撑当代中国发展进步的价值之魂。[③]

（二）社会主义核心价值观是精神之魂

核心价值观具有民族性，它体现了一个民族在长期发展过程中形成的最基本的价值共识和价值理念，体现了一个民族最深层的价值追求，是一个民族的精神之魂。社会主义核心价值观作为我国大力倡导的基本价值观念，是当代中国精神的集中体现，为铸魂育人提供根本的价值和方向引领。高校坚持用习近平新时代中国特色社会主义思想铸魂育人，必须深刻挖掘习近平新时代中国特色社会主义思想中关于社会主义核心价值观的重要论述，包括"社会主义核心价值观是当代中国精神的集中体现""扣好人生的第一粒扣子""勤学修德明辨笃实"等，将社会主义核心价值观贯穿融入思政课铸魂育人全过程，培育和践行社会主义核心价值观。

[①] 谢新峰、张鑫凝：《刍议新时代思想政治教育对时代新人的培育》，《思想政治教育研究》2019年第5期。

[②] 冯巍、冯泽明、傅伟韬：《核心价值体系铸魂　知行统一文化育人》，《吉林医药学院学报》2013年第2期。

[③] 钟启东：《用习近平新时代中国特色社会主义思想铸魂育人的内容范畴与精神实质》，《思想理论教育》2020年第8期。

1. 社会主义核心价值观反映了14亿中国人的共同价值诉求

在党的十九大报告中，习近平总书记进一步丰富了党的十八大以来对社会主义核心价值观的论述，在多次重要讲话中谈及如何培育践行社会主义核心价值观，将之看成是"当代中国精神的集中体现，凝结着全体人民共同的价值追求"。这标志着中国共产党对社会主义核心价值观精神实质的认识提升到了一个新的高度。这一重要论断，升华了对社会主义核心价值观精神实质的认识，是党的十八大以来，广大人民群众培育和践行社会主义核心价值观实践经验的结晶。马克思曾说："任何真正的哲学都是自己时代的精神上的精华。"①"社会主义核心价值观是当代中国精神的集中体现，凝结着全体人民共同的价值追求"这一重要论断，同样来自时代的声音，来自人民的实践创造，表征着全体人民的共同价值信仰，彰显着社会主义意识形态的强大凝聚力和引领力。习近平总书记强调："如果一个民族、一个国家没有共同的核心价值观，莫衷一是，行无依归，那这个民族、这个国家就无法前进。这样的情形，在我国历史上，在当今世界上，都屡见不鲜。"② 这句话在历史与现实、国际与国内分析比较中，阐明了社会主义核心价值观建设的重大意义，体现了深远的历史考量。习近平总书记关于社会主义核心价值观建设重大意义的重要论述，是站在社会发展、国家建设和民族振兴的全局进行阐发的，更是从实现"两个一百年"奋斗目标和中华民族伟大复兴中国梦的高度提出来的，具有重大的实践价值，充分体现了"大历史观"。

共同的价值目标具有凝聚功能，使一个国家和民族能够因之团结起来，为之奋斗。习近平总书记说："我国是一个有着13亿多人口、五十六个民族的大国，确立反映全国各族人民共同认同的价值

---

① 《马克思恩格斯全集》第1卷，人民出版社1995年版，第220页。
② 《习近平谈治国理政》第1卷，外文出版社2018年版，第168页。

第二章 习近平新时代中国特色社会主义思想铸魂育人的理论概述

观'最大公约数',使全体人民同心同德、团结奋进,关乎国家前途命运,关乎人民幸福安康。"① 这个"最大公约数"就是社会主义核心价值观,是当代中国精神的集中体现,凝结着全体人民共同的价值追求。因此,培育和践行社会主义核心价值观,要以当代中国精神为指引,进而彰显中国特色社会主义的根本价值诉求,保障社会主义核心价值观建设的前进方向;弘扬当代中国精神,要把培育和践行社会主义核心价值观作为出发点和归宿点,在弘扬当代中国精神的生动实践中,使人们深刻理解社会主义核心价值观的科学内涵,认同新时代中国人民的共同价值追求,凝聚党团结全国人民共同奋斗的磅礴力量。

2. 社会主义核心价值观为铸魂育人提供价值引领

2013年5月4日,习近平总书记在同各界优秀青年代表座谈时强调:"广大青年要把正确的道德认知、自觉的道德养成、积极的道德实践紧密结合起来,自觉树立和践行社会主义核心价值观,带头倡导良好社会风气。"② 青年的价值取向,既关系着自己的健康成长成才,又对社会的价值取向具有引领作用。在全社会培育和弘扬社会主义核心价值观,大学生始终走在时代前列,成为社会主义核心价值观的坚定信仰者、积极传播者、模范践行者,这就为高校铸魂育人提供了价值引领。

社会主义核心价值观具有引领和整合社会思潮的功能。用习近平新时代中国特色社会主义思想铸魂育人,就是要充分发挥社会主义核心价值观的引领功能,使社会主义核心价值观成为当代大学生的价值遵循和行动指南。当前,社会思潮形形色色、纷繁复杂,新自由主义、民主社会主义、历史虚无主义等对青年大学生的消极影响不容忽视,我们要时刻保持清醒头脑,认真做好各种西方社会思潮和意识形

---

① 《习近平谈治国理政》第1卷,外文出版社2018年版,第168页。
② 中共中央文献研究室:《十八大以来重要文献选编》(上),中央文献出版社2014年版,第280页。

态的识别、辨析、批判工作。因此，新时代高校做好铸魂育人工作，发挥社会主义核心价值观引领作用，需要进行深度的价值辨析，廓清西方话语体系的本质，辨明各种社会思潮的真相，在根植中国社会现实的基础上构筑价值共识，进而培育和深化大学生对中国特色社会主义的价值认同。

四 用中华文化铸魂育人

文化认同是铸魂育人的意义源码。① 以文化人、以文育人根本目的就在于铸魂育人，中国特色社会主义文化内涵丰富，底蕴深厚，具有鲜明的民族特色和时代特征，在 2016 年 12 月全国高校思想政治工作会议上，习近平总书记明确指出要"加强中华优秀传统文化和革命文化、社会主义先进文化教育"。文化为铸魂育人提供了丰富的精神滋养和力量，是铸魂育人的重要资源。因此，不少学者提出了用文化铸魂育人的学术观点。

（一）文化铸魂育人的代表性观点

1. 用中华优秀传统文化铸魂育人

学者们从中华优秀传统文化的视角，认为中华优秀传统文化为铸魂育人提供了丰厚的精神滋养。如张利明认为铸魂育人需从中华优秀传统文化中汲取精神滋养，中华优秀传统文化是铸魂育人的智慧宝库。② 张永明、王丛亚认为深挖戏曲历史发展脉络中民族大义、家国情怀的部分，用图像式教学的方法来对中国戏曲的本体进行一个画像，本身就是一种教学的创新和研究，而注重对学生精神层面的引导，使其树立积极向上的爱国情怀，则是中国戏曲史这门课程教学过程中思政化的直观体现。③ 张佳雯认为将中华优秀传统文化与思想政治教育相结合，用中华优秀传统文化铸魂育人是高校的职责所在，使

---

① 张利明：《铸魂育人的文化之维》，《思想政治教育研究》2020 年第 6 期。
② 张利明：《中华优秀传统文化：铸魂育人的精神滋养》，《社会科学战线》2016 年第 6 期。
③ 张永明、王丛亚：《中国戏曲史：铸魂育人路径研究》，《戏剧文学》2021 年第 3 期。

第二章　习近平新时代中国特色社会主义思想铸魂育人的理论概述

命所系。①

2. 用红色文化铸魂育人

有学者从红色文化的视角，认为红色文化是铸魂育人的重要资源。如薛君认为我军传统文化是党领导人民军队在长期革命、建设和改革实践中创造的宝贵精神财富，是提高部队战斗力的动力源泉和滋养官兵的精神食粮。用传统文化培养塑造官兵，是我军长期坚持的成功实践，也是新形势下加强核心价值观培育面临的重要而紧迫的现实课题。②王娟认为在推动社会主义文化大发展大繁荣中，发展先进军事文化是其重要的一个方面，而军营文化作为先进军事文化的重要组成部分和载体，是塑造军人精神风貌的火炬、激发军队奋勇前进的号角。③张小玲认为新时代应充分发挥红色文化的铸魂育人功能。④其中有学者从新中国史的角度，认为中华人民共和国成立70年波澜壮阔的历史是高校开展新时代爱国主义教育的宝贵资源。如郑崇玲认为中华人民共和国成立70年波澜壮阔的历史是高校开展新时代爱国主义教育的宝贵资源。用70年的奋进史诗激励新时代青年，用70年的成功经验启迪新时代青年，用70年的发展故事引领新时代青年，用70年的英雄模范教育新时代青年，可以更好地发挥新中国史铸魂、明理、励志的独特价值。⑤也有学者从党史的视角，认为要以党史"必修课"来引领高校铸魂育人。如张志祥认为以党史"必修课"引领高校铸魂育人，就是要夯实理想信念之基，厚植爱国主义情怀。以党史"必修课"引领高校铸魂育人，就是要在明理、增信、崇德、力行

---

① 张佳雯：《铸魂育人视角下高校思想政治教育与文化融入路径——评〈传统文化融入高校思想政治教育研究〉》，《教育发展研究》2020年第24期。
② 薛君：《发挥我军传统文化的铸魂育人功能》，《南京政治学院学报》2012年第4期。
③ 王娟：《创新发展先进军营文化 持续强化铸魂育人功能》，《经济研究导刊》2018年第16期。
④ 张小玲：《新时代红色文化铸魂育人价值意蕴探析》，《中国社会科学报》2020年3月10日。
⑤ 郑崇玲：《新中国史为新时代高校铸魂育人提供丰厚精神滋养》，《中国高等教育》2020年第5期。

上下功夫。以党史"必修课"引领高校铸魂育人，就是要着力培养党的优良传统和优良作风的忠实传人。① 有的学者认为用党史铸魂育人是育人工作的本质属性。如海云、唐冰认为在中国共产党百年华诞之际，深入开展党史学习教育，以党的光辉历史、丰功伟业和共产党人的崇高信念铸魂育人，是育人工作的本质属性。②

3. 用社会主义先进文化铸魂育人

还有一部分学者，以社会主义先进文化为切入点，进行阐释。从中国特色社会主义文化与铸魂育人的关系出发，认为中国特色社会主义文化是新时代铸魂育人的"依存基石"。如刘建璋认为中国特色社会主义文化是新时代铸魂育人的"依存基石"，文化是灵魂的"根"，不重视文化来实现灵魂铸造将会失去起赖以存在的基础，中国特色社会主义文化提供新时代铸魂育人以实践根基。③ 骆郁廷教授从文化建设的视角，探讨了铸魂育人与新时代文化软实力发展战略之间的关系。他提出："铸魂育人是新时代文化软实力发展战略的核心。……以文化人的核心是铸魂育人，铸魂育人的关键是用作为中国特色社会主义文化核心的理想信念、价值观念特别是社会主义核心价值观熔铸和塑造人的思想灵魂，确立人生正确的政治方向和价值取向，进而凝聚人们的思想价值共识，夯实人民的共同思想基础，整合人民群众和全民族的力量，为实现中华民族伟大复兴而团结奋斗。"④

（二）文化是民族之魂

习近平总书记指出："没有中华优秀传统文化、革命文化、社会主义先进文化的底蕴和滋养，信仰信念就难以深沉而执着。"⑤ 文化是

---

① 张志祥：《以党史"必修课"引领高校铸魂育人》，《群众》2021年第7期。
② 海云、唐冰：《在党史学习教育中铸魂育人》，《各界导报》2021年7月1日。
③ 刘建璋：《新时代铸魂育人的要素构成、现实表征与实践理路——基于习近平关于铸魂育人重要论述的探析》，《广西社会科学》2019年第12期。
④ 骆郁廷：《铸魂育人：新时代文化软实力发展战略》，《文化软实力研究》2018年第6期。
⑤ 中共中央文献研究室：《习近平关于社会主义文化建设论述摘编》，中央文献出版社2017年版，第17—18页。

第二章　习近平新时代中国特色社会主义思想铸魂育人的理论概述

一个国家、一个民族的灵魂，中国特色社会主义文化为铸魂育人提供深厚的历史文化底蕴、丰富的精神滋养和强烈的自信与自觉，它有助于引导人们形成正确的历史观、民族观、国家观和文化观。"对当代国人而言，只有对中华优秀传统文化、近代革命文化和社会主义先进文化的基本内涵、发展历程、演进规律、当代价值等形成正确认知，才能真正理解近代以来中华民族的政治道路选择背后所具有的深刻必然性，才能真正形成正确的民族观、国家观，从而坚定跟随中国共产党走中国特色社会主义发展道路的信心和信念。"[1] 习近平总书记关于社会主义文化建设的重要论述，为高校用中国特色社会主义文化铸魂育人提供自信自觉。高校坚持用习近平新时代中国特色社会主义思想铸魂育人，必须深刻挖掘习近平新时代中国特色社会主义思想中关于文化的重要论述，用先进文化武装学生头脑，塑造一代新人。

1. 文化是国家和民族的灵魂

文化是一个国家和民族在长期的历史发展过程中形成的精神成果。习近平总书记指出："文化兴国运兴，文化强民族强。没有高度的文化自信，没有文化的繁荣兴盛，就没有中华民族伟大复兴。"[2] 文化对国家发展和民族进步起着十分重要的支撑作用。对于一个国家而言，文化是形象和软实力；对于一个民族而言，文化是灵魂和旗帜。国家的存在和发展，既需要以物质、经济的发展作为基础，也离不开精神、文化的作用。文化繁荣兴盛是国家发展进步的重要内容，也是国家发展进步在精神领域的重要标志。历史反复证明，一个国家的发展需要强大的物质力量，也需要强大的精神力量。在汉唐时期，中华民族不仅创造了辉煌的物质文明，还创造了光辉灿烂的精神文明。汉唐文化影响深远，使中华民族得以屹立于世界民族之林。

一个国家，沿着哪条道路、朝着哪个方向发展，决定着国家的前

---

[1] 刘水静、朱洁仪：《增进高校思想政治理论课程的文化含量：目标、内容与方法》，《教学与研究》2019年第10期。

[2] 习近平：《论党的宣传思想工作》，中央文献出版社2020年版，第10页。

途命运。国家的发展方向，既由生产力发展水平决定，也受文化的影响和制约。一个国家的人们对社会发展的规律认识到什么程度，形成了什么样的核心价值和思想理念，就会推动这个国家走什么样的发展道路、朝什么样的方向发展。因此，文化的性质和形态在相当程度上影响和制约着国家的前途命运。一个国家的繁荣兴盛，不仅需要有强大的经济实力、军事实力，同时也需要有强大的文化实力、精神实力。文化实力已经越来越成为一个国家综合国力的重要因素。历史和现实告诉我们，要解决好国家发展和民族进步问题，不仅要解决物质方面的问题，还要重视解决精神方面的问题。要解决精神方面的问题，文化就起着举足轻重的作用。中华民族在历史上历尽磨难，遇到了无数艰难困苦，但都能绝处逢生，从危机中走出来，正是因为我们的祖先有着不惧险阻、自强不息、奋斗不止的精神文化，这是我们民族宝贵的精神财富。

　　文化包含着十分丰富的内容，从不同侧面对国家发展起着重要支撑作用。其中，语言文字文化是人类早期发展起来的基础文化，共同的语言文字是一个国家和民族最重要的特征之一，对增强国家凝聚力、创造力、影响力起着基础性作用。科学技术文化是人们在科学、教育等领域活动取得的成果，对生产力的发展起着智力支持作用，是增强国家物质力量、提升国家综合国力的关键因素。思想道德文化是文化的一项重要内容，它指明社会发展的方向，塑造人们的精神世界，引导人们崇德向善，对社会具有重要的教化功能。文学艺术文化是以语言、造型、表演等形式满足人们审美需要的文化类型，反映的是人们对于美的事物、美的境界的追求，既可以陶冶人们的心灵世界、提升人们的幸福指数，也有助于传播国家意志、凝聚国家力量。社会习俗文化是一种大众文化，科学、积极、健康的社会习俗不仅丰富人们的物质和精神生活，而且有助于人们深化对真善美的认识和理解。制度文化对国家各种制度、法律、道德的建构发挥着指导作用，规范着社会生活的秩序，促进各种体制机制的优化，提升国家治理水

第二章 习近平新时代中国特色社会主义思想铸魂育人的理论概述

平,保障国家发展。① "面向新时代青年大学生开展马克思主义文化观教育,还要注重引导他们正确认识和看待当下中华大地上激荡的古今中西文化潮流,在理性批判文化虚无论、文化西化论、文化保守论等错误观点的基础上,帮助青年学生深刻理解以马克思主义为指导、以优秀传统文化为滋养、熔铸于近代革命文化和社会主义先进文化的中国特色社会主义文化之科学性、人民性、先进性。"②

2. 中国特色社会主义文化为铸魂育人提供自信自觉

在"四个自信"中,文化自信是其他三个自信的基础。一个国家和民族一旦有了文化自信,就会凝聚起磅礴的精神力量,有了无往而不摧的精神动力。习近平总书记指出:"中国特色社会主义文化,源自于中华民族五千多年文明历史所孕育的中华优秀传统文化,熔铸于党领导人民在革命、建设、改革中创造的革命文化和社会主义先进文化,根植于中国特色社会主义伟大实践。"③ 这一重要论断对中国特色社会主义文化进行了科学界定,深刻揭示了中国特色社会主义文化的本质属性,为在高校用中国特色社会主义文化铸魂育人提供自信自觉指明了方向和路径。

中华优秀传统文化是中华民族在五千多年历史发展长河中,形成的优秀文化,是中华民族历久弥新的精神财富。对中华优秀传统文化的自信正是来源于它的博大精深,来源于它的源远流长和独特魅力。"民族文化在确认身份认同、唤醒集体记忆、追求共同想象、维持社会稳定具有重要的作用,深刻地阐释了'我们从何处来''我们是谁''我们到何处去'的哲学命题,是当代中国铸魂育人的意义源码。"④ 正所谓"当局者迷,旁观者清",中国传统文化的独特魅力借

---

① 李忠杰:《文化兴国运兴》(人民要论),《人民日报》2019年4月10日第9版。
② 刘水静、朱洁仪:《增进高校思想政治理论课程的文化含量:目标、内容与方法》,《教学与研究》2019年第10期。
③ 习近平:《论党的宣传思想工作》,中央文献出版社2020年版,第10页。
④ 张利明:《铸魂育人的文化之维》,《思想政治教育研究》2020年第6期。

助外国人的眼光反而能看得更清楚,法国启蒙思想家伏尔泰多次感叹:"当我们还不知道如何认字书写的时候,中国已经到处都是书籍了。"① 他对儒家更是推崇备至:"那个圣人是孔夫子,他自视清高,是人类的立法者,决不会欺骗人类。没有任何立法者比孔夫子曾对世界宣布了更有用的真理。"② 对于中华文明为何能够持久存在,西方学者更是好奇。中国在经历了多次的改朝换代和大分裂之后都能够重新统一,而几乎是同一时期,东、西罗马在经历大动荡之后却永远地分裂了。直到21世纪,联邦德国前总理施密特还这样惊呼:"不能解释中国历史为什么可以追溯到四千多年前。中国作为统一的国家已经存在了约两千二百年。……何况中国还是一个没有共同的宗教的国家——真不寻常。"③

中华优秀传统文化之所以能够经久不衰、生生不息,正源于人们对它的认同与自信的文化心态。中华优秀传统文化体现的天下兴亡、匹夫有责的爱国情怀,以和为贵、和而不同的和合思想,革故鼎新、因势而变的创新精神,风调雨顺、五谷丰登的生活方式以及天下太平、国泰民安的社会理想等,成为世界上许多国家和民族推崇的文化典范。文化的发展是一个延续的历史过程,我们文化的母体是传统文化,文化发展要在此基础上进行传承、变革和创新。在近代,虽然我们的传统文化在转型和革新中出现过危机,但它只不过是漫长历史中一次新的经历,终究会成为新的传统。中国的传统跟现代是不可分割的,属于同一个整体,中国发生的天翻地覆的变化正是合乎历史发展规律的演进。正如亨利·基辛格所说:"把现实变为历史,人人都可以做到,因为时光在流逝;但是要想反转过

---

① (转引)余爱水:《强军当有高度文化自信》,《解放军报》2015年5月27日第9版。
② (转引)余爱水:《强军当有高度文化自信》,《解放军报》2015年5月27日第9版。
③ [德]赫尔穆特·施密特、弗朗克·西伦:《理解中国:对话德国前总理施密特》,梅兆荣等译,海南出版社2009年版,第217—218页。

第二章 习近平新时代中国特色社会主义思想铸魂育人的理论概述

来,让历史变为现实,却只有中国人可以做到。"① 历史是最好的教科书,这就是中国特色社会主义文化为铸魂育人提供自信自觉的历史底气之所在。党的十八大以来,习近平总书记多次强调习近平总书记多次强调要利用好红色资源,发扬好红色传统,传承好红色基因。红色文化是我们党在血与火的淬炼中锻造的先进优质文化,其所蕴含的崇高思想境界、坚定的理想信念、高尚的道德情操,是新时代铸魂育人的重要文化资源。

革命文化是中国共产党以马克思主义为指导,领导人民军队和人民大众在长期的革命实践中创造出的反映革命现实、凝聚革命思想、呈现革命风貌、体现革命精神的独特文化形态,集中体现了科学性、时代性和人民性。革命文化的科学性主要体现在它以马克思主义为指导,并将马克思主义基本原理具体运用到中国革命实践之中,目的就是"建设一个中华民族的新社会和新国家","不但有新政治、新经济,而且有新文化",这就是"新民主主义性质的文化,属于世界无产阶级的社会主义的文化革命的一部分"。革命文化的时代性主要体现在作为革命的有力武器,它反映经济、政治和统一战线,同时又为经济、政治和统一战线服务,并始终在同一切反动腐朽文化的斗争中克服中国社会文化的危机、挽救中华民族的危亡。毛泽东同志指出:"民众就是革命文化的无限丰富的源泉","革命的文化人而不接近民众,就是'无兵司令',他的火力就打不倒敌人",理应"为全民族中百分之九十以上的工农劳苦民众服务,并逐渐成为他们的文化"②,这充分反映了革命文化既来自人民、又全心全意为人民服务。"革命文化"当代价值的实现有赖于我们采取"历史主义的文化精神和开放主义的文化态度",对其进行创造

---

① (转引自)余爱水:《强军当有高度文化自信》,《解放军报》2015年5月27日第9版。
② 《毛泽东选集》第2卷,人民出版社1991年版,第708页。

性转化和创新性发展，实现革命文化的传承与超越的有机统一，这就是中国特色社会主义文化为铸魂育人提供自信自觉的革命精神之体现。

社会主义先进文化是"以马克思主义为指导，以培育有理想、有道德、有文化、有纪律的公民为目标，发展面向现代化、面向世界、面向未来的、民族的、科学的大众的社会主义文化"[①]。对社会主义先进文化的自信，主要就是对马克思主义理论的自信。马克思主义以实践作为检验真理的唯一标准，以实现最广大人民的根本利益作为政治立场，以辩证唯物主义和历史唯物主义作为世界观和方法论，以实现人的自由全面发展作为崇高理想，充分显示了其强大的生命力。虽然苏联的解体使一些西方学者纷纷认为马克思主义和社会主义将走向历史的终点，资本主义将成为"历史的终结"，但是，中国改革开放40多年的发展充分证明社会主义制度的优越性，中国经济总量跃升世界第二位，社会生产力、人民生活水平、综合国力等都迈上了一个大台阶，使整个中国"旧貌换新颜"。2020年，全球疫情肆虐，世界经济遭受严重冲击。以习近平同志为核心的党中央，总览全局、科学决策，统筹抓好疫情防控和经济社会发展，引领中国经济巨轮破浪前行，成为全球唯一实现正增长的主要经济体，社会主义中国以更加雄健的身姿屹立于世界东方。这恰恰证明，中国选择了一条适合中国国情的正确发展道路，印证了中国化的马克思主义理论对中国经济的引领作用，诠释了中国特色社会主义理论和制度的正确性。这是马克思主义理论的生命力和魅力之所在，也是中国特色社会主义文化为铸魂育人提供自信自觉的生动体现。

---

① 马云志：《坚定中国特色社会主义的"四个自信"》，人民出版社2017年版，第143页。

第三节 铸魂育人的五个向度

以习近平新时代中国特色社会主义思想铸魂育人,造就出能为中国特色社会主义强国事业作出贡献的时代新人是当前高校的时代使命。习近平新时代中国特色社会主义思想铸魂育人的关键在于抓住以理想信念为引领力,以爱国主义为感召力,以历史成就为确证力及以自我革命为锻造力的着力点,并从党史中汲取营养,构建相互支撑的铸魂育人的实施体系。

一 以理想信念为引领,育对党忠诚的时代新人

理想信念铸魂是高校用习近平新时代中国特色社会主义思想铸魂育人的关键环节。2021年4月25日,习近平总书记在参观红军长征湘江战役纪念馆时指出:"革命理想高于天。正是因为红军是一支有理想信念的革命军队,才能视死如归、向死而生、一往无前、绝境重生,迸发出不被一切敌人压倒而是压倒一切敌人的英雄气概。为什么中国革命在别人看来是不可能成功的情况下居然成功了?成功的奥秘就在这里。"[1]理想信念高于天,"广大青年一定要坚定理想信念。'功崇惟志、业广惟勤。'理想指引人生方向,信念决定事业成败。没有理想信念,就会导致精神上'缺钙'"。[2]

(一)理想信念为青年提供精神指引

理想信念是能为广大青年学生照路前行的灯塔,能为他们"逢山开路、遇水架桥""撸起袖子加油干"的勇创行动提供不竭动力。习近平总书记强调,"广大青年要努力成为有理想、有学问、有才干的

---

[1] 张晓松等:《"加油、努力,再长征!"——习近平总书记考察广西纪实》,http://www.xinhuanet.com/politics/leaders/2021-04/29/c_1127388818.htm。
[2] 中共中央文献研究室:《十八大以来重要文献选编》(上),中央文献出版社2014年版,第278页。

实干家，在新时代干出一番事业"。① 这既是习近平总书记对新时代高校立德树人提出的重要任务，同时也为立德树人任务的实现指明了方向。在习近平总书记诸多讲话中，凡论及立德树人，都会将理想信念教育视为"灵魂"和首要任务，这也是理想信念铸魂育人作为立德树人关键环节重要性的体现。理想信念铸魂是贯穿习近平总书记有关立德树人重要论述的理论精髓和精神实质。有了坚定的理想信念，就有了"政治灵魂"和"精神之'钙'"。理想信念铸魂重在牢铸青年学生信仰信念之魂，持续强铸青年学生学业提升、人生发展的"政治灵魂"，充实青年学生"精神之'钙'"。坚持立德树人根本任务，必须牢牢抓住理想信念这个中心环节，强化理想信念铸魂。

高校铸魂育人，要以共产主义远大理想与中国特色社会主义共同理想为引领，育理想信念坚定的时代新人。习近平总书记指出，一个国家，一个民族，要同心同德迈向前进，必须有共同的理想信念作支撑。共产主义远大理想和中国特色社会主义共同理想是时代新人前行的动力。"青年的理想信念关乎国家未来。青年理想远大、信念坚定，是一个国家、一个民族无坚不摧的前进动力。"② "青年一代有理想、有担当，国家就有前途，民族就有希望，实现我们的发展目标就有源源不断的强大力量。"共产主义远大理想和中国特色社会主义共同理想是时代新人的精神旗帜。符合中国国情与发展实际的中国特色社会主义是改革开放以来党的全部理论和实践的主题，"历史和现实都告诉我们，只有社会主义才能救中国，只有中国特色社会主义才能发展中国，这是历史的结论、人民的选择。"③ 共产主义崇高理想立足于人类道义制高点，激励着一代代中国共产党人不惧艰险、忠贞坚强、奋勇前行，是中国共产党人创造新世界的精神旗帜。④ 正是由于共产主

---

① 习近平：《在北京大学师生座谈会上的讲话》，人民出版社2018年版，第14页。
② 习近平：《在纪念五四运动100周年大会上的讲话》，人民出版社2019年版，第6页。
③ 习近平：《习近平谈治国理政》，外文出版社2014年版，第22页。
④ 习近平：《学习马克思主义基本原理是共产党人的必修课》，《求是》2019年第22期。

第二章　习近平新时代中国特色社会主义思想铸魂育人的理论概述

义理想与社会主义信念符合中国发展实际，符合中国人民根本利益，这也就自然能为有志于人类幸福事业而努力奋斗的广大青年学生提供奋力前行的绵绵动力，正如习近平总书记所强调："心中有信仰，脚下有力量。"用理想之光照亮奋斗之路，用信仰之力开创美好未来。[①] 在当前世界正经历百年未有之大变局全新时代背景之下，中华民族伟大复兴战略全局的胜利推进更需要理想信念的支撑，树立高尚的中国特色社会主义共同理想与远大的共产主义理想能为广大青年投身社会主义现代化强国建设事业提供精神指引与动力支持。

（二）用理想之光照亮奋斗之路

理想信念决定着人的价值追求和行为准则，体现人的精神，展示人的风貌。习近平总书记曾作出"理想信念动摇是最危险的动摇，理想信念滑坡是最危险的滑坡"[②]的警示就是对厚植理想信念之魂的强调。理想信念是人的精神世界的核心，铸魂育人的根本也是要引导人们树立科学的理想信念。"对马克思主义的信仰，对中国特色社会主义的信念，对实现中国民族伟大复兴中国梦的信心"[③] 是新时代理想信念核心要义。用习近平新时代中国特色社会主义思想铸魂育人，目的在于铸就引领当代中国发展进步的马克思主义信仰之魂，铸就对于中国特色社会主义共同理想的信念之魂，铸就对于中国梦的信心之魂，习近平新时代中国特色社会主义思想充盈着对于马克思主义，对于是中特色社会主义与共产主义，对于中国梦的坚定信仰、信念与信心，因此，要深入挖掘习近平新时代中国特色社会主义思想中关于理想信念的重要论述，如关于理想信念的内容和标准、关于理想信念的地位和作用、关于理想信念的挑战与问题、关于理想信念的建设与教育等方面的论

---

① 习近平：《在纪念红军长征胜利80周年大会上的讲话》，人民出版社2016年版，第11页。
② 《习近平谈治国理政》第1卷，外文出版社2018年版，第415页。
③ 曲青山：《深刻理解中国共产党人的初心和使命》，《党建研究》2019年第7期。

述①,"用习近平新时代中国特色社会主义思想中关于马克思主义、中国特色社会主义、中华民族伟大复兴、中国共产党人的初心和使命、坚定理想信念、构筑精神信仰、宣传思想工作等方面的重要论述来武装头脑、培植家园,不断铸牢人们对马克思主义和共产主义的科学信仰,坚定人们对中国特色社会主义的崇高信念,振奋起全国各族人民对实现中华民族伟大复兴中国梦的强烈信心"。②加强马克思主义理论教育,广泛开展理想信念教育,深化中国特色社会主义和中国梦宣传教育,弘扬民族精神和时代精神,培育和践行社会主义核心价值观等,所有这一切最终都要落到引导学生树立正确的理想信念、学会正确的思维方法上来。人无志犹如舟无舵、马无衔,飘荡奔逸,人生就会失去方向。古人云:"志不立,天下无可成之事",坚定的共产主义与中国特色社会主义理想信念是新时代大学生实现其人生理想的精神旗帜,为新时代高校学生指引了奋进方向,昭示了光明前景。新时代高校要实现以远大理想和共同理想育理想信念坚定时代新人目标,一是要加强理想信念教育与宣传,让青年学生深刻理解远大理想与共同理想的科学内涵及重要意义,让远大理想与共同理想深入青年学生之心,为其牢铸理想信念提供理论支持;二是要为青年学生提供参与远大理想与共同理想实践的机会,让青年学生亲身参与到理想的实现奋斗进程中。习近平总书记向世人宣告:"今天,我们比历史上任何时期都更接近中华民族伟大复兴的目标,比历史上任何时期都更有信心、有能力实现这个目标。"③通过实践让学生切身体会到这一理想是看得见、摸得着的,是经过全体中华儿女共同奋斗能够实现的,为其树立共产主义远大理想和中国特色社会主义共同理想提供实践支持。

---

① 参见刘建军《习近平理想信念论述的历史梳理与理论阐释》,《河海大学学报》(哲学社会科学版) 2015 年第 3 期。
② 钟启东:《用习近平新时代中国特色社会主义思想铸魂育人的内容范畴与精神实质》,《思想理论教育》2020 年第 8 期。
③ 习近平:《在庆祝中国共产党成立 95 周年大会上的讲话》,人民出版社 2016 年版,第 27 页。

二 以爱国主义情怀为感召，育勇于担当的时代新人

习近平总书记对当代青年学生屡提殷殷期望，希望他们"厚植爱国主义情怀，把爱国情、强国志、报国行自觉融入实现伟大梦想的奋斗之中，努力成为社会主义建设者和接班人，努力成为担当民族复兴大任的时代新人"[①]，希望他们"把爱国情自觉融入坚持和发展中国特色社会主义事业、建设社会主义现代化强国、实现中华民族伟大复兴的奋斗之中"[②]。习近平总书记这些论述表明爱国主义对于时代新人的培育至关重要。新时代高校铸魂育人，就是要培育爱党爱国爱社会主义，勇于承担时代所赋责任的担当青年。

（一）深刻理解新时代爱国主义的内涵

高校铸魂育人，以爱国主义情怀为感召力，培育勇于担当的时代新人，首先要让青年学生领悟新时代爱国主义深刻内涵，培养爱国情怀，树立勇于担当的责任意识。"祖国的命运和党的命运、社会主义的命运是密不可分的。只有坚持爱国和爱党、爱社会主义相统一，爱国主义才是鲜活的、真实的，这也是当代中国爱国主义精神最重要的体现。"[③] 习近平总书记对于爱国主义的内涵做了铿锵有力的阐述，新时代的爱国精神是具体的、现实的，就是热爱祖国、热爱中国共产党、热爱社会主义，三者是有机结合、高度统一的：爱国就是爱中国共产党领导的、以人民为中心的社会主义新中国，就是坚定中国特色社会主义"四个自信"，就是在接力前人实践探索的基础上，承担起时代赋予的责任，继续推进中国特色社会主义事业，为中华民族伟大复兴而不懈努力。自中国步入近代以来，无论是在革命战争年代，还

[①] 《让五四精神在新时代放射新的光芒——纪念五四运动一百周年》，《人民日报》2019年5月4日第1版。

[②] 《把思政课办得越来越好——论学习贯彻习近平总书记在学校思政课教师座谈会上重要讲话》，《人民日报》2019年3月19日第1版。

[③] 《大力弘扬伟大爱国主义精神，为实现中国梦提供精神支柱》，《人民日报》2015年12月31日第1版。

是在社会主义建设时期，都有无数青年付出了汗水，甚至生命，中华民族复兴的历史可以说就是一部部青年接续奋斗的历史，弘扬爱国精神，为国家和民族的发展牺牲自我、不懈努力，是中国青年的优秀精神与光荣传统。学校是立德树人的地方，"爱国主义是中华民族的民族心、民族魂，培养社会主义建设者和接班人，首先要培养学生的爱国情怀"。[①] 新时代高校学生要充分发扬中国青年爱党爱国、艰苦奋斗的光荣传统，坚持与弘扬新时代的爱国主义精神，担当起实现民族复兴的使命和责任，勇于接过时代接力棒，在第一个百年奋斗目标实现的基础上用实际行动助力第二个百年奋斗目标的实现。

高校铸魂育人，以爱国主义情怀为感召力，培育勇于担当的时代新人，再就是要激发青年学生践行勇于担当的实际行动。中国之未来在于青年，民族之复兴在于青年，广大青年学生要有敢于担当的实际行动。新时代最鲜明的主题与责任就是实现中华民族伟大复兴的中国梦。一代人有一代人的担当，回顾历史，孔孟有"治国平天下""达则兼济天下"的责任抱负，杜甫有"大庇天下寒士俱欢颜"的责任意识，周恩来有"为中华之崛起而读书"的责任担当，由古至今，凡仁人志士欲有所成就无不胸怀国家，凡青史留名者无不勇于担当时代责任。习近平总书记寄语广大青年：时代呼唤担当，当前时期是中华民族发展最好时期，既是广大青年学生建功立业之机，也是其担负起"天将降大任于斯人"的时代使命之时；民族振兴是青年的责任，更是青年的担当，广大青年学生唯有胸怀祖国，以民族复兴为己任，方能不负党与人民的期望、不负民族的重托，不负我们这个伟大时代，在实现中华民族伟大复兴的新征程上，迫切需要广大青年学生发扬爱国精神，践行迎难而上、挺身而出的实际担当行动，以应对重大挑战、抵御重大风险、克服重大阻力、解决重大矛盾。[②]

[①] 中共中央党史和文献研究院：《十九大以来重要文献选编》（上），中央文献出版社 2019 年版，第 649 页。

[②] 习近平：《在纪念五四运动 100 周年大会上的讲话》，人民出版社 2019 年版，第 8 页。

（二）将爱国情怀转化为强国志和报国行

新时代高校青年学生要树立起为民族复兴而努力前行的担当意识，勇于承担起这个时代赋予的历史责任，唯此方能尽显新时代青年真我本色。高校铸魂育人，以爱国主义情怀为感召力，培育勇于担当的时代新人，还要倡导广大青年将爱国主义情怀融入维护国家和人民利益实践中。在全面建设小康社会的基础上，创造和实现建设社会主义现代化强国的中国梦，是当今中国最鲜明的时代主题。实现人民对美好生活的向往，实际上也就是不仅要维护好祖国、人民的利益，还要为祖国与人民创造利益。新时代高校学生要树立与时代主题相通、与时代前进方向相同的人生目标，将厚植于内心的爱国主义情怀转化为维护人民利益、为祖国做贡献的报国之志，将爱国情与维护和实现国家与人民利益相结合。为实现中国梦而不懈奋斗是新时代青年爱国情怀的最深层次的体现，同时，爱国主义精神又可以为新时代广大青年学生提供重要精神支撑。这是因为，爱国主义精神能够凝聚广大青年学生对发展这一时代主题的共识，能够团结和激励他们，在其内心牢筑精神之基。广大青年学生应在学习及今后实现中国梦的伟大征程中，高擎爱国主义旗帜，发扬爱国主义精神，捍卫祖国与人民的利益，让爱国情怀成为他们奋斗的精神支撑，以实现民族强盛之魂的铸造，实现勇于担当时代新人的培育。

三　以祖国伟大成就为确证，育本领过硬的时代新人

习近平总书记在党的十九大报告中指出："改革开放以来，特别是党的十八大以来，党和国家事业取得了全方位的、开创性的成就，中国特色社会主义事业发生了深层次的、根本性的变革；经过长期努力，中国特色社会主义进入了新时代，这是我国发展新的历史方位。"[1]"我党始终坚持初心使命，团结带领全国各族人民同心同德、

---

[1]《党的十九大报告辅导读本》编写组：《党的十九大报告辅导读本》，人民出版社2017年版，第10页。

艰苦奋斗，战胜了一个又一个艰难险阻，创造了一个又一个名垂青史的人间奇迹，取得了令世界刮目相看的伟大成就，中华民族迎来了从站起来、富起来到强起来的伟大飞跃。"①

（一）历史性成就为铸魂育人提供了现实支撑

习近平总书记在党的十九大报告中系统总结了过去5年中国改革开放所取得的历史性成果及社会主义现代化建设所获得的历史性成就。在各个方面取得历史性成就的基础上，党领导人民又取得抗疫的巨大成就，它确证了理想信念的正确性，极大地坚定了中国人民的"四个自信"，为高校铸魂育人提供了强有力的现实支撑。

铸魂育人，离不开实践成效的支撑，2020年，一场突如其来的新冠肺炎疫情席卷全球，以习近平总书记为核心的党中央果断决策，坚持人民至上、生命至上，打了一场没有硝烟但惊心动魄的疫情防控阻击战，中国是2020年全球唯一一个实现正增长的主要经济体，取得疫情防控阻击战和经济社会发展的"双成就"。2020年，按下"返校复学键"后，为进一步激发高校师生的爱国主义情怀，把将思想政治工作与疫情防控结合起来，将战"疫"的生动实践融入高校思想政治教育中，中共江西省委教育工委、江西省教育厅和新华社新闻信息中心联合制作《疫情大考 中国答卷》（高校版）思政专题片，专题片通过对中国抗疫实践与成就的展现将爱国教育从抽象的精神领域转化到具体生活内容之中，通过激发学生的"共情"引出学生的"共鸣"，以使学生形成坚定的思想认同与行为认同从而厚植爱国情怀。面对全球蔓延的新冠肺炎疫情，江西省高校积极发挥思政课主渠道作用，将《疫情大考 中国答卷》专题片融入思政课线上教学，一方面引导学生运用国际比较的思维，把握宏观大势，"正确认识中国特色和国际比较，全面客观认识当代中国、看待外部世界"，教育引导青年学生正

---

① 习近平：《在庆祝中华人民共和国成立70周年大会上的讲话》，人民出版社2019年版，第2页。

确认识世界和中国发展大势，充分认识经济全球化是不可逆转的大势，必须要有共同应对风险挑战的意识。要充分认识到任何困难都阻挡不了中华民族复兴的大势，充分认识到中国特色社会主义制度应对这场突如其来的新冠肺炎疫情冲击所彰显的威力，坚定打赢这一场疫情防控战的信心。聚焦疫情防控中彰显的中国精神、中国力量、中国速度、中国制度优势以及涌现的典型人物和事迹等，讲清这是我们打赢这场疫情防控战的底气和信心所在，教育引导青年学生厚植爱国主义情怀，增强"四个自信"和使命担当的责任意识，把"小我"融入"大我"中，将自己的前途和命运紧紧地与国家的命运和前途联系起来，主动担负起民族复兴的使命和责任。另一方面要因势利导，从微观情势出发，运用好疫情防控实践中各种鲜活素材和话题，聚焦疫情释放的风险信息，加强风险防范教育，引导学生深刻认知抵御西方意识形态攻击和抹黑，维护社会主义意识形态安全、秉持人类与自然和谐相处的生态文明意识和各国相互依存、休戚与共的人类命运共同体意识等的重要性，增强风险防控研判能力和风险防控的自觉性。作为江西这片红土地上的学子，他们通过《疫情大考 中国答卷》专题片学习，对于这种众煦漂山、攻坚克难的力量感同身受。观看专题片后，南昌航空大学学生陈蒙感慨道："'一方有难、八方支援'的民族互助精神与'同舟共济、共克时艰'的家国情怀在片中得到淋漓体现，令我备受感动。"[①] 全球战"疫"的鲜明对照，让大家深刻感悟到了中国速度、中国力量和中国精神，让大家在领悟中国政治优势与制度优势的基础上进一步坚定理想与信念，坚定为祖国发展事业作出贡献的信心。

（二）培育有灵魂的新人谱写新时代青春之歌

习近平总书记在 2021 年"七一"重要讲话中，一开始就向人民郑重宣告："经过全党全国各族人民持续奋斗，我们实现了第一个百

[①]《一堂特殊的思政大课》，"江西思政"微信公众号，2020 年 5 月 28 日。

年奋斗目标，在中华大地上全面建成了小康社会，历史性地解决了绝对贫困问题，正在意气风发向着全面建成社会主义现代化强国的第二个百年奋斗目标迈进。"① 学史明理、学史增信、学史崇德、学史力行，在向第二个百年奋斗目标迈进的历史进程中，高校铸魂育人，要以历史性成就让学生深刻领会中国共产党为什么能、马克思主义为什么行、中国特色社会主义为什么好，激励广大青年坚定理想信念，勇于担当使命，勇于奋斗拼搏，让青春之花绽放于时代最需要祖国最需要人民最需要的地方。习近平总书记在给北京大学援鄂医疗队全体"90后"党员的回信中指出："希望你们努力在为人民服务中苦壮成长、在艰苦奋斗中砥砺意志品质、在实践中增长工作本领，继续在救死扶伤的岗位上拼搏奋战，带动广大青年不惧风雨、勇挑重担，让青春在党和人民最需要的地方绽放绚丽之花。"② 那么如何实现人生价值与追求，让青春在党和人民最需要的地方绽放绚丽之花，谱写好新时代的青春之歌呢？

1. 让信仰为青春定向

信仰是什么？信仰，是一个人的精神内核，是一种至高的精神力量，是一种让人无所畏惧、永不彷徨、迎难而上的力量。信仰如生命的火炬，长明不熄；似奋斗的旗帜，指引方向。习近平总书记强调，青年胸怀远大理想、崇高信念，是一个国家、一个民族奋力前行的动力。在疫情面前，各领域各行业青年未约而遇，组成各个青年"战斗队"，为战"疫"出力献智。他们挺身而出，不逃避，不畏惧，让"不计报酬，无论生死""我是党员我先上""听从指挥、决不后退"等成为流行的网红语，这就是信仰在关键时候的选择和力量。2020年2月3日，杭州建兰中学804班班主任郭简给自己的学生们写了一

---

① 习近平：《在庆祝中国共产党成立100周年大会上的讲话》，人民出版社2021年版，第2页。
② 《让青春在党和人民最需要的地方绽放绚丽之花》，《人民日报》2020年3月17日第1版。

第二章 习近平新时代中国特色社会主义思想铸魂育人的理论概述

封信,刷屏朋友圈。她说:人都有信仰,它不是你平日里高喊的口号,它不是你挂在朋友圈的签名。它,贯穿了你一生的灵魂。信仰,可以浸润人的心田和灵魂,可以改变一个人的生命。没有信仰,没有信仰支撑的人,就像是无源之水,无本之木,没有信仰的青春岁月就会像无舵之舟失去航向。

2. 让爱国为青春定色

习近平总书记曾特别指出爱国是一个人立德之源、建功之本,广大青年应让爱国为青春定色。在当前这场疫情防控阻击战中,涌现出许许多多舍小为大、舍家为国的感人事迹,中国人的家国情怀在共同抗击疫情中得到了充分展现和诠释。"家是最小国,国是千万家"唱出了无数中国人的心声,是把中华儿女团结在一起的强大精神力量。一方有难八方支援,这是国家的力量。江西南昌龚关越小朋友在致南昌大学第二附属医院抗疫父亲的一封家书中写道:"国家有需要,必须像战士一样冲锋陷阵,无问生死,逆家而行。"青年是国家的明天,国家的未来,"把深厚的爱国情怀转化为报国之志,将强烈的报国之志转化为强国之行,在国家富强、民族复兴的道路上,自觉把小我融入大我之中,以强烈的真情投入,拼搏的奋斗力量来体现爱国主义情怀,为自己的青春绘制最为坚实的底色"[1]。高校铸魂育人,要教导青年学生用辩证唯物主义和历史唯物主义世界观与方法论,深刻理解中国梦的内涵,将实现个人梦实现中国梦有机统一。习近平总书记在谈及个人梦与中国梦的时候强调:"要把个人梦与中国梦紧密联系在一起。"[2] 新时代,中国梦的实现,既需要新时代高校学生努力,同时又能成就新时代高校学生,使其更好地把个人梦融入中国梦,用个人梦助推中国梦,在实现中国梦的过程中实现个人梦,实现人生价值。

---

[1] 郭杰忠:《在疫情防控大战大考中谱写青春之歌》,《南昌航空大学学报》(社会科学版) 2020 年第 3 期。

[2] 习近平:《在同全国劳动模范代表座谈时的讲话》,《人民日报》2013 年 4 月 29 日第 2 版。

3. 让本领为青春赋能

"'玉不琢，不成器；人不学，不知道。'要把爱国情怀转化为强国行动，必须学好真学问，练就真本领。"[①] 因此，新时代的中国青年要增强学习紧迫感，全面学习科学文化知识，扩大知识储备，提高科技素养，"让青春典藏更多的知识力量"[②]。面对凶险的新冠肺炎，最有力的武器是科学技术，战胜疫病离不开科技支撑，向科技要答案、要方法。在江西，南昌大学一附院新冠肺炎治疗团队，采取中西医结合"混合双打"的方法，为江西疫情"清零"作出了贡献；东华理工大学教授陈焕文，带领其团队通过专研反复试验，研制出了3分钟内就可完成检测新冠肺炎的新技术；由江西中医药大学附属医院副院长刘良徛牵头制订江西新冠肺炎中医药防治方案，为全国新冠肺炎中医药防治贡献了"江西方案"。本领不是天生的，是要通过学习和实践来获得的。当今时代，知识更替周期缩短，各种新事物、新情况层见叠出，新时代青年如若故步自封、徘徊懈怠，不主动对知识进行更新，不主动对视野进行拓宽，那将难以增添优势获取成功。因此，唯有只争朝夕，发奋努力，才能不负时代不负青春。

4. 让奋斗为青春添彩

毛泽东在《永久奋斗》讲话中指出，持续不懈的奋斗是判断模范青年的一条最主要的准绳，若无艰辛奋斗、不息努力，其他就无从谈起。现在，青春是用来奋斗的；将来，青春是用来回忆的。没有经过风吹雨炼的树苗难以长成参天大树，没有经历千锤百打的铁不能变成钢。[③] 面对新冠疫情的考验与进攻，许多青年勇敢站出来进行奋斗、奉献力量，他伴游以实际行动经受住了考验，扛住了进攻，他们以奋

[①] 郭杰忠：《在疫情防控大战大考中谱写青春之歌》，《南昌航空大学学报》（社会科学版）2020年第3期。

[②] 郭杰忠：《在疫情防控大战大考中谱写青春之歌》，《南昌航空大学学报》（社会科学版）2020年第3期。

[③] 中共中央文献研究室：《毛泽东文集》第2卷，人民出版社1993年版，第190页。

斗的方式担负起了自己的责任。以汪勇为代表的一个个青年志愿者用奋斗的实际行动践行了"奉献、友爱、互助、进步"的志愿者精神，并将这种精神转化为照亮希望的一束光、放射温暖的一盏灯。高校铸魂育人，培育本领过硬的时代新人，要激发青年学生加强思想道德修养，塑造良好品德。习近平总书记对广大青年学子着重强调："人无德不立，品德是为人之本"，①古往今来皆如此。追求高尚品德，是中华民族所遵循的主要价值观之一，"惟贤惟德，能服于人""淡泊明志，宁静致远""桃李不言，下自成蹊"是古之国人所崇尚的高尚品德；爱国、敬业、诚信、友善，明辨是非，恪守正道，实事求是，独立思考，是新时代国人尤其是广大青年学子要塑造与遵循的时代品德。新时代广大青年学生要为时代责任有所作为，高尚品德是根基，将正确道德认知、自觉道德习惯、积极道德实践有机结合，坚持立德修身，人生之路才可走得更正更远；广大青年学生要从中国特色社会主义伟大实践中，从中华优秀传统美德中，从英雄人物、时代楷模身上，感受道德风范，汲取道德营养以形成自身道德习惯，提升自身道德修为，为练就过硬本领铸根稳基。②

四 以自我革命精神为锻造，育奋斗有为的时代新人

马克思认为，"历史的动力以及宗教、哲学和任何其他理论的动力是革命"③。革命在很大程度上也是个人的发展与进步的助推器。习近平总书记指出，勇于自我革命，是中国共产党最鲜明品格、最大优势。新时代青年学生要实现同祖国共成长、为祖国做贡献的人生理想，要达成同祖国共享人生出彩机会的美好愿景，就要有在不断追求进步的同时与旧我进行不断革命的强烈意识。

---

① 习近平：《在纪念五四运动100周年大会上的讲话》，人民出版社2019年版，第11页。
② 习近平：《在纪念五四运动100周年大会上的讲话》，人民出版社2019年版，第12页。
③ 《马克思恩格斯选集》第1卷，人民出版社2012年版，第172页。

(一) 自我革命是育时代新人的重要途径

对于新时代高校学生来说,自我革命就是要同否定自我进步的方面革命,同有损于本人思想进步、弱化思想纯洁性的问题进行斗争,以期用自我革命的精神锻造内心自强不息之魂,将自己锤炼成为新时代有为奋斗青年。习近平总书记多次强调"打铁必须自身硬",何以"自身硬",关键在于秉持谦虚谨慎态度的同时敢于直面自身存在的问题,敢于同这些问题进行彻底的斗争。①习近平总书记曾特别表明:"只要我们始终不忘党的性质宗旨,勇于直面自身存在的问题,以刮骨疗毒的决心和意志消除一切损害党的先进性和纯洁性的因素,就能够形成党长期执政条件下实现自我净化、自我完善、自我革新、自我提高的有效途径。"②虽说习近平总书记于此强调自我革命精神对于党的重要性,然则自我革命精神对于个人来说亦是如此。在中国革命与建设史上,一代代中国共产党人中有许多自我革命精神与实践的典范,"周恩来同志是自我革命、永远奋斗的杰出楷模。……面对不同的时代任务和时代要求,周恩来同志总是以自我革命精神迎接新的挑战,……使自己始终同党和人民事业一道前进。周恩来同志的一生,以自己的实际行动实践了这些自我革命、永远奋斗的誓言。"③习近平总书记在纪念周恩来诞辰120周年座谈会上如是说。"在实践中,即通过革命使自己的'存在'同自己的'本质'协调一致"④。自我革命实质就是自我扬弃的过程,对于广大新时代高校学生来说就是要勇于坚持真理,与自身错误做斗争;勇于不断提升,与自身缺点不足做斗争;"敢于刀刃向内,敢于刮骨疗伤,敢于壮士断腕,防止祸起萧

---

① 《勇于直面问题,不断自我革命》,《人民日报》2019年1月14日第1版。
② 《取得全面从严治党更大战略性成果,巩固发展反腐败斗争压倒性胜利》,《人民日报》2019年1月12日第1版。
③ 习近平:《在纪念周恩来同志诞辰120周年座谈会上的讲话》,人民出版社2018年版,第13—14页。
④ 《马克思恩格斯选集》第1卷,人民出版社2012年版,第177页。

墙"①，也就是要持续提升自我，如凤凰涅槃般追求进步，追求真理。新时代高校要激励学生勇于同自身成长的烦恼进行革命，实现自我净化、自我革新。习近平总书记在党的十九大报告中强调：坚决防止和反对个人主义、自由主义。在当今高校部分学生中，流行着自由主义、享乐主义、极端个人主义的思想，他们奉行个人优先、享受为先、自由至上原则，主观上缺乏集体主义意识，缺乏奋斗意识，"物必先腐也，而后虫生之"，长此以往，必将导致思想腐化，精神懈怠，行为懒散，最终自己毁掉自己。新时代高校学生要勇于同这些自由主义、享乐主义、极端个人主义思想做斗争，通过过滤思想杂质，清除腐蚀病毒，割除危害毒瘤，不断纯洁思想，保证心理健康以实现自我净化；通过破除伪科学，破除不合时宜的观念意识以实现自我革新。

（二）要深刻理解自我革命精神蕴含的奋斗价值取向

新时代高校要激励学生勇于同自身缺点不足进行革命，实现自我完善、自我提高。能力不足、知识不够，满足于现状，学习缺乏积极主动性，甚至对待人生持消极态度，缺乏积极奋斗精神，缺乏吃苦耐劳品质诸如此类的缺点与不足都存在于当前高校部分学生身上。如若任之由之，终将对于他们成长成才不利。"奋斗是为实现一定的理想或目标而努力拼搏的活动和过程。"② 实现理想和目标需要奋斗精神，也需要奋斗能力，新时代，社会主义现代化强国建设的实现，对知识要求更深化，对能力要求更全面。习近平总书记力劝广大青年："能力不是一劳永逸、一蹴而就的，必须持续升级、不断扩容。我们要增强学习新知识、掌握新本领的自觉性和紧迫感，重新学习，不断掌握新知识、熟悉新领域、开阔新视野。"③ 新时代高校学生要勇于同自身缺点不足进行革命，在学习与实践中补齐短板、强化弱项，追求卓越

---

① 习近平：《推进党的建设新的伟大工程要一以贯之》，《求是》2019年第19期。
② 刘建军、陈金彪：《中国共产党人的奋斗观及其现实意义》，《广西大学学报》2021年第3期。
③ 习近平：《推进党的建设新的伟大工程要一以贯之》，《求是》2019年第19期。

以实现自我完善；不断提升学习与实践能力，加强新知识学习，新能力培养，增强各项本领以实现自我提高。

新时代高校学生在勇于自我革命的同时，也要乐于奋斗。青年学生只有深刻认知到为什么要奋斗、为了谁奋斗、如何去奋斗的问题，才能形成正确的奋斗观。"奋斗是青春最亮丽的底色。"① 勇于奋斗，青春不负；乐于奋斗，华章出彩，个人理想的实现，需要奋斗；中国社会的发展，中华民族的振兴，中国人民的幸福，需要奋斗。习近平总书记正告广大青年："中国社会发展，中华民族振兴，中国人民幸福，必须依靠自己的英勇奋斗来实现，没有人会恩赐给我们一个光明的中国。"② 新时代高校学生处于国家发展最佳时期，未来三十年是其建功立业之期，也是其个人理想与国家理想同步实现之时。"无论过去、现在还是未来，中国青年始终是实现中华民族伟大复兴的先锋力量！"③中国人民实现从站起来到富起来再到强起来的伟大实践充分证明，一代代中国青年既怀有远大理想抱负、深厚家国情怀，又具备伟大创造精神、奋斗精神；中华民族伟大复兴终将在广大青年的接力奋斗中变为现实。"个人怎样表现自己的生命，他们自己就是怎样。"④新时代高校学生，要让人生出彩，要使梦想成真，唯有对自我进行革命，方能在长期学习乃至日后的中国特色社会主义建设实践中实现自我净化、自我完善、自我革新、自我提高，也就能够在内心铸成新时代自强不息之魂，实现将自身锻造成为新时代有为奋斗青年的目的。

五 从党史中汲取营养，育政治坚定的时代新人

政治坚定是新时代中国特色社会主义现代化强国事业对于新时代青年提出的政治要求，也是新时代青年实现人生理想与价值的首要条

---

① 习近平：《在纪念五四运动100周年大会上的讲话》，人民出版社2019年版，第9页。
② 习近平：《在纪念五四运动100周年大会上的讲话》，人民出版社2019年版，第4页。
③ 习近平：《在纪念五四运动100周年大会上的讲话》，人民出版社2019年版，第5页。
④ 《马克思恩格斯选集》第1卷，人民出版社2012年版，第147页。

第二章　习近平新时代中国特色社会主义思想铸魂育人的理论概述

件,将自身打造成为立场坚定、政党坚定、理论坚定的时代新人是新时代高校学生实现政治坚定之魂锻造的主要内容。中国共产党的历史是"最好的营养剂"①,百年中国共产党历史蕴含着丰富的营养,新时代青年可从党史中汲取营养,力做政治坚定时代新人。

（一）全面领悟党的根本政治立场人民立场,做立场坚定时代新人

1848年,马克思、恩格斯向世人宣告:"过去的一切运动都是少数人的,或者为少数人谋利益的运动。无产阶级的运动是绝大多数人的,为绝大多数人谋利益的独立的运动。"② 中国共产党将马克思主义作为指导思想,而人民立场是马克思主义最根本的立场,自然,对于中国共产党而言,其根本政治立场也就是人民立场。坚持人民立场是中国共产党成立之始就确立的根本政治立场。中国共产党一大所作的第一个决议就明确表示中国共产党坚持的是完全区别于其他政党的立场:始终站在无产阶级立场之上,为无产阶级奋斗,为无产阶级革命。而后,"工人阶级的利益在中国共产党占第一位"③ 是中国共产党二大所明确提出的纲领之一,并在随后颁布的《关于议会行动的决议案》中重申"中国共产党为代表中国无产阶级及贫苦农人群众的利益而奋斗的先锋军"④,翌年,在中国共产党三大决议案宣言中又一次强调拥护工农大众利益是党始终要坚持的立场。百年来,也正是因为中国共产党对于人民立场的始终贯彻,依靠人民力量,实现人民需要,维护人民权益,才能得到人民的彻底支持与拥护,才能从一个胜利走向另一个胜利,才能带领人民朝着实现中华民族伟大复兴之路奋勇前进。

新时代青年要以马克思主义人民观为导向,树立正确的人民观。在探索人类社会历史发展规律的历程中,马克思恩格斯创立了唯物史

---

① 习近平:《论中国共产党历史》,中央文献出版社2021年版,第24页。
② 《马克思恩格斯全集》第2卷,人民出版社1960年版,第42页。
③ 中央档案馆:《中共中央文件选集》第1册,中共中央党校出版社1989年版,第63页。
④ 中央档案馆:《中共中央文件选集》第1册,中共中央党校出版社1989年版,第74页。

观，第一次科学地诠释了人类历史的发展规律，为人类历史发展道路指明了方向。马克思主义人民观蕴含了注重人民的需要、注重人民的力量与注重人民的发展的核心内涵。马克思恩格斯指出"人们为了能够'创造历史'，必须能够生活。但是为了生活，首先就需要衣、食、住以及其他东西"①，只有在满足了生存需要的基础上，人们才会追寻新的需要，人们才可以去实现作为社会存在物与精神存在物的更高层次的需要，人们才可以去从事哲学、宗教、法等其他形式社会活动；马克思恩格斯认为"历史活动是群众的活动"②，人民群众既是社会历史主体，又是社会历史创造者，人民群众的力量是推动人类历史车轮前行的动力；马克思恩格斯高度注重人的发展，认为"每一个人都无可争辩地有权全面发展自己的才能"③。新时代高校学生应以满足人民对于美好生活的需要为出发点，做到一切为了人民，为民服务，为民造福，在满足人民需要的进程中实现个人的人生价值，与此同时，要注重人民的力量，明确是人民群众创造了中国的巨大成就，要一切依靠人民，力求实现人民发展与个人发展的有机统一，在实现人民的发展基础之上实现个人自身的发展，"在为人民利益的不懈奋斗中书写人生华章"④。

（二）深刻了解中国共产党，做政党坚定的时代新人

政党坚定是政治坚定所蕴含的另一项重要内容。唯有对政党坚定才能切实遵从党的领导，贯彻党的方针，执行党的路线，才能与党始终保持一致，才能在党的事业统筹推进中实现个人事业的良性发展。中国共产党是中国唯一执政党，新时代青年对于政党的坚定实质上就是对于中国共产党的坚定，全面深刻了解中国共产党是对于中国共产党坚定的基础。

---

① 《马克思恩格斯文集》第1卷，人民出版社2009年版，第531页。
② 《马克思恩格斯文集》第1卷，人民出版社2009年版，第287页。
③ 《马克思恩格斯全集》第2卷，人民出版社1957年版，第614页。
④ 《习近平谈治国理政》第3卷，外文出版社2020年版，第55页。

第二章 习近平新时代中国特色社会主义思想铸魂育人的理论概述

首先，新时代青年要明确中国共产党是无产阶级性质的政党、人民的政党，她只致力于实现人民利益，无任何自身额外利益，中国共产党的百年征程就是一部不断实现人民利益的奋斗史。革命时期，党领导人民浴血奋战，外抵列强入侵争得民族独立，内抗专制压迫取得人民解放，建立了中国历史上第一个真正意义上全国性人民政权；社会主义建设时期，党领导人民持续奋斗，实现了社会主义制度在中国的确立；改革开放新时期，党领导人民解放思想集中精力进行中国特色社会主义事业的建设，实现了人民从温饱不足到总体小康，再到奔向全面小康的历史性跨越；新时代，党领导人民全力奋斗，实现了强起来的飞跃，踏步于强国征程之中。其次，新时代青年要明确中国共产党是具备勇于自我革命精神优良品格的政党，她不断在否定之否定的发展历程中茁壮成长并持续焕发勃勃生机。百年来，中国共产党党内经历了几次重大挫折，遭遇了多次惊险磨难，正是因为中国共产党具备着勇于自我革命精神的优良品格，从而战胜了一次次挫折，化解了一个个磨难。新民主主义革命时期针对造成大革命失败原因之一的右倾机会主义错误，党内对其进行了斗争，从而保住了革命的火种；土地革命时期针对造成第五次反"围剿"失利的"左"倾教条主义错误，党内对其进行了坚决的革命，从而使党转危为安、化险为夷；延安时期，党开展了整风运动，对党内显露的主观主义、宗派主义、党八股等不正之风进行了革命，"形成了以整风方式开展自我革命的党建模式"[1]；社会主义革命和建设时期，党接连犯了"大跃进"和人民公社化运动等"左"的错误，同样党内先后对这些错误进行了斗争，拨乱反正，使党的事业走上了正确的轨道；改革开放新时期，中国共产党也从未间断过自我革命，因为改革开放本身就是"党在新的时代条件下带领广大人民进行的新的伟大革命"[2]；新时代，党正在并

---

[1] 赵绪生：《论新时代中国共产党的自我革命》，《中共中央党校学报》2018 年第 5 期。
[2] 中共中央文献研究室：《十八大以来重要文献选编》（上），中央文献出版社 2014 年版，第 508 页。

将持续以壮士断腕的勇气和决心对党内出现的不正之风进行斗争，以自我革命的气魄在全面深化改革中推进改革，以自我革命的勇气在全面从严治党中解决党自身存在的问题。最后，新时代青年要明确中国共产党是先进的政党、正义的政党，她始终立于历史正确轨道之上，立于人类进步道路之中。百年来，中国共产党坚持于把握历史发展趋势顺应时代发展潮流，"在风云变幻中把握中国前进方向"，将民族与人民事业由一个高潮推向另一个高潮，书写了波澜壮阔的中国发展史，为维护国际公平正义与世界和平发展同世界各国人民团结合作，为全人类进步事业建立了巨大功勋。新时代青年要全面深刻了解中国共产党，了解党的性质、党的品格，学习党的历史，领悟党的精神，从百年党史中汲取对党坚定的力量。

（三）深入学习党的理论，做理论坚定时代新人

立场坚定、政党坚定离不开理论坚定，学习掌握真理、信奉守卫真理是理想信念坚定的前提，也是政治坚定的题中之义。中国共产党是一个善于坚持理论运用理论并发展理论创新理论的政党，百年党史从一定程度上来说也是一部马克思主义理论在中国的运用与发展史，中国共产党人将马克思主义与中国各个时代具体实际相结合，创新了马克思主义理论，形成了丰富的中国化马克思主义理论成果，且中国共产党运用这些理论成果成功指导了中国各个时代的具体实践，让理论显示出了巨大的威力。深入学习党的理论是新时代青年坚定于马克思主义理论，坚定于中国化马克思主义理论，力做理论坚定时代新人的重要举措。

第一，加强对于马克思主义理论的学习，强化对于马克思主义理论的坚定。共产党人信仰的马克思主义，是科学的世界观，是科学的方法论，是宇宙的真理。[①] 马克思主义运用唯物辩证法与历史唯物主义根本方法，站在最广大人民立场之上，对资本主义生产方式进行了科学分析，

---

① 《方志敏文集》，江西人民出版社1999年版，第135页。

第二章 习近平新时代中国特色社会主义思想铸魂育人的理论概述

论证了人类社会终将走向共产主义的历史发展趋势，并在此基础上，对未来共产主义社会作出了科学展望，这为中国共产党带领人民获得解放走向幸福、带领国家获得独立走向富强的历史进程提供了正确的道路指引与科学的方法指导，中国共产党人选择了马克思主义并坚定于马克思主义缘由也就在于此。新时代青年如若对于马克思主义理论的认知一知半解或深度不够，对于辩证唯物主义与历史唯物主义掌握程度不够透彻，那将不利于正确世界观与价值观的确立，不利于人生道路沿着正确的轨道向前发展。研读经典著作是新时代青年领悟马克思主义理论的重要途径，也是做到理论坚定的前提条件。马克思主义科学原理集中体现于经典著作之中，如在《神圣家族》中，马克思恩格斯提出了"历史活动是群众的活动"[1] 的人民观；《关于费尔巴哈的提纲》阐述了马克思主义实践观；在《德意志意识形态》中，马克思恩格斯区别了唯物史观与唯心史观的根本不同，首次系统阐述了马克思主义唯物史观；在《共产党宣言》中，马克思恩格斯"首次全面阐明了科学社会主义原理，透彻阐述了马克思主义政党的性质、特点、基本纲领、策略原则"[2]；在《资本论》中，马克思通过对辩证唯物主义和历史唯物主义的科学运用，深刻揭示了资本主义经济运行的规律，揭穿了资本主义生产剥削的本质，揭露了资本主义社会本身所固有的在其制度范围内无法彻底解决的资本主义基本矛盾，进而论证了共产主义必然取代资本主义的历史趋势。马克思主义科学原理体现于马克思主义经典著作之中，新时代青年唯有对其深入学习才能为领悟与掌握马克思主义打好基础，才能为坚定马克思主义创造条件。

第二，加强对于中国化马克思主义的学习，强化对于中国化马克思主义的坚定。发展性是马克思主义鲜明特征之一，一代代中国共产党人抓住马克思主义"实事求是、与时俱进"的精髓，在科学继承马

---

[1] 《马克思恩格斯文集》第 1 卷，人民出版社 2009 年版，第 287 页。
[2] 习近平：《社会主义市场经济和马克思主义经济学的发展与完善》，《经济学动态》1998 年第 7 期。

克思主义基本原理、观点与方法的基础上，发展创新了马克思主义，实现了马克思主义中国化的伟大飞跃。加深对于中国化马克思主义的学习与领悟是新时代青年做到理论坚定的必备条件与根本基础。首先，新时代青年需明确中国化马克思主义是符合中国实际的科学理论，对中国近现代各项事业起到了科学的指导作用。中国化马克思主义是矛盾普遍性与特殊性辩证统一的实现，毛泽东思想是马克思主义同中国革命实践和建设实践相结合的产物，并指导中国革命取得胜利，且指导了中国社会主义建设，为民族复兴大业奠定了根本政治前提和制度基础；中国特色社会主义理论体系"科学回答了建设中国特色社会主义的发展道路、发展阶段、根本任务、发展动力、发展战略、政治保证、祖国统一、外交和国际战略、领导力量和依靠力量等一系列基本问题"，指导中国改革开放与中国特色社会主义建设取得了伟大成就；习近平新时代中国特色社会主义思想是"对关系新时代党和国家事业发展的一系列重大理论和实践问题"所进行的深邃思考和科学判断的理论成果，指导中国特色社会主义取得了历史性成就。其次，新时代青年需明确中国化马克思主义是中华民族复兴大业唯一正确的指导思想。实践是理论的唯一归宿，理论唯有应用于实践指导实践才能显现出理论的力量与价值。时代不同，实践的主题各异，毛泽东思想指导了中国革命实践与社会主义建设实践并获得了巨大成果，中国特色社会主义理论体系应用于中国特色社会主义建设实践，"创造了改革开放和社会主义现代化建设的伟大成就"[①]。当前中国最大的实践是实现中华民族的伟大复兴，而指导复兴大业走向成功的只能是习近平新时代中国特色社会主义思想，这是因为这一思想明确并回答了新时代中国特色社会主义发展的一系列重大问题，它"为民族复兴提供价值目标引领，为民族复兴提供思维时空导向，为民族复兴

---

① 《中共中央关于党的百年奋斗重大成就和历史经验的决议》，人民出版社2021年版，第2页。

第二章 习近平新时代中国特色社会主义思想铸魂育人的理论概述

提供实践行动方略"①，它是民族复兴大业的行动指南。最后，新时代青年需明确中国化马克思主义理论既是中国的更是世界的，具备世界历史意义，是人类文明发展的理论成果。早年，毛泽东等革命同志就提出了解决中国社会问题采用"改造中国与世界"的主张，指出如若中国改造脱离于世界则必为狭义，中国问题本是世界问题。一方面，中国化马克思主义理论包含着众多"关乎全球人类发展的重大思想和战略对策"②，如毛泽东思想中的"三个世界"划分理论、邓小平理论中的改革开放理论、"三个代表"重要思想中的中国特色社会主义外交和国际战略论述、科学发展观中的和谐世界论述、习近平新时代中国特色社会主义思想中的构建人类命运共同体理念等，这些思想观点体现出了中国化马克思主义理论追求全人类解放与发展的价值目标。另一方面，中国化马克思主义理论具有世界历史意义。毛泽东思想为世界受侵略压迫的民族争获独立自主提供了有价值的道路参考，中国特色社会主义理论体系为发展中国家拓宽了迈向现代化的路径，为世界上那些既想快速发展又想保持独立自主的国家提供了中国方式的借鉴，习近平新时代中国特色社会主义思想蕴含着对人类社会发展规律深化的认识，为解决当今世界问题提供了中国智慧与方案。新时代青年要在领悟马克思主义理论的科学性，明确马克思主义理论对于中国各项事业的极端重要性中坚定理论以铸造理论坚定的精神品质。

实现强国伟业需要一代代理想信念坚定、爱党爱国、本领过硬、有为奋斗青年接续前行，并自觉勇敢担当起这一伟大历史使命。新时代高校学生在校期间是他们成长的关键阶段，要将他们培养成为"有理想、有担当、有本领"的时代新人，须将铸魂育人落到实处。铸魂育人使命的践行应同步于时代发展，顺应历史需要。以习近平新时代中国特色社

---

① 夏建国：《习近平新时代中国特色社会主义思想在民族复兴中的历史作用》，《人民论坛》2017年第33期。
② 中国社会科学院习近平新时代中国特色社会主义思想研究中心：《坚定理论自信，筑牢事业发展思想之基》，《光明日报》2019年9月16日。

会主义思想为指导，既能确保铸魂育人沿着正确的政治方向前进，也能为践行这一使命的推进提供坚定政治保障；对新时代高校学生进行理想信念教育，培养爱国情怀，能为青年学生强国志、报国行提供强大的精神支柱与动力支持；将新时代祖国伟大成就转化为强大推动力，让时代青年铸造起责任意识之魂，以练就过硬本领服务于中国特色社会主义伟业；激发新时代高校学生勇于进行自我革命，实现自我净化、完善、革新与提高，能为铸魂育人使命的践行带来绵绵不绝动力。

第四节　铸魂育人的本质要求

铸魂育人是塑造人灵魂的工程。高校坚持用习近平新时代中国特色社会主义思想铸魂育人，要着眼于"培养什么人、如何培养人，以及为谁培养人"这个教育的根本问题，以立德树人为根本任务，以学生为中心，在把握新时代铸魂育人特点和规律的基础上，促使学生实现"三个转化"，即由感性向理性转化、由认知向践行转化以及由自发向自觉转化，将学生培养为有灵魂、有主动自觉意识的时代新人。

一　促进学生由感性向理性转化

毛泽东在《实践论》中指出："感觉只解决现象问题，理论才解决本质问题。"[1] 毛泽东还指出，由感性认识发展到理性认识，是认识辩证运动的第一次飞跃。感性认识是理性认识的基础和源泉，理性认识是感性认识的深入和发展。理性指导越自觉，感性认识也就越深刻。习近平总书记也强调"要以透彻的学理分析回应学生，以彻底的思想理论说服学生，用真理的强大力量引导学生。"[2] 铸魂育人不仅是一个理论问题，也是一个实践问题，用习近平新时代中国特色社会主

---

[1] 《毛泽东选集》第1卷，人民出版社1991年版，第286页。
[2] 习近平：《思政课是落实立德树人根本任务的关键课程》，人民出版社2020年版，第18页。

第二章 习近平新时代中国特色社会主义思想铸魂育人的理论概述

义思想铸魂育人，目的在于促进学生对信仰、信念和信心由感性向理性转化，这就要求在习近平新时代中国特色社会主义思想的指导下，引导大学生从中国特色社会主义事业的生动实践中、社会各种思潮的斗争中以及在赓续优秀历史文化传统中获得理性认识，并内化为坚定理想信仰和外化为自觉的实践行动。

（一）从中国特色社会主义事业生动实践中引导

2021年3月6日，习近平总书记在看望参加全国政协会议的医药卫生界教育界委员时说："思政课不仅应该在课堂上讲，也应该在社会生活中来讲。""'大思政课'我们要善用之，一定要跟现实结合起来。"① 新时代中国特色社会主义事业伟大实践为思政课提供了生动丰富的资源和素材。大学生身处新时代，对新发展新变化有所感悟，但大多停留在感觉、知觉和表象层面，需要将其认知提升到理性层面，从理性的角度看待新时代中国特色社会主义事业伟大实践，分析发生这些变化背后的原因，把握人类社会历史发展规律，将自我的奋斗与社会、国家的前途命运联系在一起，这就需要将理论育人和实践育人结合起来。如对于中国在抗击新冠肺炎疫情中的突出表现，用短短时间就有效控制住疫情扩散，大学生是深有感触的。思政课要引导大学生分析抗疫成功的原因，进而使大学生认识中国特色社会主义的制度优势，从而使大学生坚定"四个自信"。

推进习近平新时代中国特色社会主义思想铸魂育人，不能忽视实践育人。2021年年初，江西省教育厅发布了《关于组织开展江西省高校思政课教师"一线课堂"活动的通知》，通知要求思政课教师要带领学生深入"社会大课堂"，通过"一线故事听变化""一线走读访样本""一线收获话真知"以及"一线成果展风采"四个阶段，使学生感悟习近平新时代中国特色社会主义思想在江西的生动实践，更好地推动习近平新时代中国特色社会主义思想进教材、进课堂、进头

---

① 《"'大思政课'我们要善用之"》，《人民日报》2021年3月7日第1版。

脑，将"思政小课堂"与"社会大课堂"有机结合，协同育人。南昌航空大学结合江西地域特色和学校办学特色，着力打造"四色""三同"的"一线课堂"，将思政小课堂与社会大课堂有机结合起来，通过听一线故事、访一线样本、话一线感受，让思政课更"深"、更"活"、更"实"。"四色"聚焦访样本，让思政课更"深"。在"一线课堂"活动主题方面，南昌航空大学根据江西地域特色和自身办学特色，着眼于习近平新时代中国特色社会主义思想在江西生动实践的典型样本，聚焦"红、绿、蓝、白"四色，让师生在倾听红色故事、探访红色遗存中，感悟历史，领悟跨越时空的革命精神；在聆听脱贫攻坚故事、实地考察脱贫村发生的时代巨变过程中，真切感受我国脱贫攻坚取得的伟大胜利，理解习近平总书记"绿水青山就是金山银山"的发展理念，感悟一线干部和村民的脱贫攻坚精神；在聆听航空报国故事，探访航空小镇，参观航空企业的实践中，感受航空报国文化，感悟新时代的航空报国精神；在倾听一线抗疫医护人员的感人事迹中，感悟伟大的抗疫精神。社会大课堂成为思政课的丰富源泉和营养供给，不仅为思政课教师提供了鲜活的教学案例和素材，拓宽了教师队伍视野，同时也促使学生在社会大课堂中学思践悟，对习近平新时代中国特色社会主义思想有了更深层次的理解和认同。师生"三同"话真知，让思政课更"活"在听完一线故事、探访一线样本后，师生通过"同开发、同讲述、同实践"，共同挖掘一线故事和"四色"样本中蕴含的价值追求、理想信念和家国情怀，撰写一线纪实、设计教学专题、形成系列微课。南昌航空大学从中遴选一批优秀团队和优秀案例，组建"知行"宣讲团，坚持主导性与主体性相统一，由师生共同走进学院、深入班级，开展"一线课堂"优秀成果宣讲。由老师一人讲变为师生"三同"话真知，学生由听讲人变为宣讲人，从而用角色变换促使认知和思考，在"青年影响青年"中达到宣传教育、解疑释惑、凝聚力量、铸魂育人的目的，提升学生看问题想事情的高度、深度、广度，提高思政课领悟力。一条主线显成效，让思政课更"实"。在实施"一线课堂"活动中,南昌航空大学始终贯彻习近平总书记关于"'大思政课',我们要善用之"的精神主线,认真落实习总书记关于思政课的重要讲话精神,着眼于"铸魂育人"目标,在"善"字上下功夫,充分利用社会大课堂,探索思政小课堂与社会大课堂协同育人的有效路径。共邀请11位来自一线的专家学者及工作人员走进思政课堂,与专业思政课教师一起,以讲故事的方式,为同学们同上一堂思政课,使思政课的主体元素更加丰满,同时也使课程既有理论的深度,又有实践的厚度,还有情感的温度。共有教师50人、学生270人组成11支小分队分赴各地探访,教师从实地考察中获得了一手的教学案例和素材,学生从亲身实践中感悟到了新时代新发展新变化。有的研究生还将调研与毕业论文选题结合起来,以问题为中心,将论文写在大地上,使研究更接地气。结合一线故事和一线探访,组建了由6位指导教师、10余名研究生组成的"知行"宣讲团,计划每月推出一期"知行"宣讲报告,实现课堂育人、文化育人、科研育人和实践育人的目标。思政小课堂与社会大课堂通力合作,将原本深奥的理论变得通俗易懂,把博大精深的思想讲得深入浅出,直抵心灵,让学生入耳、入脑、印心。师生们通过一线课堂在感悟新时代新变化的过程中,对习近平新时代中国特色社会主义思想有了更加清晰的理性认识。

(二)从直面回应社会热点问题中引导

理论联系实际是马克思主义的鲜明品格。用习近平新时代中国特色社会主义思想铸魂育人,要直面回应学生关切的社会热点问题,如抗疫、中美关系、香港问题等。要引导学生理性对待、辩证分析,既要看到我们面临的困难和挑战,也要看到我国社会主义事业取得的辉煌成就;既要看到存在的问题和不足,也要看到取得的成绩,从而帮助学生树立正确的世界观、人生观和价值观。

江西省为提高铸魂育人的成效,推行问题式专题化团队教学改革,改革按照"源于教材,超越教材;立足课堂,超越课堂;依靠主讲，超越主讲"的思路，从教学大纲明确的重点难点入手，从学生关注点困惑点、社会焦点热点、网络上针锋相对的观点等方面突破，形成教学问题清单。然后将问题融入专题，精准凝练教学专题，进而提高思想政治理论课的理论性、思想性和针对性。开展问题式专题化团队教学改革试点一年多来，从听课效果和师生的问卷调查来看，无论是教师的讲授水平，还是学生对课堂的认可程度，都有很大的提高。从学生评价效果来看，学生对思政课教师满意度同比高出15.7%、对思政课的满意度同比高出11.7%。①

正如习近平总书记在学校思想政治理论课教师座谈会上所言："思政课要在传播马克思主义立场、观点、方法的基础上用好批判的武器，直面各种错误观点和思潮，旗帜鲜明进行剖析和批判。""要教育引导学生正确看待、辩证认识、理性分析现实问题，辨明大是大非、真假黑白，在对社会假恶丑现象的批判中弘扬真善美。"②

对于社会热点问题，大学生虽然很关注，但由于受人生阅历、价值观、思维方式等影响，认知难免有失偏颇，有时可能停留在仅凭个人喜好憎恶的感性认知层面。如对于部分官员腐败问题，一些大学生只看到支流，没有看到主流，没有看到党的十八大以来我党全面加强党的建设的决心和勇气，要引导大学生理性客观看待腐败问题，用习近平新时代中国特色社会主义思想中关于党的建设的重要论述使学生对腐败问题的认识由感性上升到理性。

（三）从赓续优秀历史文化传统中引导

习近平总书记强调："要把课堂教学和实践教学有机结合起来，充分运用丰富的历史文化资源，紧密联系中国共产党和中国人民的奋斗历程，深刻领悟马克思主义中国化的内在道理，深刻领悟为什么历

---

① 江西教育电视台：《江西高校思政课问题式专题化团队教学改革推进会在昌举行》，https://www.jxetv.com/contents/2/34079.html。
② 习近平：《思政课是落实立德树人根本任务的关键课程》，人民出版社2020年版，第19—20页。

第二章 习近平新时代中国特色社会主义思想铸魂育人的理论概述

史和人民选择了中国共产党和社会主义,进一步坚定'四个自信'。"① 历史是最好的教科书,也是最好的营养剂。中华民族几千年来形成的博大精深的优秀传统文化、中国共产党领导中国人民浴血奋斗熔铸的红色革命文化,以及完成社会主义三大改造后尤其是改革开放以来凝聚党和人民群众智慧的社会主义先进文化,是思政课用以铸魂育人的强大文化资源。高校坚持用习近平新时代中国特色社会主义思想铸魂育人,要有文化的视野,习近平对中华文化有着深厚的情感,特别强调坚守中华文化立场、坚定文化自信的重要性。新时代大学生的主体大多是"00后",成长于物质丰富和网络发达时代的他们,对历史文化传统的认知可能更多来源于碎片化阅读、影视作品和文旅体验等,因此难免会认识肤浅,甚至会走入误区,容易受到诸如历史虚无主义等不良思潮的影响。

思政课教师要充分利用中华历史文化资源,注重挖掘其中的思政元素,引导学生从历史故事和英雄模范身上汲取精神力量,从学史中启迪智慧,领悟真理,砥砺品格,引导学生树立正确的历史观、国家观、民族观、文化观,从而坚定四个自信。正如习近平总书记在党史学习教育动员大会讲话中所提出的,要学习党史,做到学史明理、学史增信、学史崇德、学史力行。

江西红色文化资源丰富,很多高校注重红色文化育人,围绕"江西红色文化资源"实践调研主题,将学生的教学课堂开到红色教育基地,带领学生前往江西省革命烈士纪念堂、南昌八一起义纪念馆、方志敏烈士墓陵园、小平小道纪念馆、井冈山红色教育基地、瑞金革命烈士纪念馆等地,开展爱国主义和理想信念教育。利用科技新时代,新技术,互联网等,将思想政治教育巧妙融入青年学生乐于接受的方式,使思政课"活"起来,让学生更加易于入脑入心。提高了学生对习近平新时代中国特色社会主义思想的接受度和认可度。还有不少高

---

① 《总书记这样和大学生谈心》,《人民日报》2021年12月1日第1版。

校利用 MOOC 课程、在线开放课程等，进行翻转课堂教学；借助 VR 技术，在室内创设以重走长征路为主题的数字资源，打造沉浸式教学模式。赣南师范大学还结合学校实际和特色组织专家学者、思政课教师编写和出版了《中央苏区历史大讲坛》《红色记忆》《红色文化十讲》等以党史教育、红色基因传承为主题的校本教材。

作为具有航空特色的高校，南昌航空大学一直重视传统文化、航空文化、红色文化对学生的浸润，大力强化学生红色文化及爱国主义的教育和熏陶，深受学生认可。据调查，95.19%的受访学生对学校开设的"红色文化"的专门课程和专门教学有清晰的认识，绝大多数同学认为在红色文化教育中受益匪浅；95.17%的学生对思政课老师在思政课中讲授传统文化的印象深刻；98.64%的学生认为，希望学校在中国传统文化、红色革命文化和社会主义先进文化方面多开设文艺活动，特别是在中国传统文化和社会主义先进文化方面；72.74%的学生认为应加强学习和文艺活动，不断夯实学生的文化素养和道德情操；学校在重大历史事件中加强学生的爱国主义教育，重视学生的仪式教育；99.97%的学生对九一八事变、南京大屠杀等重大纪念日的升国旗、唱国歌仪式记忆犹新；100%的学生先后参加过学校组织的升国旗、唱国歌仪式，学生在仪式教育中感受红色文化的力量，民族情感认同不断增强。

二 促进学生由认知向践行转化

大学生的认知由感性上升到理性之后，还需转化为行动，也就是要做到"知行合一"。通过"情""信""意"环节，完成从"知"到"行"的转化，解决学生知易行难、行难持久的问题。习近平总书记指出："广大青年要如饥似渴、孜孜不倦学习，既多读有字之书，也多读无字之书，注重学习人生经验和社会知识。"[1] 他对青年提出要

---

[1] 习近平：《在知识分子、劳动模范、青年代表座谈会上的讲话》，人民出版社 2016 年版，第 11—12 页。

第二章　习近平新时代中国特色社会主义思想铸魂育人的理论概述

求："要坚持知行合一，注重在实践中学真知、悟真谛，加强磨炼、增长本领。"[①] 他指出："'知'是基础、是前提，'行'是重点、是关键。必须以知促行、以行促知，做到知行合一，既解决认识提高问题，又解决行动自觉问题"[②]。新时代铸魂育人以知促行，就要以学深悟透习近平新时代中国特色社会主义思想促知行合一。用习近平新时代中国特色社会主义思想铸魂人，还要善于挖掘习近平成长路上各种彰显其知行统一的生动故事，用习近平深厚爱国情怀、坚定的理想信念、坚强意志品质教育学生、感染学生，将学生塑造成"有爱国情怀""有理想信念""有意志品质"的时代新人。

（一）在厚植爱国主义情怀中促进

情怀是一种更为真挚、更为深沉的热爱和情愫，它是精神的升华，是更加高尚的情感。有情怀方有大格局大视野。坚定深沉的情怀可以帮助我们战胜前进中的困难，使行为更加具有能动性和持久性。

习近平总书记不仅自己有着深厚的爱国情怀，而且多次强调当代大学生要厚植爱国主义情怀。他在2018年全国教育大会上强调，要在厚植爱国主义情怀上下功夫，让爱国主义精神在学生心中牢牢扎根。在2019年全国思想政治理论课教师座谈会上，他再次强调："要引导学生增强中国特色社会主义道路自信、理论自信、制度自信、文化自信，厚植爱国主义情怀，把爱国行、强国志、报国行自觉融入坚持和发展中国特色社会主义事业、建设社会主义现代化强国、实现中华民族伟大复兴的奋斗之中。"[③] 爱国主义情怀是"天下兴亡，匹夫有责""苟利国家生死以、岂因祸福避趋之"的为国情怀，是"捧着一颗心来，不带半根草去""功成不必在我，功成必定有我"的为民

---

① 习近平：《在知识分子、劳动模范、青年代表座谈会上的讲话》，人民出版社2016年版，第12页。
② 中共中央宣传部：《习近平新时代中国特色社会主义思想学习纲要》，学习出版社、人民出版社2019年版，第48页。
③ 习近平：《思政课是落实立德树人根本任务的关键课程》，人民出版社2020年版，第6—7页。

情怀，同时也是"风雨浸衣骨更硬、野菜充饥志更坚""革命理想高于天"的为党情怀，是为国情怀、为民情怀和为党情怀的统一。

用习近平新时代中国特色社会主义思想铸魂育人，要坚持知识传授与情怀塑造相统一的原则，从而塑造"有情怀"的时代新人。要厚植大学生的爱国主义情怀，使每一个大学生成为一个"爱国""爱党""爱民"的高尚的"有灵魂的人"。爱国主义情怀不是抽象的，而是具体的，是体现在爱国主义行动上的。爱国不是口号，而是要付诸行动。"爱国情"要转化为"强国志""报国行"，将爱国主义落到实处，情怀才不至于空洞虚妄，陷于空谈。厚植爱国主义情怀，是使情怀具有更深的实践基础，在实践中培育爱国主义情感，从而促进知行合一，达到"爱国情""强国志"和"报国行"的有机统一。

南昌航空大学以传承和弘扬航空国防文化和航空报国精神为特色，围绕航空报国开展了一系列大学生社会实践活动，如参观校史馆、"红色走读"、举办航空文化展和航空报国精神专题讲座等。这些活动以落实"知行合一"为着眼点，从厚植大学生的爱国主义情怀，到培育航空报国精神，再到以实际行动践行报国使命，把"爱国—报国—践行"连为一体，真正实现了学理论、信理论、用理论的有机统一。在一系列的社会实践活动中，学生们不但加深了对思政课堂所学的马克思主义中国化的理论成果，特别是习近平新时代中国特色社会主义思想的理解，增强了中国特色社会主义道路自信、理论自信、制度自信、文化自信，而且在重温江西红色革命历史，重温学校自办校以来几代师生如何立志航空报国、致力强军富民砥砺奋进的历史中，坚定了信念，塑造了灵魂[①]。

（二）在坚定理想信念中促进

坚定的理想信念是激励人们战胜困难、克服前进阻碍的动力。在

---

① 南昌航空大学校园网：《传承红色基因 发扬新时代航空报国精神——南昌航空大学大学生社会实践活动》，http：//mkszyxy.nchu.edu.cn/xwdt/content_ 78529。

第二章 习近平新时代中国特色社会主义思想铸魂育人的理论概述

腥风血雨的革命战争年代，我们党正是由于有对马克思主义的信仰和对革命一定会成功的信念，初心如磐，矢志不渝，才渡过一个又一个难关，走向成功和辉煌。习近平总书记在《在纪念朱德同志诞辰130周年座谈会上的讲话》中，指出，我们纪念朱德同志，就是要"学习他追求真理、不忘初心的坚定信念"，"只有理想信念坚定的人，才能始终不渝、百折不挠，不论风吹雨打，不怕艰难万险，坚定不移为实现既定目标而奋斗。"①

青年是祖国的未来、民族的希望，是实现中国梦的主力军和生力军。习近平总书记特别强调青年坚定理想信念的重要意义。他说："广大青年一定要坚定理想信念。'功崇惟志，业广惟勤。'理想指引人生方向，信念决定事业成败。没有理想信念，就会导致精神上'缺钙'。"②青年大学生只有树立崇高的理想信念，才能激发起为国家富强发愤学习的责任感和使命感，在服务人民、奉献社会的更高的人生境界和格局中实现自我的人生价值。

近年来，江西高校注重深挖党史中的红色资源，以大学生喜闻乐见的形式，打造具有新时代特色的思政课，引导青年学生坚定理想信念，做堪当民族复兴大任的时代新人。华东交通大学为了引导大学生坚定理想信念，以传承和弘扬方志敏精神为主题，组建了"可爱的中国"红色走读团队，以青年学生喜闻乐见的方式，开展了"红色走读——《可爱的中国》"快闪、"我想对方志敏说"征文比赛、"学党史、祭英烈"主题活动、"红歌传唱"等系列活动。从线上到线下、从学习到创作，营造了良好的党史学习氛围，有效带动青年学生参与到"学党史、强信念、跟党走"行动中来，让学生在实践和体验中真切地感受到革命先烈追求真理、坚持理想、不畏牺牲的爱国情怀和革

---

① 习近平：《在纪念朱德同志诞辰130周年座谈会上的讲话》，人民出版社2016年版，第6—7页。

② 《习近平谈治国理政》第1卷，外文出版社2018年版，第50页。

命精神，激励青年学子们坚定理想、爱国奉献，努力建设更可爱的中国[①]。2021年9月，南昌工学院邀请开国上将陈士榘之子陈人康，澎湃之孙女、彭士禄之女彭洁，共同为2021级新生上了一堂感人至深的开学第一课。同学们通过聆听革命先辈矢志不渝追求理想、历尽磨难不改初心的故事，并与革命烈士后人面对面交流，对红色革命精神有了更深刻的感悟，也更坚定了马克思主义的信仰和中国特色社会主义的信念[②]。

用习近平新时代中国特色社会主义思想铸魂育人，要塑造"有信念"的时代新人。信念是在实践中不断得到检验、锤炼和升华的，同时信念也是催化剂，促进了"知"向"行"的转化。中国共产党百年光辉历史和中国特色社会主义伟大实践为新时代大学生坚定科学理想信念提供了丰富的营养，思政课要充分利用党史资源、利用中国特色社会主义伟大实践"社会大课堂"，开展形式多样的社会实践活动，引导学生在实践中坚定信念，促进知行合一转化。

（三）在磨砺意志品质中促进

磨砺意志品质是指通过磨炼学生坚强意志品质，激励学生砥砺奋进，培养学生为实现理想信念坚持不懈、矢志不渝的道德品质。意志与实践活动之间具有密不可分的联系。实践活动实现着意志目的，锤炼着意志品质，是意志产生与发展的源泉，是培养意志的重要途径。意志则是实践成功不可或缺的重要品质。所谓"有志者，事竟成"就是这个道理。习近平总书记在谈到伟大人物时说："伟大的人物之所以伟大，不仅因为这样的人物为人民、为民族、为人类建立了丰功伟绩，而且因为这样的人物在艰苦磨砺中铸就了坚强意志和高尚人

[①] 《华东交通大学：多维联动学党史，学习教育更鲜活》，http://jx.people.com.cn/GB/n2/2021/0927/c186330-34933777.html。

[②] 《祖国不会忘记——南昌工学院2021级新生开学第一课》，http://www.ncpu.edu.cn/xinwenzhongxin/xuexiaoxinwen/html.php?c-21045.html。

第二章　习近平新时代中国特色社会主义思想铸魂育人的理论概述

格。"① "千锤百炼仍坚强，任尔东南西北风。"意志与困难相伴相生，有困难才需要意志去克服，有障碍才需要意志去跨越。在克服困难、跨越障碍的过程中意志得到磨炼，知行达成合一。

朱运锋是江西工业贸易职业技术学院信息工程系软件技术专业的一名在校大学生，3 岁时因车祸右腿高位截肢，2016 年进入江西省残疾人文体中心田径队，2017 年入选中国残疾人越野滑雪和冬季两项国家集训队，在 2021 年第十一届残运会上，获得冬季两项长距离 12.5 千米铜牌。2022 年代表国家队参加冬残奥会比赛。在校期间，朱运锋表现优异，乐于助人、团结同学，成为一名入党积极分子。朱运锋虽然身体残疾，但依然没有放弃自己的梦想，在校园各项活动中都能看到他积极参与的身影。作为一名残疾人运动员，他经常需要往返江西省残联中心和学院进行训练，由于没有公交直达，需要转乘，这条路对于他来说是漫长的，特别是在下雨的时候，这段路程显得异常艰难。但他说："困难是需要克服的，在训练过程中，我也会遇到各种各样的挑战，我用一只脚在运动场跳跃，需要比常人花更多的体力才能完成动作。不畏困难，挑战自己，才能锻造更坚定的毅力。"在备赛期间，经常能在田径场上看到他的身影，反复练习，只为做到"完美"。此次代表中国体育代表团出征北京 2022 年冬残奥会，朱运锋在采访中说道："现在基本上就是在不停地把量降下来，把强度顶上去，向着比赛的模式去进行训练，经过这段时间的训练磨合，和枪械和器械的磨合，我的射击慢慢稳定下来了，期待自己能有更好的状态、更好的发挥，可以站在最高的领奖台上，为祖国争光，为江西争光！"② 他的故事感染了很多人，也激励了很多人。

用习近平新时代中国特色社会主义思想铸魂育人，要塑造"有意

---

① 习近平：《在纪念孙中山先生诞辰 150 周年大会上的讲话》，人民出版社 2016 年版，第 9 页。
② 《江西工贸职院学生朱运锋代表国家队出征北京 2022 年冬残奥会》，江西思政微信公众号，2022 年 2 月 24 日。

志"的时代新人。当代大学生肩负着中华民族伟大复兴的时代重任，而"中华民族伟大复兴，绝不是轻轻松松、敲锣打鼓就能实现的"①，需要一代又一代中国人付出艰辛的努力。大学生要赓续艰苦奋斗精神，在日常学习生活和社会实践中磨砺自己坚强的意志，用奋斗的青春奉献社会，服务人民。正如习近平总书记所言："艰难困苦，玉汝于成，没有艰辛就不是真正的奋斗，我们要勇于在艰苦奋斗中净化灵魂、磨砺意志、坚定信念。"②

三 促进学生由自发向自觉转化

自发与自觉是人们认识活动的两个层次。自发是"人们缺乏对事物规律性认识时的活动，盲目地为客观必然过程所支配，往往不能科学地预见其行动的后果"。自觉是"人们正确认识并掌握一定客观规律时的有计划的、有远大目的的活动"。③ 人们认识活动由自发向自觉的转化，标志着人们对事物的认识经过由现象到本质、由感性到理性的发展阶段后，对客观规律的认识逐步加深，它是人的意识活动和主观能动性的显著体现。用习近平新时代中国特色社会主义思想铸魂育人，要推动学生将学思践悟成果实现由自发向自觉的转化，使习近平新时代中国特色社会主义思想真正"入脑入心"，成为行动的根本遵循。

（一）在深刻认识和把握"三大规律"中促进

自觉活动的基础是基于对规律的认识和把握。因此，要实现学生学思践悟成果由自发向自觉转化，首先要引导学生深刻认识和把握习近平新时代中国特色社会主义思想所蕴含的共产党执政规律、社会主

---

① 习近平：《决胜全面建成小康社会 夺取新时代中国特色社会主义伟大胜利——在中国共产党第十九次全国代表大会上的报告》，人民出版社2017年版，第15页。

② 中共中央党史和文献研究院、中央"不忘初心、牢记使命"主题教育领导小组办公室：《习近平关于"不忘初心、牢记使命"论述摘编》，党建读物出版社、中央文献出版社2019年版，第241页。

③ 《辞海》，上海辞书出版社2000年版，第2281—2282页。

第二章 习近平新时代中国特色社会主义思想铸魂育人的理论概述

义建设规律和人类社会发展规律。党的十八大以来，以习近平同志为核心的党中央着眼于"百年未有之大变局"和"中华民族伟大复兴的大局"，立足于中国特色社会主义进入新时代，创造性地提出了"五大发展理念""以人民为中心"思想、"人类命运共同体"思想、"五位一体"总体布局、"四个全面"战略布局等一系列治国理政新理念习近平新时代中国特色社会主义思想新战略，不断深化了对"三大规律"的认识，中国特色社会主义事业取得了创新性发展。马克思主义是认知和把握规律的思想武器，为此，习近平总书记多次强调思政课教师要引导学生理性认同马克思主义理论，正确认识中国共产党执政规律、社会主义建设规律和人类社会发展规律。

1. 引导学生认识和把握中国共产党执政规律，坚定学生听党话、跟党走的信心和决心，树立坚持党的领导的自信和自觉

习近平新时代中国特色社会主义思想以创新的精神深化了对我们党执政规律的认识，如创造性地提出中国共产党的领导既是中国特色社会主义最本质的特征，也是中国特色社会主义制度最大的优势；提出坚持和加强党的全面领导，增强"四个意识"，坚持"四个自信"，做到"两个维护"；提出勇于自我革命是中国共产党最鲜明的品格，也是我们党最大的优势；提出全面从严治党思想、提出"不忘初心、牢记使命""以人民为中心"思想等。用习近平新时代中国特色社会主义思想铸魂育人，要引导学生认识和把握新形势下中国共产党执政规律，使他们发自内心地拥护中国共产党，并践行"听党话、跟党走"的信心和信念。

2. 引导学生认识和把握社会主义建设规律，坚定中国特色社会主义道路自信、理论自信、制度自信和文化自信，树立实现中国特色社会主义共同理想的思想自觉和行动自觉

习近平新时代中国特色社会主义思想以全新的视野深化了对社会主义建设规律的认识，如提出要始终坚持以人民为中心的价值立场，把人民对美好生活的向往作为党的奋斗目标，深化了对社会主义价值

目标的认识；提出统筹推进"五位一体"总体布局和协调推进"四个全面"战略布局，深化了对社会主义发展战略的认识；提出中国特色社会主义进入新时代，当前社会主要矛盾已经转化为人民日益增长的美好生活需要与不平衡不充分发展之间的矛盾，深化了对社会主义发展方位的认识；提出科学把握新发展阶段、深入贯彻新发展理念、加快构建新发展格局，深化了对社会主义发展路径的认识等。用习近平新时代中国特色社会主义思想铸魂育人，要引导学生认识和把握新形势下社会主义建设规律，使他们对社会主义的认识由感性上升到理性，并为实现中国特色社会主义共同理想而矢志奋斗。

3. 引导学生认识和把握人类社会发展规律，坚定共产主义信仰，树立实现共产主义远大理想的思想自觉和行动自觉

在 2016 年全国高校思想政治工作会议上，习近平总书记指出："要教育引导学生正确认识世界和中国发展大势，从我们党探索中国特色社会主义历史发展和伟大实践中，认识和把握人类社会发展的历史必然性，认识和把握中国特色社会主义的历史必然性，不断树立为共产主义远大理想和中国特色社会主义共同理想而奋斗的信念和信心。"[①] 习近平新时代中国特色社会主义思想以宽广的眼光深化了对人类社会发展规律的认识。如提出当今世界正处于"百年未有之大变局"的重要论断，倡导共商共建共享的全球治理观，倡导和平、发展、公平、正义、民主、自由的人类社会共同价值，提出建立相互尊重、公平正义、合作共赢的新型国际关系，倡导共建人类命运共同体等。用习近平新时代中国特色社会主义思想铸魂育人，要引导学生认识和把握新形势下人类社会发展规律，培养学生宽广的世界眼光、博大的天下情怀和强烈的使命担当，坚守马克思主义信仰，为建设更加美好的世界而努力。

[①] 《习近平谈治国理政》第 2 卷，外文出版社 2017 年版，第 377—378 页。

第二章　习近平新时代中国特色社会主义思想铸魂育人的理论概述

（二）在引导学生"主动参与"中促进

只有触动社会大众的思想灵魂，才能调动他们的主动性和参与性，才能激起自我建构内心精神世界的需求，引导他们进行自我反省、自我评价和自我审视，引导他们产生主动接受教育的意愿，改变原有的思想和行为习惯[①]。习近平总书记在全国思想政治理论课教师座谈会上指出，推动思政课改革创新，要做到"八个相统一"，其中第六条是"坚持主导性和主体性相统一"。他指出："思政课教学离不开教师的主导，同时要坚持以学生为中心，加大对学生的认知规律和接受特点的研究，发挥学生主体性作用。"[②] 用习近平新时代中国特色社会主义思想铸魂育人，只有充分发挥学生的主体性作用，调动学生的主动性，使学生产生内在理论需求，才能在"主动参与"中实现由自发向自觉的转化。

在思政课课堂教学方面，要以问题为中心，通过小组研讨、情景体验、课堂实验、课堂辩论等多种形式，引导学生主动参与到课堂中来，在学生对问题有了深入思考的基础上，教师再进行引导和总结，这样能达到事半功倍的教育效果。以《思想道德与法治》绪论为例，在绪论的讲授中，可以设计"世界、中国与青年""30 年后的中国与 30 年后的我""道德与法律"等相关问题，让学生分组讨论。学生在讨论中，经过自己的思考和组员间思想的碰撞，对问题就有了比较深入的认识。通过小组代表发言，教师进行点评，掌握学生思想特点和思想动态，有针对性地开展思想政治教育，这样，既可以做到有的放矢，增强教育的针对性和有效性，又可以做到全员覆盖，使每个学生都参与到课堂讨论中来，增强了教育的生动性与亲和力。

课题组通过调研，发现江西省近年来积极推动思政课教学改革，

---

① 谷佳媚、周静：《习近平新时代中国特色社会主义思想铸魂育人的逻辑分析》，《思想教育研究》2019 年第 11 期。

② 习近平：《思政课是落实立德树人根本任务的关键课程》，人民出版社 2020 年版，第 21 页。

取得了显著成效。学生积极主动学习党的创新理论的自觉性明显提高。江西省高校积极开展专题教学、情景教学、模块教学、案例式教学法、翻转课堂、探究式教学、新技术新媒体平台教学等多种教学方法创新，提高学生的抬头率、点头率。如赣南师范大学在教学内容上，构建"四点筛选式"教学模式。第一，选择教学重点；第二，选择理论难点；第三，选择社会热点；第四，选择思想疑点。通过"四点筛选式"教学模式的构建，大大增强了推进党的创新理论"三进"工作教育教学的针对性和有效性，进一步提高了教学质量。此外，在推进党的创新理论"三进"工作的过程中，还渗透中国传统文化教育，苏区精神教育和"精气神"文化教育。在教学方式上，构建"六段式"教学模式。在推进党的创新理论"三进"工作的教育教学过程中，着重抓好"六个环节"，即设疑、自学、一般性讲授、讨论或提问、分析性讲授、课堂总结。教学过程中的这六个环节，环环相扣，循序渐进，逐步深入。调查结果显示，绝大多数学生对党的创新理论有一定的了解，对党的创新理论进课堂持有积极观点，认为学习了党的创新理论使得自己有了较高的理论水平和政策水平。绝大多数学生对党的创新理论课堂教学效果持肯定意见，认为课堂教学效果差的仅占样本总数的3.15%。只有2.14%的学生觉得自己没有收获，3.03%的学生认为学习党的创新理论对自己的未来发展不会有较大帮助，绝大多数学生认为自己有获得感，认为对自己的未来发展有帮助。

在思政课实践教学方面，要将思政小课堂与社会大课堂紧密结合，使学生通过实地考察和调研，在实践中感悟习近平新时代中国特色社会主义思想，促进学生思想和行动由自发向自觉转化。以南昌航空大学思政课实践教学为例。学校建立了具有江西区位优势和学校特色的系列化的教学基地，积极运用红色文化资源开展实践课教学，与小平小道、耀邦陵园、新四军军部旧址陈列馆、八一起义纪念馆等场馆共建红色文化教育基地，并利用思政课组织千余名学生参观；利用

第二章 习近平新时代中国特色社会主义思想铸魂育人的理论概述

思政课暑期调研，分别组织学生赴延安、遵义学习参观。开展主题式实践教学，每学期围绕一个主题，如"庆祝中国人民解放军建军90周年""学习十九大精神""纪念马克思诞辰200周年暨《共产党宣言》发表170周年""改革开放四十周年""五四运动一百周年"等开展实践教学活动。

为了引导学生在主动参与中有收获，江西高校非常注重思政课教学创新，探索通过"请进来""走出去""讲出来"的形式，发挥思政小课堂与社会大课堂协同育人的作用。"请进来"即是邀请社会优秀人物、模范代表、博物馆纪念馆工作人员等走进思政课堂，为同学们倾情讲授发生在他们身上和身边的感人故事，如邀请抗疫一线工作人员、脱贫一线的驻村干部和第一书记、全国道德模范、革命后代等，他们的故事真实而感人，是习近平新时代中国特色社会主义思想的生动体现。通过这些优秀一线人员的生动讲述以及与他们的面对面交流，学生灵魂受到触动，深受感染和鼓舞；"走出去"就是思政课教师带队，组织学生外出调研、参观，通过"行走的一线课堂"，使学生对习近平新时代中国特色社会主义思想有了更为深刻的认识，激发他们在学思践悟中由自发向自觉转化。同学们在脱贫村庄里感悟伟大脱贫攻坚精神，在青山绿水间对习近平生态文明思想有了更深感悟，在井冈山、瑞金等革命老区接受革命精神洗礼，在现代企业车间对创新精神有了更加直接的认识。"讲出来"就是师生将一线调研收获带回课堂，在课堂上与同学分享。"讲出来"的主体既可以是教师，也可以是学生，通过师生"同开发""同讲述""同实践"，达到课堂育人、文化育人、科研育人、实践育人的铸魂育人目标，形成闭环，提升人才培养质量。

教育是触及灵魂的事业。用习近平新时代中国特色社会主义思想铸魂育人，必须以学生为中心，以触动学生灵魂为目标，让学生从灵魂深处真正认同习近平新时代中国特色社会主义思想，并自觉自愿在实际学习和生活中践行之，这样才能达到铸魂育人、立德树人的教育目标。

第五节　铸魂育人的方法论

用习近平新时代中国特色社会主义思想铸魂育人，包括两方面的内容，一是用何铸魂育人，二是如何铸魂育人。前者解决铸魂育人的内涵问题，后者解决铸魂育人的方法问题。两方面内容相辅相成、相得益彰，共同构成铸魂育人的内容体系。"如何铸魂育人"这一学术话题是从方法论层面揭示铸魂育人的内涵。关于如何铸魂育人，习近平总书记在论及教育、高校思想政治以及青年工作时有明确指向，提出了丰富的"合力论"思想、"结合论"思想和"协同论"思想。这些思想不仅是对马克思主义"合力论""结合论""协同论"的继承，同时又结合新的时代条件和高校发展需求，进行了理论的创新，为我们在实践中探索"如何铸魂育人"提供了方法论指导，具有重要理论和实践意义。

一　合力论

恩格斯1890年在致约·布洛赫的信中，提出了"合力"概念。他指出："有无数互相交错的力量，有无数个力的平行四边形，由此就产生出一个合力，即历史结果。""每个意志都对合力有所贡献，因而是包括在这个合力里面的。"[1] 他指出影响历史的因素除了经济因素外，还有政治、文化、法律、道德、宗教乃至个人意志等因素。这些因素的合力作用决定了历史发展和走向。恩格斯的历史合力理论告诉我们，要注重发挥系统中各个要素的作用，并且通过要素间协同，发挥出系统的整体合力。这一整体合力是一种新质的力量，是单个要素力量所无法达到的。习近平总书记在如何铸魂育人方法论层面，继承和发展了马克思主义合力论思想，主要体现在"三全育人"理念上。

---

[1]《马克思恩格斯文集》第10卷，人民出版社2009年版，第592页。

第二章　习近平新时代中国特色社会主义思想铸魂育人的理论概述

"三全育人"理念最早由胡锦涛同志2005年在全国加强和改进大学生思想政治教育工作会议上提出。他在讲话中强调："各高校要切实担负起加强和改进思想政治教育工作的责任，建立健全党委统一领导、党政群齐抓共管、全体教职员工全员育人、全方位育人、全过程育人的工作机制。"[①] 习近平总书记结合新时代对高校思想政治工作的新要求，对"三全育人"理念进行了新的阐释。新时代"全方位育人"在以下三个方面有所创新：一是强调劳动教育，注重发挥劳动的育人功能，将劳动教育与德育、智育、体育、美育并举，共同发挥育人功能，形成育人合力。2020年7月，教育部在印发的《大中小学劳动教育指导纲要（试行）》中充分肯定了劳动教育的地位和重要意义，指出："劳动教育是新时代党对教育的新要求，是中国特色社会主义教育制度的重要内容，是全面发展教育体系的重要组成部分。"[②] 二是强调大中小学思政课一体化建设。用习近平新时代中国特色社会主义思想这条主线贯穿大中小学思政课，推进一体化建设，形成"循序渐进、螺旋式上升"的思政课课程体系。三是强调网上与网下相结合，发挥育人合力。习近平总书记强调网上与网下要同频共振，为同一个目标服务。"为了实现我们的目标，网上网下要形成同心圆。什么是同心圆？就是在党的领导下，动员全国各族人民，调动各方面积极性，共同为实现中华民族伟大复兴的中国梦而奋斗。"[③]

二　结合论

习近平总书记关于如何铸魂育人的重要论述中蕴含了丰富的"结合论"思想。马克思主义认为，世界上的万事万物都处于普遍联系之中，普遍联系引起事物的运动发展。同时，马克思主义理论运用对立

[①] 中共中央文献研究室编：《十六大以来重要文献选编》（中），中央文献出版社2006年版，第645页。
[②] 《教育部关于印发〈大中小学劳动教育实施纲要（试行）〉的通知》，教材〔2020〕4号。
[③] 《习近平谈治国理政》第2卷，外文出版社2017年版，第335页。

统一规律揭示了事物普遍联系的根本内容和永恒发展的内在动力,指出矛盾分析方法是人们认识和改造世界的根本方法。"结合论"思想就是从事物的联系发展中探寻规律,运用矛盾分析方法揭示规律。在如何铸魂育人的问题上,习近平总书记提出了新时代思想政治教育要注重理论与实践相结合、思政课改革创新要坚持"八个相统一"、新时代高校教师要做到"四个相统一"等,这都体现了"结合论"思想。

（一）理论与实践相结合

理论与实践相结合,是马克思主义的鲜活特质,也是我们党的优良作风。中国共产党成立100年来,坚持将马克思主义基本原理与中国具体实际相结合,形成了毛泽东思想、邓小平理论、"三个代表"重要思想、科学发展观、习近平新时代中国特色社会主义思想等马克思主义中国化理论成果,这些理论成果本身就是理论与实践相结合的光辉典范。正如习近平总书记在庆祝中国共产党成立100周年大会上所指出："马克思主义是我们立党立国的根本指导思想,是我们党的灵魂和旗帜。中国共产党坚持马克思主义基本原理,坚持实事求是,从中国实际出发,洞察时代大势,把握历史主动,进行艰辛探索,不断推进马克思主义中国化时代化,指导中国人民不断推进伟大社会革命。"[①] 高校坚持用习近平新时代中国特色社会主义思想铸魂育人,也要将理论与实践有机结合,既用科学理论武装学生,也要注重发挥实践育人功能。

1. 善用"大思政课"

2021年3月6日,习近平总书记在看望参加全国政协会议的医药卫生界教育界委员时,强调："思政课不仅应该在课堂上讲,也应该在社会生活中来讲。""'大思政课'我们要善用之,一定要跟现实结

[①] 习近平:《在庆祝中国共产党成立100周年大会上的讲话》,人民出版社2021年版,第12—13页。

第二章　习近平新时代中国特色社会主义思想铸魂育人的理论概述

合起来。上思政课不能拿着文件宣读，没有生命、干巴巴的。""我们抗疫斗争再次说明一个道理，在举国体制下，一方有难八方支援，能够集中力量办大事。"[①] 中国特色社会主义的生动实践为思政课提供了鲜活生动的案例和素材。以我国抗疫实践为例。充分挖掘我国抗疫实践中的思政素材和育人元素，宣传在以习近平同志为核心的党中央坚强领导下，全国上下齐心协力抗击疫情的重大举措、感人事迹、生动故事，可以引导青年学生深刻理解习近平新时代中国特色社会主义思想，深入了解疫情防控阻击战中充分体现出来的党的集中统一领导、坚持全国一盘棋、高效的社会动员、应急举措坚决果断等中国特色社会主义制度优势；深刻感悟抗疫中体现的共产党员冲锋在前、医务人员日夜奋战、科研人员全力攻关、普通劳动者坚守岗位，全国人民互相支援、齐心抗疫的中国速度、中国力量、中国精神，从而深化学生爱国主义情感，增强中国特色社会主义道路自信、理论自信、制度自信和文化自信。

马克思主义认为，实践是检验真理的唯一标准。事实胜于雄辩。中国特色社会主义取得的伟大成就，以无可辩驳的事实证明了中国特色社会主义道路是中国人民选择的正确的道路。用习近平新时代中国特色社会主义思想铸魂育人，要用理论和实践相结合的方式讲好新时代的中国故事，阐明我国社会主义事业取得成功的"制度密码"和文化基因，以此讲透"中国特色社会主义为什么好，中国共产党为什么能，马克思主义为什么行"。

2. 思政小课堂与社会大课堂相结合

习近平总书记在学校思想政治理论课教师座谈会上指出："把思政小课堂同社会大课堂结合起来，在理论和实践的结合中，教育引导学生把人生抱负落实到脚踏实地的实际行动中来，把学习奋斗的具体

---

① 《""大思政课"我们要善用之"》，《人民日报》2021年3月7日第1版。

目标同民族复兴的伟大目标结合起来，立鸿鹄志，做奋斗者"[1]。思政小课堂与社会大课堂相结合，是坚持思政课理论性与实践性相统一原则的现实要求，也是学校思政课"善用'大思政课'"的具体体现。思政小课堂与社会大课堂相结合，是我们党筑牢学校思想政治教育阵地的光荣传统。毛泽东在1957年普通教育工作座谈会上强调："政治课要联系实际，生动有趣，不要教条式的……课本要两三年修改一次，使之不脱离实际。"[2] 邓小平在谈到青年的教育问题时，也指出："最终说服不相信社会主义的人要靠我们的发展。如果我们本世纪内达到了小康水平，那就可以使他们清醒一点；到下世纪中叶我们建成中等发达水平的社会主义国家时，就会大进一步地说服他们"[3]。他还谈道："这些年总的发展不错，国家情况好，人民生活逐步提高。学生们放假回家，可以看到自己家里生活确实发生了变化，父母也要给他们上课。"[4] 改革开放的巨大成就是最生动的思政课教材。邓小平的讲话实际上也是强调教育要与实际相结合，通过联系实际来说理，用实践效果来说服人。

　　思政小课堂与社会大课堂相结合，是新时代思政课高质量发展的迫切需要，也是应对新时代的风险挑战、增强教学实效、促进学生成长成才的必然要求。需统筹校内校外各领域各资源各力量、着眼于"三全育人"和"十大育人体系"一体化构建，着力打通协同育人存在的盲区、断点，破解两个课堂"联系不紧""结合不深"困境，解决"主体不突出""资源分散化""内容碎片化""孤岛现象"等问

---

[1] 习近平：《思政课是落实立德树人根本任务的关键课程》，人民出版社2020年版，第20—21页。

[2] 中华人民共和国教育部、中共中央文献研究室编：《毛泽东邓小平江泽民论教育》，中央文献出版社、人民教育出版社、北京师范大学出版社2002年版，第69页。

[3] 中华人民共和国教育部、中共中央文献研究室编：《毛泽东邓小平江泽民论教育》，中央文献出版社、人民教育出版社、北京师范大学出版社2002年版，第185—186页。

[4] 中华人民共和国教育部、中共中央文献研究室编：《毛泽东邓小平江泽民论教育》，中央文献出版社、人民教育出版社、北京师范大学出版社2002年版，第186页。

第二章 习近平新时代中国特色社会主义思想铸魂育人的理论概述

题,实现协同育人的整体向前推进。

(二)思政课"八个相统一"要求

习近平总书记在学校思想政治理论课教师座谈会上,提出要推动思政课改革创新,要不断增强思政课的思想性、理论性与亲和力、针对性。为此,他提出了思政课改革创新要做到"八个相统一",即坚持政治性和学理性相统一、坚持价值性和知识性相统一、坚持建设性和批判性相统一、坚持理论性和实践性相统一、坚持统一性和多样性相统一、坚持主导性和主体性相统一、坚持灌输性和启发性相统一、坚持显性教育和隐性教育相统一,为不断增强思想性、理论性、亲和力与针对性提供了方法遵循。

作为新时代思政课改革创新的基本遵循,每一个"相统一"都反映了思政课教学过程中矛盾对立的两方面,但是它们又统一于思政课教育教学实践之中。这生动体现了习近平总书记注重从事物发展的对立统一规律中思考问题的方法论思想,是"如何铸魂育人""结合论"思想在思政课改革创新领域的具体运用。在思政课教育教学中,我们要注意把每一个"相统一"两个方面都有机结合起来,不能顾此失彼,只看到一方面,而忽视另一方面,要用全面的观点去看问题。不仅如此,还应看到这"八个相统一"之间是相互联系、相互渗透的关系,形成了一个有机整体。如果说,每一个"相统一"是微观视角的"小结合"的话,那么,"八个相统一"整合为一个系统,就是宏观视角的"大结合"。

(三)高校教师"四个相统一"要求

习近平总书记在2016年12月全国高校思想政治工作会议上,指出:"教师是人类灵魂的工程师,承担着神圣使命。传道者自己首先要明道、信道。高校教师要坚持教育者先受教育,努力成为先进思想文化的传播者、党执政的坚定支持者,更好担起学生健康成长指导者和引路人的责任。要加强师德师风建设,坚持教书和育人相统一,坚持言传和身教相统一,坚持潜心问道和关注社会相统一,坚持学术自由和学术规范相统一,引导广大教师以德立身、以德立学、以德施教。"①"四个相统一"要求,是新时代高校教师必须遵循和坚守的行为规范和基本准则,也是完成铸魂育人、立德树人时代重任的基本素质和基本能力。坚持教书和育人相统一,不仅是思政课教师,其他专业课教师也承担着育人职能和使命,教师在传授知识的同时,要注重知识的政治性和价值性。坚持言传和身教相统一,教师不仅在课堂上传授知识,在日常的行为中也要做学生的榜样,做到言行一致,率先垂范。坚持潜心问道和关注社会相统一,教师要将学术研究与社会发展需要相结合,走出书斋,走向社会,"把论文写在祖国的大地上"②。坚持学术自由和学术规范相统一,教师在探寻学术真理、追求学术自由的过程中要遵守学术道德规范,恪守法律底线。

从以上分析可以看出,"四个相统一"要求是从教师教学、科研、日常生活等多方面对教师提出的综合素质要求,是对教师育人规律的深刻洞察。习近平总书记运用矛盾对立统一的方法论思想,从结合论的视角,指出每一个"相统一"的两个方面是可以并行不悖的,教学过程中教书与育人的矛盾、科研过程中潜心问道和关注社会的矛盾、学术自由和学术规范的矛盾,日常生活中言传与身教的矛盾,这些相互对立的两方面是统一于教师教学科研和日常生活之中的,教师们要从辩证的角度去看待这些矛盾,从结合的视角去化解矛盾。

三 协同论

党的十八大以来,习近平总书记在多个场合都表达了学校思想政治工作要有协同思维,注重协同育人的思想。协同不仅是铸魂育人的内在要求,也是铸魂育人的现实需要,更是铸魂育人的提效路径。高校坚持用习近平新时代中国特色社会主义思想铸魂育人,必须树立协

---

① 《习近平谈治国理政》第 2 卷,外文出版社 2017 年版,第 379 页。
② 《习近平谈治国理政》第 2 卷,外文出版社 2017 年版,第 270 页。

第二章 习近平新时代中国特色社会主义思想铸魂育人的理论概述

同理念，运用协同思维，统筹各方面的资源和力量，形成协同效应，发挥育人合力。

（一）思政课程与课程思政协同育人

思政课程与课程思政在育人目标指向上的一致性、育人场域的交叉性、育人过程的渗透性使二者协同育人不仅得以必要并且具有可能。2016年，习近平总书记在全国高校思想政治工作会议上指出："思想政治理论课要坚持在改进中加强，提升思想政治教育亲和力和针对性，满足学生成长发展需求和期待，其他各门课都要守好一段渠，种好责任田，使各类课程与思想政治理论课同向同行，形成协同效应。"[①] 在铸魂育人的过程中，不仅要发挥思政课作为"落实立德树人根本任务的关键课程"的重要作用，还要发挥专业课课程育人的作用，使专业课与思政课相互配合，协同发力，共同发挥育人作用。关于思政课程与课程思政如何协同育人，主要有以下三点。

1. 资源协同

一方面，思政课程要充分结合受教育者的学科背景，将相关专业课程的优质资源吸纳到教学内容之中，以此激发受教育者的兴趣和共鸣，增强思政课的亲和力与针对性。习近平总书记在学校思想政治理论课教师座谈会上指出，思想政治理论课改革创新要做到"八个相统一"，其中包括"要坚持显性教育和隐性教育相统一"，"挖掘其他课程和教学方式中蕴含的思想政治教育资源，实现全员全程全方位育人"。[②] 一方面，在思政课讲授中，可以结合学生专业背景，通过引入专业课案例、介绍专业英才先进事迹、行业取得的成就等，增进学生对中国特色社会主义事业的认同，引导学生坚定"四个自信"，树立正确的世界观、人生观和价值观。另一方面，课程思政也要主动吸纳思政课的优质资源，将"育才"和"育人"相统一，将"价值塑造、

[①] 《习近平谈治国理政》第2卷，外文出版社2017年版，第378页。
[②] 习近平：《思政课是落实立德树人根本任务的关键课程》，人民出版社2020年版，第23页。

知识传授和能力培养三者融为一体"①，与思政课同向同行，共同承担立德树人、铸魂育人的使命。在教育部2020年5月发布的《高等学校课程思政建设指导纲要》中，明确指出专业课程"要切实把教育教学作为最基础最根本的工作，深入挖掘各类课程和教学方式中蕴含的思想政治教育资源，让学生通过学习，掌握事物发展规律，通晓天下道理，丰富学识，增长见识，塑造品格，努力成为德智体美劳全面发展的社会主义建设者和接班人"。②在专业课教学中，通过讲授专业理论发展、学科建设历程与行业发展成就，引导学生透过行业发展认识国家发展，了解世情国情党情民情，增强政治认同，厚植爱国情怀，提高思想道德和法治素养。

2. 队伍协同

习近平总书记在学校思想政治理论课教师座谈会上指出："学校思想政治工作不是单纯一条线的工作，而应该是全方位的。要完善课程体系，解决好各类课程和思政课相互配合的问题，鼓励教学名师到思政课堂上讲课，解决好推动其他教职员工和思政课教师相辅相成的问题，推动思想政治工作贯通人才培养体系，发挥融入式、嵌入式、渗入式的立德树人协同效应"③。立德树人、铸魂育人是高校教师的神圣使命。从"全员育人"理念出发，各门课教师不仅要"守好一段渠，种好责任田"，还要与思政课教师一道，破除思政课教师单打独斗"孤岛效应"，共同承担育人使命。

加强师德建设，强化育人意识。教师师德建设是队伍协同的前提和基础。"传道者自己首先要明道、信道。"④党的十八大以来，党中央高度重视高校教师师德建设工作，从"四有好老师""四个相统

---

① 《教育部关于印发〈高等学校课程思政建设指导纲要〉的通知》，教高〔2020〕3号。
② 《教育部关于印发〈高等学校课程思政建设指导纲要〉的通知》，教高〔2020〕3号。
③ 习近平：《思政课是落实立德树人根本任务的关键课程》，人民出版社2020年版，第27—28页。
④ 《习近平谈治国理政》第2卷，外文出版社2017年版，第379页。

一"到思政课教师"六个要",明确提出了新时代师德建设标准和要求。2014年教师节,习近平总书记提出高校教师要做有理想信念、有道德情操、有扎实学识、有仁爱之心的"四有好老师"[①];2016年全国高校思想政治工作会议上,习近平总书记指出,高校教师要做到"四个相统一",即"坚持教书和育人相统一、坚持言传和身教相统一、坚持潜心问道和关注社会相统一、坚持学术自由和学术规范相统一"[②];2019年学校思想政治理论课教师座谈会上,习近平总书记提出了思政课教师要做到"六个要",即"政治要强、情怀要深、思维要新、视野要广、自律要严、人格要正"[③]。教育部也先后出台《新时代高校教师职业行为十项准则》《关于加强和改进新时代师德师风建设的意见》等系列文件,对高校教师师德建设提出了具体要求。思政课教师和专业课教师要对照标准,加强道德修养,"以德修身、以德立学、以德施教",率先垂范,做学生学习的榜样。

促进思政课教师与专业课教师的交流与合作。思政课是开展思想政治教育的主渠道,但是仅仅有主渠道是远远不够的,还需有干渠和支渠。课程思政就是其中的一条支渠。众多门课程思政与思政课程汇聚在一起,协同发力,就能凝聚起育人的强大力量。因此,需加强思政课教师与课程思政教师间的交流与合作,将渠道打通,形成协同效应。要克服思政课程"单打独斗"的"孤岛效应",解决思政课程与课程思政"各自为战"的"两张皮"现象,必须搭建平台,促进教师交流,打造教学科研育人共同体,构建全员育人的大思政格局。如思政课教师与专业课教师可以以结对子的形式,通过开展集体备课、互相听课、同上一堂思政课或专业课等,取长补短,实现优势互补。

3. 机制协同

思政课程与课程思政协同育人,需要加强顶层设计,统筹各资源

---

① 习近平:《在北京大学师生座谈会上的讲话》,人民出版社2018年版,第8页。
② 《习近平谈治国理政》第2卷,外文出版社2017年版,第379页。
③ 习近平:《思政课是落实立德树人根本任务的关键课程》,人民出版社2020年版。

各主体各力量，方能促进各因素良性互动，形成协同效应。构建协同工作机制。习近平总书记在学校思想政治理论课教师座谈会上指出："要建立党委统一领导、党政齐抓共管、有关部门各负其责、全社会协同配合的工作格局"①，强调思政课的建设需要发挥社会合力，需要多方协同。在教育部2020年5月印发的《高等学校课程思政建设指导纲要》中，也明确提出："各高校要建立党委统一领导、党政齐抓共管、教务部门牵头抓总、相关部门联动、院系落实推进、自身特色鲜明的课程思政建设工作格局。"② 因此，高校应构建思政课程与课程思政的协同育人工作机制，使各科教师、各部门都参与到育人工作中来，形成协同育人共同体，共同为铸魂育人服务。构建科学化考核评价机制。根据中共中央、国务院2020年发布的《深化新时代教育评价改革总体方案》精神，思政课程与课程思政协同育人的考核评价要坚持育人目标导向，以立德树人、铸魂育人成效作为考核评价的根本标准。"坚持科学有效、改进结果评价、强化过程评价、探索增值评价、健全综合评价，充分利用信息技术，提高教育评价的科学性、专业性、客观性。"③ 针对不同主体、不同类型课程特点，积极探索分类评价，使评价指标和体系更科学、更具指导意义。

（二）建立协同配合的工作格局

习近平总书记在谈到加强党对思政课领导的问题时，指出："要建立党委统一领导、党政齐抓共管、有关部门各负其责、全社会协同配合的工作格局，推动形成全党全社会努力办好思政课、教师认真讲好思政课、学生积极学好思政课的良好氛围。"④ 同样，高校铸魂育人工作也需要统筹多元育人主体，协调多方育人力量，有效衔接育人过

---

① 习近平：《思政课是落实立德树人根本任务的关键课程》，人民出版社2020年版，第24页。
② 《教育部关于印发〈高等学校课程思政建设指导纲要〉的通知》，教高〔2020〕3号。
③ 《深化新时代教育评价改革总体方案》，人民出版社2020年版，第2—3页。
④ 习近平：《思政课是落实立德树人根本任务的关键课程》，人民出版社2020年版，第24页。

第二章　习近平新时代中国特色社会主义思想铸魂育人的理论概述

程，建立协同配合的工作格局。

1. 党委统一领导

加强党对思想政治工作的领导，既是我党的光荣传统，也是我党的政治优势，同时也是新时代思想政治工作发展的迫切需要。

注重思想政治工作是我党的光荣传统，也是我党的政治优势。长期以来，我们党一直用"生命线"来形象地比喻和概括思想政治工作在党的工作中的重要地位。新民主主义革命时期，我党提出政治工作是革命军队的生命线。1932年，在《中央给中区中央局及苏区闽赣两省委信》中，第一次正式使用"生命线"这一概念，指出"政治工作不是附带的，而是红军的生命线"[1]，强调政治工作对红军队伍建设具有决定意义。1938年，周恩来在《抗战军队的政治工作》中明确提出了"政治工作是一切革命军队的生命线与灵魂"[2]的重要论断。新中国成立后，我党把人民军队政治工作的优良传统，逐步推广应用到经济工作和其他工作中。1955年，毛泽东在为《中国农村的社会主义高潮》所写的按语中，明确提出"政治工作是一切经济工作的生命线"[3]的重要论断。党的十一届六中全会通过的《关于建国以来党的若干历史问题的决议》指出"思想政治工作是经济工作和其他一切工作的生命线"[4]，高度肯定了思想政治工作的价值与地位。党的十八大以来，以习近平同志为核心的党中央站在中华民族伟大复兴的全局和战略高度，针对新时代新形势下党和国家发展面临的新形势，围绕新时代思想政治工作面临的新形势新要求新任务，用"极端重要"来说明意识形态工作的重要性，指出"经济建设是党的中心工作，意识形态工作是党的一项极端重要的工作"[5]，还提出"思想政

---

[1] 中央档案馆：《中共中央文件选集》第八册，中共中央党校出版社1991年版，第310页。
[2] 《周恩来选集》上卷，人民出版社1980年版，第93页。
[3] 《毛泽东文集》第6卷，人民出版社1999年版，第449页。
[4] 《十一届三中全会以来重要文献选读》上，人民出版社1987年版，第337页。
[5] 中共中央文献研究室：《习近平关于全面深化改革论述摘编》，中央文献出版社2014年版，第86页。

治工作是学校各项工作的生命线,各级党委、各级教育主管部门、学校党组织都必须紧紧抓在手上"①。可以说,这是在新的历史条件下,对"生命线"论断的新发展。

高校历来是我们党意识形态工作的重要战场和阵地,也是我党开展思想政治工作的重要场合。"高校思想政治工作关系高校培养什么样的人、如何培养人以及为谁培养人这个根本问题。"② 因此,高校思想政治工作要加强党的领导,"牢牢掌握党对高校工作的领导权",确保学校发展的正确政治方向,保持马克思主义的鲜亮底色。关于高校如何加强党对思想政治工作的领导,习近平总书记也有具体阐述。一是要发挥高校党委统揽全局、协调四方的作用。要"承担管党治党、办学治校主体责任,把方向、管大局、作决策、保落实"。二是要发挥各级基层党组织的战斗堡垒作用。要"加强高校党的基层组织建设,创新体制机制,改进工作方式,提高党的基层组织做思想政治工作的能力"。三是要发挥党员教师和学生的先锋模范作用。党员教师和学生要时刻牢记自己是一名共产党员,做到"在党言党、在党忧党、在党为党"③。

2. 学校各院系、职能部门协同合作

在党委统一领导下,学校各院系、职能部门不仅要各尽其责,"守好一段渠",同时还要在铸魂育人、立德树人统一目标指引下,协同合作,发挥育人合力。2020年4月,教育部等八部门联合发布《关于加快构建高校思想政治工作体系的意见》,从顶层设计层面"把立德树人融入思想道德、文化知识、社会实践教育各环节,贯通学科体系、教学体系、教材体系、管理体系"④,并具体提出了要加快建设理

---

① 《习近平在全国教育大会上强调 坚持中国特色社会主义教育发展道路 培养德智体美劳全面发展的社会主义建设者和接班人》,《人民日报》2018年9月11日第1版。
② 《习近平谈治国理政》第2卷,外文出版社2017年版,第376页。
③ 中共中央党史和文献研究院:《十九大以来重要文献选编》(上),中央文献出版社2019年版,第797页。
④ 《教育部等八部门联合印发意见 加快构建高校思想政治工作体系》,《中国教育报》2020年5月14日第1版。

论武装体系、学科教学体系、日常教育体系、管理服务体系、安全稳定体系、队伍建设体系、评估督导体系七大体系,用制度和机制保障"三全育人""十大育人体系"落到实处。正如有学者指出,"要实现'三全育人'的目标,就需要高校上上下下、方方面面都能明晰所承担的任务和职责"。要"以分层、分类、分众为原则,对有关职责和要求进行梳理,完善相应的制度配套保障"。①"七大体系"目标任务的提出,使学校各院系、职能部门明晰了各自在思想政治工作体系中所承担的任务和职责,为高校加快建设思想政治工作体系指明了方向,提供了建设的路径和方法。加强高校院系、各职能部门的协同,要将立德树人贯穿七大体系之中,将七大体系整合为有机统一的整体和闭合循环的系统,发挥高校思想政治工作体系的整体效能和作用。

3. 全社会协同育人

铸魂育人是一项社会工程,需要发挥社会合力。习近平总书记在2018年全国教育大会上指出:"全社会要担负起青少年成长成才的责任。"② 党的十九届五中全会提出建设高质量教育体系,要求"健全学校家庭社会协同育人机制"③。落实立德树人根本任务,需要构建学校家庭社会协同育人体系。坚持"五育并举",培养德智体美劳全面发展的社会主义建设者和接班人,迫切需要学校家庭社会通力合作,使立德树人渗透到学生成长的全过程和育人的各环节。习近平总书记在参加2021年全国政协医药卫生界教育界联组讨论时指出:"家长们一方面都希望孩子身心健康,有个幸福的童年;另一方面唯恐孩子输在分数竞争的起跑线上。……这些问题属于社会性问题,需要社会各

---

① 沈壮海、李佳俊:《论新时代高校思想政治工作体系的构建》,《思想理论教育》2019年第12期。
② 《习近平在全国教育大会上强调 坚持中国特色社会主义教育发展道路 培养德智体美劳全面发展的社会主义建设者和接班人》,《人民日报》2018年9月11日第1版。
③ 《中共中央关于制定国民经济和社会发展第十四个五年规划和二〇三五年远景目标的建议》,《人民日报》2020年11月4日第1版。

方面、各有关部门共同努力，研究解决。"① 解决教育领域的一些棘手问题，如"重智育轻德育""重知识轻能力""重结果轻过程""重统一轻个性"等，迫切需要家庭教育的引导和社会教育的合作，形成学校家庭社会协同育人的教育大格局。

应对未来高等教育面临的新挑战，需要构建学校家庭社会协同育人体系。当今世界，信息科技革命正在引发世界格局的深刻调整，由此催生了大量的新产业、新业态和新模式，对高等教育的人才培养目标、人才培养模式等提出了新的挑战。如何实现线上教学和线下教学的深度融合，达到最佳的资源优化和育人效果？这些问题不是单靠教育界力量所能独立完成的，需要社会资本的参与，而且要求社会机构具有育人意识，承担育人责任。

习近平新时代中国特色社会主义思想包含了丰富的铸魂育人方法论，这些方法论为我们用习近平新时代中国特色社会主义思想铸魂育人提供了方法指导。此外，有的学者提出有效推进用习近平新时代中国特色社会主义思想铸魂育人："要坚持理论与实践的统一，将理论逻辑阐释和实践逻辑阐释相结合、理论育人和实践育人相结合，讲透理论，服务实践；要坚持思想与情怀的统一，既注重用真理的力量感召和培养学生，又注重用情怀的力量感染和化育学生，以思想促生情怀，以情怀涵养思想；要坚持深知与笃行的统一，以学深悟透促笃行，以奋楫笃行促深知；要坚持显性与隐性的统一，与时俱进改革创习近平新时代中国特色社会主义思想政治理论课，并挖掘其他课程和教育资源的隐性育人作用。"② 这些观点也为实践探索铸魂育人协同机制提供了有益的参考。

---

① 《"我们来共同关心这些教育问题"》，《人民日报》2021年3月7日第1版。
② 沈壮海、王芸婷：《用习近平新时代中国特色社会主义思想铸魂育人》，《思想理论教育》2020年第6期。

第三章　习近平新时代中国特色社会主义思想铸魂育人协同的关键要素及机理

习近平新时代中国特色社会主义思想铸魂育人是一种非线性相互作用的协同关系，这种协同体现为铸魂育人内部各要素之间的协同，根据"三全育人"理念，铸魂育人内部关键要素包括主体、场域、过程。其中，主体是核心，场域和过程是主体开展活动的保障和表现。这三个关键要素之间的相互作用的机理，体现了马克思主义合力论和现代系统学、协同学的三螺旋、自组织理论的协同机理。

第一节　铸魂育人协同的关键要素

坚持用习近平新时代中国特色社会主义思想铸魂育人，有其内在的理论和实践逻辑依据，其中也蕴含着发挥重要作用的关键因素。比如前面章节阐述到的"用什么铸魂育人""如何铸魂育人"，也包括"谁来铸魂育人"。2017年，中共中央、国务院印发了《关于加强和改进新形势下高校思想政治工作的意见》，提出应坚持全员全过程全方位育人。我们认为，铸魂育人协同应体现全员全过程全方位育人理念，全员是从育人主体的角度，全过程是从育人场域的角度，全方位是从育人过程的角度。铸魂育人与"三全"育人理念的目标与要求是一致的。因此，本节重点阐述高校坚持用习近平新时代中国特色社会主义思想铸魂育人的关键要素是主体、场域和过程，其中主体的侧重点在全员、场域的侧重点在全方位、过程的侧重点在全过程。

一 主体

铸魂育人是一定主体有计划有目的的育人实践活动。参与育人实践的主体既包括校领导等高层的决策者、学院院级领导等中层的推动者，还包括每一位基层教职工，他们都是育人的主体。高校凡是与学生管理学习生活发生联系的教师、行政管理人员、后勤服务人员等都是育人主体，教师是教书育人，行政管理人员是管理育人，后勤服务人员是服务育人，他们都在各自的岗位上发挥育人作用。高校铸魂育人，需要各育人主体相互协作，打破条块分割和孤岛效应，形成育人合力。

（一）育人主体的多元性

主体，是与客体相对应的哲学范畴，是指对客体有认识和实践能力的人。目前，学术界对育人主体有不同的划分，沈丽、夏晋从教育治理现代化视角，认为政府、学校、教师、学生、家长等都是构建现代教育管理格局的主体。[①] 王胡英、彭丽娟从整体视角出发，认为高校党委、学院和研究生教育主体（导师、辅导员、任课教师、研究生秘书）三个系统层级是构建研究生思想政治教育合力育人模式的主体。[②] 董秀娜等认为育人主体要达成协同育人的理念共识，育人主体不仅仅是高校，社会各界也是属于育人主体范畴。[③] 杨仲迎提出要打造全员育人格局，构建两个"四位一体"的思想政治教育队伍，一是构建校党委、二级党委、党支部书记、学生党员思想政治教育队伍，

[①] 沈丽、夏晋：《教育治理现代化视角下家校合作价值的实现》，《教学与管理》2021年第24期。

[②] 王胡英、彭丽娟：《研究生思想政治教育合力育人模式及其构建》，《杭州电子科技大学学报》（社会科学版）2021年第3期。

[③] 董秀娜、李洪波、杨道建：《"三全育人"理念下构建高校思想政治工作体系的三维路径》，《思想教育研究》2021年第1期。

第三章　习近平新时代中国特色社会主义思想铸魂育人协同的关键要素及机理

二是构建家庭、社会、学校、学生的思想政治教育队伍。[①] 赵爽等从宏观、中观、微观的角度，探讨了各层面育人主体的职责。[②] 学术界对育人主体的不同划分，意味着铸魂育人的主体协同，有两类思维，一类从大思政出发，将育人主体指向高校内外；另一类仅指向高校内部各育人主体。与此相对应，主体协同分为高校内部协同和外部协同两种协同形式。

我们认为，从高校内部纵向层级管理视角出发，铸魂育人协同机制的主体主要包括三大类：高校党政部门、院系（各职能部门）、各教育个体；如果从校内外横向网型结构视角出发，主体则包含了政府、家庭、社会、学校、学生等。育人主体也可从宏观—中观—微观维度划分，宏观层面主体强调的是要发挥政府主体作用，中观层面主体则是学校，微观主体则为院系、教育个体等。高校坚持用习近平新时代中国特色社会主义思想铸魂育人，需要高校各个部门及人员的参与，学校党委、组织部、宣传部、团委、学生处等党政管理部门构成了"大思政"育人工作的组织机构，是开展新时代高校育人工作的核心主体，属于第一层级。这些核心主体在大学生思想政治教育中担负着领导者、决策者、引导者等角色。[③] 院系（各职能部门）是铸魂育人协同机制的枢纽，是贯彻落实高校育人政策的中转站，属于第二层级。广大教师是育人工作的直接实施者，这一团体包括思政课教师、其他专业教师及辅导员等，属于第三层级。思政课教师、辅导员既是高校育人工作的主体，也是开展思想政治教育工作的专门力量。其他专业教师虽然不是马克思主义理论教育的直接承担者，但在各类课程的教学过程中也应担负起育人重任，是铸魂育人工作系统中必不可少

---

① 杨仲迎：《全媒体融场域下高校思想政治教育协同育人体系构建研究》，《学校党建与思想教育》2021 年第 2 期。

② 赵爽、余华、吴宵宵：《大学治理创新视阈下的"三全育人"综合改革》，《理论与现代化》2020 年第 4 期。

③ 陈纪：《"大思政"视域下高校思政工作者与专业教师协同育人模式探究》，《四川民族学院学报》2020 年第 29 卷第 3 期。

的责任主体。

(二) 各类育人主体的定位

1. 校党政部门是铸魂育人的"主心骨"

校党政部门是开展新时代高校育人工作的核心主体，属于第一层级，担负着领导者、决策者、引导者等角色，发挥着主心骨的作用。高校坚持用习近平新时代中国特色社会主义思想铸魂育人，是党政部门的重点工作，也是新时代的必然要求。高校党委作为领导机构，需要切实发挥思想阵地的方向引领作用和顶层设计的政策制度保障作用，并管大局，抓落实，全面加强对铸魂育人的领导，为提高协同育人质量提供根本保证。高校是党的思想理论传播的前沿阵地，是青年学子知识和思想的汇聚之地，同时也是各种社会思潮和思想价值观念交流碰撞和交锋的场所。校党政部门必须落实政治建校的要求，坚持用习近平新时代中国特色社会主义思想铸魂育人，担负起领导者、决策者、引导者等角色，围绕育人目标进行统筹规划、组织协调及制度安排，不断完善党政干部的思政工作"责任链条"，形成"工作闭环"，打破以往的条块分割的工作壁垒，构建畅通的思想政治工作体系，打造立体联动的铸魂育人格局。如南昌航空大学建立党政联动思政工作领导体制。学校着眼于顶层设计，成立了以党委书记、校长为组长，党委副书记、联系马克思主义学院校领导、分管教学工作校领导、分管学生工作校领导、分管招生就业工作校领导、分管人事工作校领导、分管财务校领导为副组长，党委宣传部、党委教师工作部、学生工作部、研究生工作部、校团委等党群部门负责人和教务处、人事处、财务处、招生就业处、马克思主义学院等行政部门、教学单位负责人为成员的学校思想政治工作领导小组。成立由党委书记、校长任组长，党委副书记、分管教学工作校领导为副组长，教务处、教育教学评估中心、财务处、各学院院长等行政部门、教学单位负责人和党委宣传部、党委教师工作部、学生工作部、校团委等党群部门负责人为成员的课程思政改革领导小组。这样，形成了党委统一领导、党政齐抓共管、党政相关部门和教学单位共同配合的思政教育立体化领导体制。此外，学校还建立党政联动联席会议制度：一是建立党政联动的思政工作联席会议制度。会议由分管学生工作副校长主持，学生工作部、校团委、保卫处、教务处、后勤处等部门主要负责人和各学院副书记及全体辅导员参加。二是建立党政联动的教学联席会议制度。会议由分管教学工作的副校长主持，教务处、学生工作部、校团委等部门主要负责人及各学院分管教学副院长参加。三是落实党政联动推进机制。出台《中共南昌航空大学委员会关于加强和改进思想政治工作的实施意见》，将十大育人板块（即课程、科研、实践、文化、网络、心理、管理、服务、资助、组织育人）分解到各党政部门和各学院，明确牵头单位和工作要求。由此形成了思政工作的全覆盖，充分发挥每一个育人主体的作用，同时又使各育人主体相互协同，共同提高育人效果。

2. 院系（各职能部门）是铸魂育人的"中转站"

服务和协调是高校职能部门的主要职责：一是服务学校领导决策和院系发展；二是协调院系办学，实现有效制衡。院系（各职能部门）是学校的中层单位，是学校领导和教师联系的桥梁与枢纽，发挥着上情下达的重要功能，承担着执行者和保障者的角色，在构建铸魂育人协同机制中起着至关重要的作用。院系（各职能部门）也是坚决贯彻落实高校教育路线方针政策及上级党组织各项决定的先行者、传播者和监督者，在思想政治工作中同样发挥至关重要的作用。管理和服务是院系（各职能部门）承担的主要工作。通过人性化和制度化管理，提升人才素质，通过细致入微的服务，使大学生在潜移默化中接受熏陶和影响，这是高校管理育人和服务育人的要求。同时也是坚持用习近平新时代中国特色社会主义思想铸魂育人的体现。高校建设的不断完善，随之而来的是管理的愈加规范化和专业化，学校各个机关部门的职能和工作，如党政管理、人才队伍建设、学生工作、对外交流、综合治理等，都需要与院（系）联系与对接。院系（各职能部门）是开展人才培养、履行立德树人职责的一线单位，他们直接面对师生，院系工作的开展，直接关系到师生的切身利益，因而是学校管理部门和教师之间的桥梁，是各方利益矛盾的缓冲带，其作用不可小觑。后勤工作是学校教育工作的重要组成部分，其最终目的是为学校的发展服务，为教学服务，为师生们的学习、生活和工作服务，具有服务和育人的双重功能。后勤职工作为"不上讲台的教师"，在他们的工作场所，可以通过优质的体贴入微的服务、人性化的管理、精湛的业务技术能力、高尚的道德情操等，使学生在不知不觉中接受教育、获得启发。各育人主体发挥同向协同效应，共同打造"人人、课课都育人"的局面。

在坚持用习近平新时代中国特色社会主义思想铸魂育人的实践中，南昌航空大学构建校院两级联系学生机制，上下联动协同育人。具体做法如下。

一是建立校院两级联系班级制度。其中，每个校领导联系自己所联系的学院的一个班级，其余班级由各学院领导分工联系。为将联系学生工作落到实处，要求校院两级领导做到"五个坚持"。

第一，坚持上思政课。校、院两级领导分别结合所联系班级学生思想实际，给学生上好思政课，有针对性地回答一些综合性、深层次的理论和认识问题，积极引导学生认清世界发展大势、了解中国在世界发展格局中的地位和角色，明确自己身上肩负的时代使命，树立崇高理想，并为理想的实现而奋斗拼搏。

第二，坚持听课程思政课。校、院两级领导分别结合联系班级专业学习实际，随堂听课程思政课，积极引导任课教师将正确的人生观和价值观，尤其是社会主义核心价值观的要求、实现民族复兴的理想和责任等内容融入各类课堂教学之中，使各类课程与思想政治理论课同向同行，形成协同效应。

第三，坚持组织主题班会。校、院两级领导分别结合联系班级自治实际，组织主题班会，围绕学生的转变与适应、专业角色的认识与巩固、创新创业活动、择业就业和平安班级建设等方面，对所联系班级建设进行指导。

第四，坚持参加支部生活会。校、院两级领导分别参加联系班级的党、团支部生活会，围绕基层党、团组织建设进行指导，巩固基层党组织的战斗堡垒作用和共青团组织的青年先锋队作用。

第五，坚持体验学生生活。校、院两级领导与联系班级学生同学习、同活动、同生活，通过走进学生生活，获得第一手学生在校期间的学习、生活资料，掌握最鲜活情况，为学校班子研究问题做到心中有底，使得工作成果落地见效。

二是构建校院两级沟通学生平台。

第一，学校层面：搭建"书记面对面""校长约吧"交流平台，党委书记和校长，带领班子成员和相关职能部门负责人，每月以小规模、强互动的"谈话"形式，听取学生意见诉求，及时妥善解决学生反映的实际问题。通过学校领导班子成员与学生互动交流，不断凝聚学生共识，形成共建、共治和共享改革发展成果的生动局面，得到《中国教育报》《江西日报》、中国教育电视台、江西电视台等媒体的深入报道。

第二，学院层面：由于"书记面对面""校长约吧"取得了良好的育人效果，各学院纷纷响应，积极探索适合本学院的沟通学生平台。如信息工程学院、体育学院、环境与化学工程学院等学院搭建"院长约吧""学院书记面对面"平台；有的学院则搭建"教授约吧""教授面对面"平台。通过校院两级交流平台，每年有近25%的学生能直接参与与校领导、院领导的交流对话，实现学生在校期间的交流全覆盖。

三是构建校院两级人才培养创新班，注重用习近平新时代中国特色社会主义思想铸魂育人。

第一，学校成立"知行"实践班，开展铸魂育人试点实践探索。学校在总结多年以来的学生军训教官兼班级管理员制度的基础上，成立"知行"实践班,并按照"知行合一"校训,分别命名为"知"字班、"行"字班、"合"字班、"一"字班,聘请学校党委书记、博士、党群部门负责人、教学十佳教师担任导师、班主任和辅导员,开展新时代人才培养立德铸魂的有效探索。通过强化"知行"实践班学生的教育引导和实践磨砺,探索行之有效的制度化设计,使培养模式更加符合当代青年大学生成长的实际,切实解决人才培养过程中知易行难、行难持久的问题。

第二,学院成立"春晓班",大力培养创新人才。为提升人才的创新能力,探索人才培养的新模式,自2009年始,工科学院每年从本科新生中,选拔一批学习基础扎实、有科研潜力的优秀学生,组成"春晓班"。"春晓班"以中国科学院院士、学校学术委员会名誉主任曹春晓之名命名,选派优秀班主任为学生制订学习计划、进行学习引导、指导学生选课、参加科研实践等,培养顺应时代发展需要和我国发展需求、综合素质高的创新型人才。

3. 教师队伍是铸魂育人的"实施者"

各育人个体是铸魂育人主体协同机制中的直接实施者,主要指的是教师队伍,包括思政课教师、其他专业教师、辅导员等。高校铸魂育人需要以思政工作专门队伍为主体,其他专业教师为辐射,发现和挖掘蕴含在其他专业课程中的思政元素,并将这些思政元素有机融入课堂教学,积极推进其他专业课程与思政课的融合,充分发挥专业课程育人作用,使各门课程都"守好一段渠、种好责任田"。

思政课教师是学生价值观的引领者。"办好思想政治理论课关键在教师,关键在发挥教师的积极性、主动性、创造性。"思政课教师素质的高低在一定程度上决定了思政课质量的高低。习近平总书记多次强调思政课教师的重要性。然而,高校对思政课及思政课教师的重视程度与党和国家的期待还存在差距,比如,师生比例未完全达标、思政队伍素质有待提高等。术业有专攻,在教育教学实践中,思政课教师是马克思主义理论教育的主要实施者,是高校宣传和解读党的文

第三章　习近平新时代中国特色社会主义思想铸魂育人协同的关键要素及机理

件方针政策的专家，是"培根铸魂"育人工作的重要一环，是连接思想政治理论课程知识体系与学生的纽带。高校坚持用习近平新时代中国特色社会主义思想铸魂育人，思政课不仅需要得到高校及各领域的足够重视，思政课教师队伍也需要自觉提升自身的思想政治专业水平与素养。在教书育人过程中，思想政治理论课重点在于对学生进行系统的世界观、人生观和价值观教育，帮助引导学生正确认识世情、国情和党情，学会运用马克思主义立场、观点和方法去看待问题和处理问题，而其他专业教师则着重于学生的专业化技能与知识的传授。统筹推进学科育人工作，强化学科育人导向，需要把各门课程所蕴含的思想政治教育元素有机融入课堂教学，充分发挥专业课程育人作用，使各门课程都"守好一段渠、种好责任田"。

在发挥教师育人关键作用的实践中，南昌航空大学在教师培养上，突出以老带新，让经验丰富的老教师充分发挥传帮带作用，使新教师迅速成长。组织年轻骨干教师带头讲示范课，使教师在教学观摩中获得启发和素质提升。组织优秀的教学能力突出的教师说课，使教师对思政课教学规律有更进一步的认识和把握。组织教师互相到对方教室听课，促进思政课教师互学互鉴。

在教学内容上，定期组织思政课教师集体备课，集中研讨教学共性问题，促进思政课各门课程有效衔接，促使教师更加准确把握难点热点和学生疑点问题，及时将党的创新理论的最新成果，特别是习近平新时代中国特色社会主义思想与教学内容相融合，体现课程的与时俱进的特征。

在教材运用上，依据马克思主义理论研究和建设工程统编最新版教材和教学大纲，研究确定教学进度和内容，形成了统一的参考教案和教学课件。注重运用地域资源和校本资源，将红色文化、航空文化和传统文化教育资源融入思政课教学。在教学方法上，坚持"学生中心—问题意识—对话教学—过程管理"的教学理念，突出"问题意识"，增强针对性和实效性，提升学生获得感。

在教学手段上,加强与省内外高校的交流和联动,积极推动思政课教学的信息化,加快思政课"智慧教室"建设,实现线上和线下教育的融合,发挥线上丰富优质的教学资源的优势,以及线下教师言传身教、及时答疑解惑的优势,将线上与线下相结合,打造线上线下混合式教学模式。

在教学质量保障体系上,进一步完善思政课教学工作制度,建立健全教学督导机制,覆盖全体思政课教师、全部思政课堂。

在课程改革上,通过了《南昌航空大学课程思政改革试点方案》《南昌航空大学课程思政实施方案》,构建思想政治理论课、通识课程、专业课程三位一体的课程思政教育教学体系,打通课程思政"最后一公里",形成了思政课与通识课、专业课联动协同育人的格局。

目前南昌航空大学思政课改革取得了较好的成效。据课题组调研,99.04%的受访学生对习近平新时代中国特色社会主义思想有印象;93.54%的受访学生对所学内容记忆犹新。学生对两个"一百年"奋斗目标充满信心,98.85%的受访学生认为我国在实现中华民族伟大复兴梦,重新成为真正的世界强国的征程中虽任务艰巨,但一定能实现。进入新时代,当代大学生的政治认同、国家认同和民族自豪感空前增强,据调查,98.75%的学生不愿意成为发达国家的公民,97.77%的学生对思政课堂中社会主义核心价值观教育表示认可,95.79%的学生对学校思政课程印象深刻、记忆犹新。在课程育人过程中,学生对学校思政课的育人方式和育人效果认可度高,95.19%的学生喜欢自己的思政课老师,95.07%的学生认为在思政课堂上能够学到真正的知识。对学校思政课老师的敬业精神也表达敬佩之情,98.46%的学生认为学校思政课老师授课认真负责,敬业爱生。

除了思政课,南昌航空大学课程思政改革也取得了显著成效。如江西省精品课/航空航天概论结合中国著名航空航天科学家,如钱学森、徐舜寿、黄志千、陆孝彭、顾颂芬等的感人事迹,讲述了他们从海外回归祖国的过程,展现了他们热爱祖国的情怀和无私奉献的精神，专业知识和思政教育结合自然，深深地感染学生，从而激发学生们的爱国热情和献身国家航空国防的理想信念。机械设计课从C919大飞机研制导入课程讲解，引发学生思考机械专业在国民经济建设中的作用，同时嵌入式地介绍南昌航空大学第一任校长陆孝彭院士、校友向巧院士的事迹，激发学生的航空报国情怀和爱国主义精神；从飞机设计理念"为减轻每一克重量而努力"出发，提出一架飞机有千万个零部件，每一个零件减轻一克，飞机重量便可减轻很多，从而有利于飞机性能提升，从而培育学生的精益求精精神和工匠精神。电子工艺技术实训课程负责人在进行技能操作示范讲演时，讲述了2018年全国五一劳动奖章获得者梁飞从业多年练就的"火眼金睛"，25年从一个普通焊接工人进阶成为"金牌焊机师"的优秀事迹，让学生深刻体会到勤勉、精益求精的"工匠精神"和不断进取的"科学精神"，从而培养大学生脚踏实地、严谨认真的科学态度。

二 场域

大学生"教育"和"受教育"始终与一定的场域无法分离，也就是说，大学生总是身处于正式的或者非正式的思想政治场域中。[①] 铸魂育人离不开一定的教育空间，"教书无处不需要爱，育人处处总关情"，指的高校坚持用习近平新时代中国特色社会主义思想铸魂育人始于细微，无处不课堂，需要各个空间协同发力。

（一）场域的定义

法国社会学家布尔迪厄提出的场域理论，从关系的视角研究社会，认为社会的结构并不是高度统一的，而是由具有一个个相对自主的小世界构成。这一个个独立的小世界就是场域。场域是社会个体参与社会活动的重要场所。关系是场域的本质，场域的思维模式具有关

---

① 李绍军、徐玉生：《困境与重塑：教育场域视野下大学生劳动教育的路径探析》，《黑龙江高教研究》2021年第4期。

系性，而关系又是客观的；布尔迪厄将场域定义为场所之间客观关系的网络或配置，网络代表的是一种结构，说明场域是立体的而非平面的。场域在空间上是开放的，场域的边界主要取决于场域效应，边界处即为效应停止作用之处，也就是说场域的边界不是固定的而是动态的。相对独立的场域构成了社会世界，社会世界通过一定的机制整合在一起。布尔迪厄还对社会进行了深层次的解读，在他看来社会是由一个个小社会，即场域构成的。无数个小社会彼此间相互联系相互影响，从而形成了一个大社会，也就是现代社会。①

受布尔迪厄场域理论影响，中国教育学界于21世纪初开始研究教育场域问题，影响日益广泛。学者们试图将"场域"与"教育"相结合，从而创生了一个新的教育学范畴"教育场域"，而且，教育场域越来越成为学术界和教育界研究的热点。作为一个重要的理论范畴，"教育场域"应具有较为具体的内涵和鲜明的特点。就其客观的社会存在而言，教育场域是指在教育者、受教育者及其他教育参与者之间形成的，一种以知识生产、传承、传播和消费为依托，以人的发展形成和提升为旨归的客观关系网络。在教育场域中，主体和客体进行着与知识和育人相关的各类活动，这是教育场域区别于其他场域的重要特征。

教育场域是一种基于以人的实践并通过实践而形成的开放性关系结构或时空构型。教育场域的核心力量在于教育价值的创造和实现，也就是说教育场域是一个发展和释放特定教育力量的领域。这种教育价值不是上帝或神所赋予的，而是存在于现实生活与社会世界之中，产生于以实践为中介的人与自然、人与文化、人与社会、人与人的相互作用，并具体反映为特定文化、社会与生活情境中具体的人的价值倾向、伦理规范、道德行为与实践创造力。也就是说，教育场域一定是一种存在于人们的日常生活中，由特定主体及其行为实践形成的关系构型，其特性在于具有教育性，在场域关系中的人可以通过教育达

---

① 赵婧：《场域转换视阈下的高校思想政治教育研究》，《党史博采》（下）2018年第11期。

到人格的成熟与完善。这种关系构型不是虚拟的，它必须在特定情形中才能形成，因此，教育场域是一种被赋予了教育力量的具有历史性和空间性的时空构型。

(二) 思想政治教育场域类型

教育场域不是一个孤立和静止的概念。可以说，教育场域是一个"概念群"。这是因为教育形成的社会关系的多样性，促使教育场域也呈现出多样化的特征。学者们认为教育场域具有相对性和层次性。相对性指以场域视角审视教育，确定（区分和界定）具体教育场域需要在特定参照框架之下进行，不同的参照框架会建构出不同的教育场域形态；层次性指不同的教育场域涉及和涵盖不同的领域。许多学者都按照不同的参照框架，对教育场域进行过划分。刘生全提出若将大学生思想政治教育场域体系视为一个"母场域"，那么又可以将其分为多个相对独立又相互关联的"子场域"，相对于家庭和其他社会机构则可以区分出学校场域。从宏观到微观的角度，又可划分为教育场域、学校场域、班级场域一直可以小到学习小组场域。[①] 何祥林、张振兴提出可将思想政治教育划分成宏观场域、中观场域和微观场域；根据高校教师、班级辅导员、企业政工等不同的教育主体，可以将思想政治教育划分成高校场域、班级场域、企事业单位场域等。[②] 大部分文献中思想政治教育场域通常被认为是学校教育场域、社会教育场域、家庭教育场域等现实场域。但随着现代互联网的发展，在思想政治教育场域中，又逐渐构建出一种新型的虚拟社会时空结构，即互联网虚拟场域。通过分析可以发现，常见的思想政治教育场域的划分框架是基于地域空间划分。对这些场域再进行一个整合分类，不难发现可以将其整合归为两类：校内场域（学校教育场域）和校外场域（除学校场域以外的，包含家庭场域、社会场域等）。而随着虚拟场域

---

① 刘生全：《论教育场域》，《北京大学教育评论》2006 年第 1 期。
② 何祥林、张振兴：《思想政治教育实效性研究：基于场域的视角》，《教育评论》2014 年第 8 期。

的出现，思想政治教育场域还可以依据场域性质来划分，可分成虚拟场域与现实场域，即线上场域与线下场域。基于教育场域的层次性特性，这些场域还可以划分出更小的子场域。

（三）高校铸魂育人主要场域

高校铸魂育人的场域主要发生在学校内，具体表现为第一课堂、第二课堂和网络课堂。第一课堂是铸魂育人的主渠道。习近平总书记在思想政治理论课教师座谈会上强调思政课是落实立德树人根本任务的关键课程。思政课主渠道地位不可撼动，但是在课堂教育中一方面靠的是主渠道——思政课程，另一方面也要依靠其他课程与思政课同向同行、相互配合，形成协同效应，共同实现教育合力。习近平总书记在思想政治理论课教师座谈会上还提到要"坚持显性教育和隐性教育相统一"，思政课程与课程思政的统一就是显性教育与隐性教育的相统一。日常思政教育作为第二课堂通常包含了社团场域、班级场域、寝室场域等子场域，对于铸魂育人同样重要，是主阵地。第二课堂相对第一课堂来说，其育人作用形式更加隐性，可通过日常潜移默化的作用涵养学生的思想道德。同时，通过第二课堂可以及时发现第一课堂教育的不足，第二课堂的问题反馈使第一课堂教育更加有针对性，能巩固提升第一课堂铸魂育人成效。互联网技术拓展了铸魂育人的空间，网络空间成为铸魂育人的主战场。互联网构建起一个虚拟的、抽象的、流动的社会化空间格局，在这一空间格局中，信息呈现扁平化和流动性状态，信息的传播方式由纸质传播向数字时代的几何级数式传播模式转变，铸魂育人活动也突破了现实场域的限制，构建起虚实并构的场域。现实场域的教育活动通过数字化信息复制、加工呈现在网络、多媒体等社交媒体上，或者直接创设互联网思想政治教育资源，实现了教育资料的可视化、可复制性和多维传播，思想政治

第三章　习近平新时代中国特色社会主义思想铸魂育人协同的关键要素及机理

教育的受众倍增[①]。

当下,"线上+线下"协同育人成为一种新的育人模式。南昌航空大学将传统传播手段与新媒体融合,形成线上线下联动协同育人。主要做法包括以下几个方面。

一是发挥校园各类建筑的隐形教育功能。在学校正大门建设军工文化园,展示退役的战斗机、轰炸机、直升机、教练机,弘扬航空精神;建设三钱广场(钱学森、钱三强、钱伟长),弘扬爱国精神和对科学的探索精神;建设孔子文化广场,弘扬优秀传统文化;建设岳飞广场,弘扬精忠报国精神。在办公楼、家属区、教学楼所有电梯中安装航空展板,培养师生航空意识;在主干道电线杆上安装灯箱,实现主体宣传常态化和校园亮化美化;学校道路命名打上航空航天烙印;学生宿舍命名富有鲜明的传统文化色彩。同时,推进习近平新时代中国特色社会主义思想进教学楼、核心价值观进宿舍、文明宣传进楼栋(宿舍、食堂等)。实现各类建筑、道路、广场、雕塑、墙体等实体的精神化,使之成为会说话的传播载体,达到润物细无声的效果。

二是推进网络思政工作。第一,建设好江西省高校思政课网,实现全省高校思政课资源的共享。为推动全省思政课教育教学研究的发展,学校省级人文社科研究基地——江西省思政课教育教学研究中心建立了全省高校信息员队伍,这样,既保证了思政课网站信息的及时更新,又实现了全省思政课资源的优化和共享,促进全省思政课教育教学的全面发展。同时,继续充实网络课程资源,对一些选择性必修课尝试进行网络教学。第二,打造南昌航空大学领航网站,发挥网络对思政工作的引领作用。该网站以其功能定位的专业性、针对性,信息资源的丰富性、时效性,界面形式的多样性、交互性,涵盖思政课、大学生德育、党建等内容,成为把线下思政工作同步建在虚拟空

---

① 刘爱玲:《互联网视域下思想政治教育场域的转换与重构》,《思想理论教育导刊》2020年第6期。

间,与时俱进应用"互联网+"打造思政新格局的典范。

三是打造新媒体平台,进行思想政治工作方式创新的有效探索。目前,学校已构建起47个政务新媒体综合平台,形成了覆盖全校园的新媒体集群矩阵,其中政务微博20个,政务微信27个。学校官微连续三年获"全国高校新媒体评选"最具人气奖。据统计,99.97%的学生参与到了学校的网络教学之中;98.86%的学生都参加过学校组织的社会调查、志愿服务或勤工俭学等社会实践活动,在实践中不断增强社会本领;94.78%的学生会通过学校网站、微信公众号或者论坛关注学校的发展,93.86%的学生认为学校的网络建设很好,喜欢学校在网站、微信公众号和其他网络平台上发布的内容。

通过立体化的思想政治教育协同模式,南昌航空大学育人取得了良好效果。第一,学生创新能力不断增强。"天宫开悟"项目作为江西省本科高校唯一一个参赛项目获习近平总书记回信鼓励,中央电视台《新闻联播》头条报道。第二,学生先进典型不断涌现。涌现出全省"雷锋哥"万志昊,全省"龚全珍式向上向善好青年"傅徐荣、陈文勇,全国团干部直接联系青年"最美青春故事"入选者虞英,"中国大学生自强之星"刘慧斌、刘艳明,全国优秀共青团员罗正伟、陈文勇、朱丁亮,"全国优秀自强社"新长城自强社等一大批先进典型。第三,学生自我教育不断深化。学生原创歌曲《我想要入党——我为中国共产党打call》风靡网络,受到团中央、省委组织部官微、新华网、人民网、《江西日报》等媒体关注报道,激励引导了大学生积极向党组织靠拢。学生原创歌曲《我不信邪》,通过音乐的方式引领大学生崇尚科学、知书达理,用智慧驱散乌烟瘴气,让理性抵制歪理邪说,帮助每一位大学生对邪教坚决说"不",在中央政法委旗下微信官方公众平台"中国反邪教"推出,随后又被中国反邪教官方微博平台、教育部中国大学生在线、中央和国家机关工委官方微博平台"紫光阁杂志社"等官微转发,收获社会广泛好评。学生原创MV作品《我和我的祖国》《红旗飘飘》等,网络浏览量超10万次,获学习强国等平台转载推送。第四，学生违纪率和学位预警率不断降低。全校学生规则法纪不良率近三年分别为 0.56%、0.08% 和 0.04%，减少至三年前的 1/14。近三年学生学位预警人数下降了 35%。第五，学生考研录取率不断提高。四年增加了 9 个百分点，大大提升了学生发展获得感。

三 过程

铸魂育人是一个多主体、多元素、多环节相互作用的过程，过程协同主要表现为教育主体在教育目标、教育内容、教育形式和教育方法等诸要素相互作用的过程。在一定意义上而言，场域协同、过程协同都是教育主体协同活动的具体表现和主体得以开展协同的重要保障。

（一）过程的含义

过程，指事情进行或事物发展所经过的程序。在质量管理学中"过程"定义为利用输入实现预期结果的相互关联或相互影响的一组活动。育人过程诚如前述，是基于某一育人目标组织起来的，由育人活动构成的、具有先后衔接和横向呼应的多样化过程。高校用习近平新时代中国特色社会主义思想铸魂育人，贯穿于高校教育教学的全过程，它包括若干相互关联的呈纵向线性的阶段性关系和相互影响的各种因素并相互作用形成的非线性关系。协同是遵循育人过程基本规律的体现，要求高校将育人"作为一个可持续的、整体性的周密过程，既不能停留在某一层面、某一阶段和某项具体教育内容上，又不能人为割裂各个步骤、环节、时间和程式之间的联系"[①]。学生在校学习期间，从大一到大四，其思想状况会有或多或少的变化，只不过有的学生表现明显，有的学生表现不是那么明显而已。高校铸魂育人，要及

---

① 北京大学课题组、宇文利：《社会主义核心价值体系与大学生思想教育全过程》，《河北学刊》2010 年第 4 期。

时关注学生思想变化，追踪学生大学四年思想发展轨迹，从中发现变化原因，由此可以对症下药，有针对性地开展思想政治教育。

（二）过程协同的特征

过程协同就是要在教育活动中解决思想政治教育的特殊矛盾，即一定社会的思想品德的要求与受教育者的思想品德水平之间的矛盾，促进人的思想品德向社会要求的方向发展，进而促进人的全面发展。①过程协同具有如下特征。

1. 计划性

铸魂育人活动是科学性的、有计划的活动，需要根据学生身心发展特点和接受能力，设计教学内容，实施教学计划。各育人主体的协同不是盲目的，需要在组织机构的决策领导下，根据计划和实施方案开展协同工作。

2. 正面性

思想政治教育影响总是选择积极的价值内容和最有利于受教育者发展的教育方式，促进社会和人的发展，从而体现思想政治教育的正价值。

3. 复杂性

育人主体的多元性、育人客体思想的多样性，加之育人场域的广泛性等主客观因素，决定了育人过程协同是一项复杂艰巨且带有挑战性的工作。如前所述，"三全"育人是按照育人主体、育人时间、育人空间三个维度构建起来的新育人模式。育人过程的复杂性体现在：一方面，育人主体需要时刻关注育人对象的思想发展变化，分析导致引起思想变化的原因，不论是家庭方面的原因，还是学校方面或者是社会方面的原因，在此基础上，有针对性地精准开展工作。另一方面，育人主体要精心设计育人环节，防止某一环节出现疏漏而导致功亏一篑的情况，各个环节要做到有效衔接，目标一致，内容和方法协

---

① 张耀灿、陈万柏：《思想政治教育学原理》，高等教育出版社2001年版，第243页。

第三章 习近平新时代中国特色社会主义思想铸魂育人协同的关键要素及机理

同。过程协同育人作为一种育人理念，指铸魂育人要贯穿学生大一至大四整个成长过程、贯穿育人过程各环节，它侧重于时间性。从学生踏进校门之刻到毕业离开校园，从每学期开学到期末，还包括周末和寒暑假，育人主体都需要全过程开展思想政治教育，保证思想政治教育贯穿始终。从时间分布上来讲包括课上、课下、工作日、假期等，从空间上来讲包括教室、自习室、实验室、实习单位各个环节全覆盖等。因此要注重铸魂育人过程的多端性，将铸魂育人的过程看作是一个多端口接入的非线性过程。可以是从大一到毕业，也可以从学期始到学期末的任何一个时间开始，还可以从知情意行的任何一个环节开始，保障不存在育人的疏漏环节和缺失阶段。

4. 引导性与长期性

过程协同具有（积极的）引导性与（明显的）长期性特点，引导性是指引导受教育者的思想品德的形成和发展。长期性（持久性）是指思想品德形成是一个过程，具有渐进性，需要持续教育。因此要注重知识与价值相结合。南昌航空大学在铸魂育人过程，特别注重价值引领。如在各类文化活动中，注重价值引领与活动开展相结合，文化活动与文明实践协同育人。基于本校国防航空特色形成的文化，邀请聂海胜、刘旺、陈冬等英雄航天员来校，举办"载人航天精神"主题报告会、"人在太空"主题报告会、"与梦想对话"主题报告会和"与英雄航天员面对面"青年畅谈会、"拥抱航天新时代"主题团（队）日等活动，对青年学子进行载人航天精神教育。依托"卧龙"讲坛、"航空讲坛"，邀请两院院士、百家讲坛专家、军事专家等来校讲学。开展直升机进校园活动，学校先后两次与昌飞合作，共组织6架直升机进校园，宣讲航空知识，进行航空体验，培养学生航空报国意识和航空报国精神。举办"航空科技文化节"，宣传航空知识，开展航模制作活动，组织青少年参观航模展厅，在模拟舱体验航空驾驶。开展"中国国防教育日"主题活动。以每年9月20日"全民国防教育日"为契机，开展"爱我国防"大学生主题演讲比赛、士官生与军训教官军事表演、参观驻昌部队营区、体验军事训练课目、参观南昌新四军军部旧址陈列馆和八一起义纪念馆、走进南昌军事主题公园、寻访革命军人红色故事等系列活动，营造关心国防、热爱国防、建设国防、保卫国防的浓厚氛围。举办了"携笔从戎　航空报国"——"青春告白祖国"大学生退伍军人事迹分享会。来自不同学院、不同兵种的优秀退伍大学生代表用铿锵有力的话语诉说着军旅青春的无悔选择，分享着报效祖国的青春梦想。坚持文化活动与文明实践协同运行，依托马克思主义学院建立新时代文明实践中心研究所、依托学工处建立新时代文明实践中心青年论坛、依托校团委建立新时代文明实践中心卧龙讲坛、依托宣传部建立新时代文明实践中心融媒体工作室、依托大学生活动中心建立新时代文明实践中心演艺厅，推动新时代文明实践协同运行，工作有序、有效开展。开展文明实践活动，推动文明实践成为学生自觉自愿行动。常态化开展"三下乡"及暑期社会实践活动，"追寻总书记足迹""新长征·再出发"服务队着力引领大学生爱党爱国爱人民，获"全国优秀服务队"荣誉称号。持续打造"春苗计划""春雨计划""蓝天课堂""学业辅导志愿行动"等志愿服务特色项目，连续摘得全国青年志愿服务项目大赛银奖4项。引导大学生投身创建文明美丽校园，开展"绿色天使""百日攻坚""为文明美丽校园增色添彩"等活动，常态化举行全员覆盖的"双休日志愿服务""义务劳动日"等活动。通过这些常态化的活动，有计划地、持续地将这些价值引领活动融入育人过程中，与其他育人力量形成合力。

第二节　铸魂育人协同的机理

机理是事物或系统内在运行的基本原理，铸魂育人协同的机理是铸魂育人协同系统内在运行的基本原理。马克思主义合力论为探研铸魂育人协同机理提供了理论依据，现代系统学、协同学的三螺旋、自

第三章　习近平新时代中国特色社会主义思想铸魂育人协同的关键要素及机理

组织理论提供了理论借鉴，在此基础上，从铸魂育人协同系统的多因素综合作用、系统的自组织特征即开放性、远离平衡态、非线性相互作用以及涨落四模块的视角分析铸魂育人协同的机理。

一　马克思主义合力论

马克思主义合力论中蕴含着丰富的协同思想，马克思的生产合力理论以及恩格斯的历史合力理论为我们研究铸魂育人的协同机理提供了直接的理论依据。

（一）马克思的生产合力理论

马克思观察研究资本的生产过程中，指出资本主义的生产是协作的生产，协作是"资本主义生产方式的基本形式"①。他给"协作"下了明确的定义："许多人在同一生产过程中，或在不同的但相互联系的生产过程中，有计划地一起协同劳动，这种劳动形式叫作协作。"② 在这里，协作赋予劳动以社会性质，个体劳动通过协作发展为社会总劳动，个体劳动通过协作创造出的劳动产品发展为社会总产品。

协作使单个的、分散的、自发的劳动力得以汇聚，形成生产合力，这种生产合力是一种"新"的力量，马克思称之为"集体力"。他指出："通过协作提高了个人生产力，而且是创造了一种生产力，这种生产力本身必然是集体力"③，协作所产生的"集体力"，与不经由协作的单个劳动力简单机械组合所产生的合力相比较，不仅在生产数量和规模上有明显增加，在性质上也有本质区别。恩格斯在《反杜林论》第一编哲学中指出，"许多人协作，许多力量融合为一个总的力量，用马克思的话来说，就产生'新力量'，这种力量和它的单个

---

① 《马克思恩格斯选集》第 2 卷，人民出版社 2012 年版，第 210 页。
② 《马克思恩格斯选集》第 2 卷，人民出版社 2012 年版，第 207 页。
③ 《马克思恩格斯选集》第 2 卷，人民出版社 2012 年版，第 207 页。

力量的总和有本质的差别"。① 协作所产生的"集体力",是不经由协作产生的合力所无法比拟的。马克思充分肯定了协作对于推动人类社会发展进步的重要意义,他说:"我们把协作看作是一种社会劳动的自然力,因为单个工人的劳动通过协作能达到他作为孤立的个人所不能达到的生产率。"② 因此,协作提高了劳动效率,缩短了劳动时间,推动了社会的进步和历史的发展。

马克思还进一步区分了不同协作所产生的合力效应。他将协作分为简单协作和复杂协作。简单协作是许多劳动者同时完成同一任务的协作,其特点是简单的劳动力总和。复杂协作是生产各环节各过程的协作,以生产分配和社会分工为主要特征。生产规模越扩大,社会化生产越高级,对复杂协作的需要就越迫切。

最后,马克思揭示了资本主义协作的本质。在资本主义社会,工人阶级经由协作产生的"集体力",是一种受控于资本的生产合力。马克思指出:"较大量的生产资料积聚在单个资本家手中,是雇佣工人进行协作的物质条件,而且协作的范围或生产的规模取决于这种积聚的程度。"③ 资本在协作中发挥管理、监督和调节的职能。"正如军队需要军官和军士一样,在同一资本指挥下共同工作的大量工人也需要工业上的军官(经理)和军士(监工),在劳动过程中以资本的名义进行指挥。"④ 在资本主义条件下,协作的劳动变成了异化的劳动,"集体力"给工人带来的不是劳动的快乐,而是受制于资本的痛苦。"作为协作的人,作为一个工作有机体的肢体,他们本身只不过是资本的一种特殊存在方式。"⑤ 社会分工使人的发展片面化,成为人的自由全面发展的桎梏。共产主义社会的显著特征就是消除分工,消灭私

---

① 《马克思恩格斯选集》第3卷,人民出版社2012年版,第505页。
② 《马克思恩格斯全集》第47卷,人民出版社1979年版,第293页。
③ 《马克思恩格斯选集》第2卷,人民出版社2012年版,第208页。
④ 《马克思恩格斯选集》第2卷,人民出版社2012年版,第209页。
⑤ 《马克思恩格斯选集》第2卷,人民出版社2012年版,第209页。

第三章 习近平新时代中国特色社会主义思想铸魂育人协同的关键要素及机理

有制,实现人人平等,实现人的全面自由发展。

（二）恩格斯的历史合力理论

恩格斯晚年为了反驳以保尔·巴尔特为代表的资产阶级学者对唯物史观的恶意歪曲,引导德国社会民主党内"青年派"走出思想误区,帮助许多友人和青年学生澄清思想疑惑,提出了著名的历史合力理论,回应了"经济决定论"的挑战,捍卫了历史唯物主义。

1890年9月,恩格斯在致约瑟夫·布洛赫的信中,集中阐发了历史合力理论。他首先一针见血地指出,经济因素是推动历史发展的决定性因素。"根据唯物史观,历史过程中的决定性因素归根到底是现实生活的生产和再生产。"[1] 从历史发展的根本的、深层次的动因来看,经济因素是历史发展的决定性因素。"我们自己创造着我们的历史,但是第一,我们是在十分确定的前提和条件下创造的。其中经济的前提和条件归根到底是决定性的。"[2] 人们创造历史的前提是既定的,尽管这个前提是多重因素作用的结果,但归根结底是由经济因素决定的。

其后,恩格斯指出除了经济因素外,政治因素、文化因素,还有法律道德宗教等因素,甚至包括单个个体的意志等,都是影响历史的因素。历史是这些因素合力作用的结果。他用力学中的平行四边形原理作比喻,说明这些因素是在互相作用,共同创造历史,推动历史向前发展。"历史是这样创造的:最终的结果总是从许多单个的意志的相互冲突中产生出来,而其中每一个意志,又是由于许多特殊的生活条件,才成为它所成为的那样。这样就有无数互相交错的力量,有无数个力的平行四边形,由此就产生出一个合力,即历史结果,而这个结果又可以看作一个作为整体的、不自觉地和不自主地起着作用的力量的产物。"[3] 而且,这个"合力"不是简单的单个意志力量的相加,

---

[1]《马克思恩格斯选集》第4卷,人民出版社2012年版,第604页。
[2]《马克思恩格斯选集》第4卷,人民出版社2012年版,第604—605页。
[3]《马克思恩格斯文集》第10卷,人民出版社2009年版,第592页。

而是"融合为一个总的平均数,一个总的合力",发挥出了整体效应,产生出了"1+1>2"的效果。每一个单个意志都为历史合力的形成作出了贡献,"从这一事实中决不应作出结论说,这些意志等于零。相反,每个意志都对合力有所贡献,因而是包括在这个合力里面的"。[①]

从恩格斯历史合力理论中,我们可以得到以下启示:第一,系统的整体合力大于单个要素的力量。整体合力不是单个要素力量的机械组合或简单相加,而是一种"新"的力量,无论是从质上,还是从量上,都是单个要素力量所无法企及的。第二,通过要素间的协同,发挥系统的整体功能和效果。物质因素和精神因素、经济基础和上层建筑、生产力和生产关系等这些要素都是社会有机体的要素之一,它们对社会发展的影响也是在互相作用中融合为一个系统整体,从而发挥着整体的功能。这就要求我们重视因素之间的相互协同,从而使系统发挥出最佳功能,呈现出最佳状态。第三,每个要素在系统中的功能是不同的,要抓住系统的决定因素。经济、政治、文化、道德、法律等因素是推动社会历史发展的重要因素,但他们在历史发展中的功能和作用是不同的,不能将他们的作用等量齐观。经济因素无疑是推动历史发展的决定性因素。而且,在组成合力的各个分力中,决定合力的大小和方向的是矢量最大的分力,这一分力代表先进生产力,起着主导作用。

二 西方相关理论借鉴

现代西方经济学、系统学尤其是协同学的迅速发展,为铸魂育人协同机理研究提供了充分的理论借鉴。借鉴这些学科所取得的优秀的理论成果,以及其研究视角和研究方法,有助于我们更好地分析铸魂育人协同的机理。

[①] 《马克思恩格斯选集》第4卷,人民出版社2012年版,第605—606页。

第三章　习近平新时代中国特色社会主义思想铸魂育人协同的关键要素及机理

（一）三螺旋理论

三螺旋（triple helix）概念最初是由西方生命科学领域科学家所提出。1996年，美国社会学家亨利·埃茨科威兹（Henry Etzkowitz）和荷兰阿姆斯特丹大学的雷德斯朵夫（Loet Leydesdorff）将这一概念引入到创新系统研究中，用以分析全球化知识经济时代大学、产业和政府三者之间的关系。

1. 三螺旋理论的内涵

在创新系统研究中，三螺旋是指大学、产业、政府三方在知识创新过程中协同合作，发挥合力，但每一方又都保持自身独立性的螺旋形互动关系模式。该理论主要借助一个非线性螺旋形的创新模型，探讨了大学、产业部门和政府等创新主体通过协同，形成三种既相互关联影响又螺旋式上升发展的力量关系。

2. 三螺旋模型

大学、产业部门、政府之间的三螺旋互动形成了一种三螺旋模型，在此模型中，大学、产业部门与政府之间的互动，既包括其中任意两方的互动，更鼓励三方的联动互动。三方之间的良性互动，使各自在发挥自身传统功能的同时，还拓展了一些新的功能。如大学可以利用科技研发成果，创建公司，具有了企业化的功能；企业通过培训和研究，也可以扮演大学的角色。政府可以通过政策支持和项目资助，推动校企合作，营造更适合创新的环境等。"在这样一个跨越了边界的互动模式中，大学、产业、政府三方的互动共同营造出了一个有利于知识生产与转化的创新环境。"[①]

3. 三螺旋循环

在三螺旋模型中，大学、产业和政府相互交叉影响，形成既相互关联影响又呈螺旋式上升发展的力量关系。在宏观层面上，三主体之

---

① 徐辉、王正青：《大学—产业—政府的三重螺旋：内涵、层次与大学的变革》，《西南大学学报》（社会科学版）2007年第5期。

间相互进行人员、信息、输出等方面的循环,由此产生合作政策,项目、网络平台等混成机制。在微观层面上,各个主体的内部也发生人员、信息、输出等方面的循环,并可以向外输出各自的成果,以此促成三螺旋模型的有序运行[①]。

(二) 自组织理论

自组织理论是20世纪60年代后期出现的系统理论,致力于研究复杂自组织系统的形成与发展机制问题,即系统是如何从无序到有序、从低级有序到高级有序进化发展的。

1. 自组织理论的主要内容

自组织理论内容极为丰富,主要包括耗散结构理论、协同学、突变论、超循环论、混沌论理论等。协同学的创始人哈肯认为:"如果系统在获得空间的、时间的或功能的结构过程中,没有外界的特定干预,我们便说系统是自组织的。这里的'特定'一词是指,那种结构和功能并非外界强加给系统的,而且外界是以非特定的方式作用于系统的。"[②]

2. 自组织包含的过程

自组织包含三类过程。第一,由被组织到自组织的过程演化;第二,由自组织程度低到自组织程度高的过程演化;第三,在相同自组织层次上由简单到复杂的过程演化。这三个过程有本质的区别:第一过程是从混乱无序状态到有序状态的演化,探索自组织的初始和临界点;第二过程是自组织层次跃迁过程,跃迁升级的过程是自组织形式的一次革命;第三过程是自组织层次从简单到复杂的增长过程,标志着自组织结构和功能完成质的蜕变。

---

① 参见卢红婴《高校创新创业教育中政府责任承担的实证研究》,硕士学位论文,南京师范大学,2017年。
② Haken H. Information and Self-organization, *A Macroscopic Approach to Complex Systems*, Berlin & New York: Springer-Verlag, 1988, p. 11.

3. 自组织运行特点

开放性、远离平衡态、非线性作用和涨落是自组织运行特点。自组织理论认为，系统产生自组织现象需要四个基本条件。

一是开放性。能够与外界交换物质、能量和信息，这是形成自组织有序结构的前提。一个不与环境交换的封闭系统不可能有自组织行为，而一个对环境开放即与环境交换物质、能量和信息的系统可以产生自组织运动。

二是远离平衡态。平衡态是指系统各部分的宏观性质长时间不发生变化，保持一种最均匀无序的状态。平衡态是一种组织结构，这种组织结构是一种静态的稳定结构。它不与外界交换物质和能量。也可以说它只依赖于自身的物质和能量而存在。当系统处于平衡或接近平衡状态时，系统本身处于或趋于稳定状态，系统向无序或还原状态演化。只有当系统处于非平衡状态时，才能有足够的反应力推动无序向有序发展。

三是非线性相互作用。线性是指两个变量成正比例关系，在笛卡儿坐标上表示为一条直线。非线性是指两个变量之间，没有形成正比例直线关系。非线性函数表现得像曲线。在复杂性研究中，线性与非线性的区别在于，对于一个线性系统来说，系统的整体性质是各个子系统孤立存在的简单叠加，而在非线性系统中，不存在孤立存在的子系统，系统的性质也不是各子系统的简单叠加。也就是说，在线性系统中，整体可以分解为独立的部分，部分也可以独立于整体，而在非线性系统中，部分不仅不能独立于整体，而且与其他部分存在千丝万缕的联系。

四是涨落。涨落是指系统中的某个变量发生变化，偏离原来的变量。在远离平衡态的系统中，系统与外界的交换，使得系统中的某个变量发生改变，这才形成了涨落。涨落促使系统向更有序的状态进化。[1] 在远离平衡的非线性区，涨落成为一种触发性的动力，系统中

---

[1] 严蔚刚、张澍军：《从耗散结构理论看思想政治教育》，《思想教育研究》2010年第3期。

任何一个微小的扰动都会通过非线性的关联作用，在时间和空间上产生协同，形成整体宏观的巨涨落，从而导致系统发生突变，自组织形成一种新的有序状态。①

三　协同机理

以马克思主义合力理论为理论基础，借鉴西方关于协同的相关理论，我们认为铸魂育人系统机理主要包括以下三个方面。

（一）铸魂育人协同系统的合力是多要素综合作用的结果

铸魂育人是塑造灵魂的工程，这是一项带有全局性的复杂的系统工程，需要坚持"大思政"理念，做到三全育人，统筹各育人要素和资源，使各育人要素和资源发挥出"1+1>2"的整体效应，产生一种新的力量，也就是马克思所说的"集体力"，来形成铸魂育人的正向力量，有效抵抗负向力量对人正确思想观念形成的影响。

在"集体力"中，主体协同、场域协同、过程协同是发挥合力的关键要素。在主体协同层面，需要学校、院系（各职能部门）、教师等多元主体互相协调配合，共同发挥育人合力。在场域协同层面，需要校内第一课堂与第二课堂、校内教育与校外教育、现实场域与虚拟场域、传统场域与现代场域协同发力，形成同向同行的育人场域。在过程协同层面，需要将铸魂育人贯穿学生整个在校学习阶段，以及思想道德教育、文化知识教育、社会实践教育等各环节，注重过程的先后衔接和横向呼应。

不仅如此，主体协同、场域协同、过程协同之间又存在非线性的相互作用和影响的关系。如课程、科研、实践、文化、网络、心理、管理、服务、资助、组织"十大育人体系"中，既包括育人主体，又覆盖育人场域，还涉及育人过程，主体、场域、过程等各要素围绕铸魂育人目标，纵向衔接，横向协调，发挥育人合力。

---

① 王鹤：《耗散结构理论对高校自主学习的启示》，《黑龙江高教研究》2015年第1期。

(二) 学校、各职能部门、教师形成三螺旋关系

"三全育人"理念要求加强各育人力量之间的协同，根据三螺旋理论，在铸魂育人协同系统中，育人主体——学校、各职能部门、教师三种力量相互交叉影响，形成既相互关联影响又螺旋式上升发展的力量关系。在学校党委顶层设计、统筹谋划下，各职能部门间互动、师师互动、师生互动、各司其职，都在各自岗位上发挥着教书育人、管理育人、组织育人、服务育人、科研育人、实践育人等作用。

这其中包括五种具体协同：一是党政协同。学校党政从顶层整体设计的角度，系统梳理各育人主体、各育人岗位的具体育人目标、育人职责、育人内容以及在育人体系中所处的地位、应发挥的作用，将党委统一领导、党政齐抓共管的党政领导体制优势转化为用习近平新时代中国特色社会主义思想铸魂育人的优势。二是主渠道、主阵地和主战场协同。基于"三全育人"和"十大育人"体系的一体化构建要求，促进思政课程和课程思政协同、课内与课外协同、专兼职队伍协同、理论课与实践课协同和网上与网下协同等，达到信息互动，功能互补、主体互动等效果，确保习近平新时代中国特色社会主义思想贯穿教育教学全过程，贯穿思想道德教育、文化知识教育、社会实践教育各环节，确保习近平新时代中国特色社会主义思想在课程主渠道、日常思想政治教育主阵地和网络主战场铸魂育人。三是主导性与主体性协同。基于思想政治教育主客体的相互关系，发挥教育主体的主导性和受教育者的主体性，从铸魂育人的特点和规律出发，用习近平新时代中国特色社会主义思想一方面铸"师魂"，另一方面铸"生魂"，在主导性与主体性协同中，发挥"师魂"和"生魂"互动综合作用，提高用习近平新时代中国特色社会主义思想铸魂育人的效果。四是上下协同。高校存在学校、院系（各职能部门）和育人个体的层级管理，通过制度创新和体制机制的创新来强化协同铸魂育人理念和形成有效运行机制，将坚持用习近平新时代中国特色社会主义思想铸魂育人内化于心，外化于行，达到上下同心和上下顺畅衔接，防止上

面流于口号，下面流于应付，或运行过程中出现的执行力递减现象。五是人才培养体系协同。即学科体系、教学体系、教材体系和管理体系的协同，各体系围绕用习近平新时代中国特色社会主义思想铸魂育人这一目标来设计，围绕这个目标来教学，实现体系互联和形成协同效应，确保习近平新时代中国特色社会主义思想体系贯穿学科体系、教学体系、教材体系和管理体系。

（三）铸魂育人协同系统是一个具有明显自组织特征的系统

习近平新时代中国特色社会主义思想铸魂育人协同机制构成要素测度指标关系见图3-1。

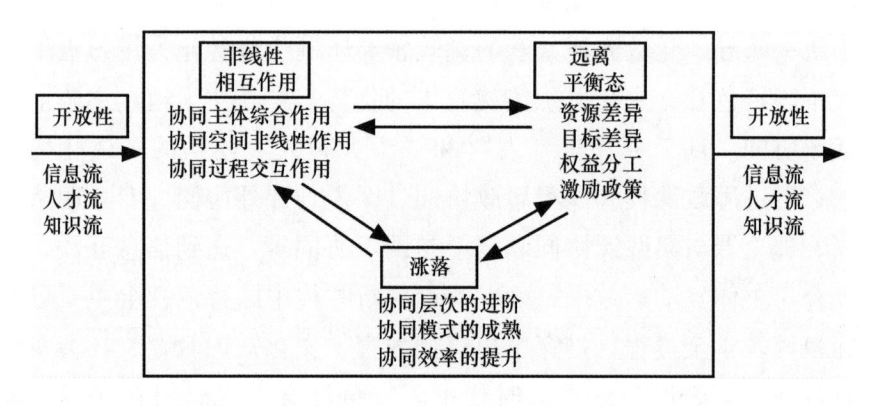

```
                    ┌─────────────┐         ┌─────────────┐
                    │ 非线性       │         │ 远离         │
                    │ 相互作用     │◄───────►│ 平衡态       │
开放性              │ 协同主体综合作用│         │ 资源差异     │              开放性
─────►              │ 协同空间非线性作用│       │ 目标差异     │              ─────►
信息流              │ 协同过程交互作用│         │ 权益分工     │              信息流
人才流              └─────┬───────┘         │ 激励政策     │              人才流
知识流                    │                 └──────┬──────┘              知识流
                          ▼                        ▼
                        ┌─────────────┐
                        │ 涨落         │
                        │ 协同层次的进阶│
                        │ 协同模式的成熟│
                        │ 协同效率的提升│
                        └─────────────┘
```

图3-1　习近平新时代中国特色社会主义思想铸魂育人协同机制构成要素测度指标关系

铸魂育人协同培养体系是一个由主体、场域、过程等关键要素构成的自组织系统，自组织理论告诉我们，凡与外界发生物质、信息、能量交换的事物，都是以耗散结构存在的，因此，铸魂育人协同机制也是一种耗散结构方式。

第一，高校坚持用习近平新时代中国特色社会主义思想铸魂育人是一个始终与周边或外部社会环境保持物质、信息和能量交换的开放体系，吸纳的是人才、资金、设备等各种资源，输出的是知识、技术、信息等成果。铸魂育人各协同主体应该秉承开放理念，充分利用校内校外各种要素，整合人才、信息、知识等资源，形成协同效应最大化。如为了教育引导广大青年学生爱党、爱国、爱社会主义，2021年3月始，江西省教育厅联合《江西日报》、大江网联袂打造《江西"五老说"》专题教育活动，在全省大中小学开展《江西"五老说"》报告团公益巡讲，宣讲还通过电视和网络直播的形式，使全省青年都能受益。"五老"即老干部、老战士、老专家、老教师、老模范，充分利用各战线各行业优秀育人资源，使校内和校外育人主体实现良性互动，将思政小课堂与社会大课堂、线上教育和线下教育有机结合，达到整体育人效果。

第二，协同育人的各要素之间存在非线性的相互作用。

一是铸魂育人各协同主体要充分发挥比较优势，最大限度发挥职能，形成育人最大合力。如在党史学习教育过程中，课题主持人所在学校充分发挥各育人主体的比较优势，组建了"校领导宣讲团""教授宣讲团""青年宣讲团"和"朋辈宣讲团"四大宣讲团，面向全校师生宣讲。"校领导宣讲团"由学校领导和基层党委书记构成，他们带头宣讲，发挥示范表率作用，向基层党员和师生传播党的创新理论。"教授宣讲团"由马克思主义学院教授和副教授组成，他们理论功底扎实，能够从学理层面对党的创新理论进行深刻阐释和解读。"青年宣讲团"由全校所有带班辅导员组成，他们平时与学生打交道最多，最了解学生思想动态。一般采取线上授课的方式，根据理论热点和社会热点问题，设置话题，引导学生讨论。"朋辈宣讲团"由学生骨干构成，在学生中选拔有一定理论基础、德才兼备的大学生，结合社会实践、志愿服务等活动，以故事分享的形式进行宣讲。四大宣讲团全覆盖宣讲对象，并各自发挥自身的比较优势，构成了极具影响力和战斗力的协同整体。

二是充分尊重育人各协同场域的差异性，协调好校内第一课堂与第二课堂、校内与校外、网上与网下等场域之间的关系。以网上网下场域协同为例。网上网下是高校开展思想政治教育实践的重要场域，既要守牢传统网下育人主阵地，也要占领网上育人新平台，两场域育人作用不是此消彼长而是融合共生关系，充分发挥网上网下场域协同效应才能推动高校践行铸魂育人使命。由 CNNIC 发布的第 48 次《中国互联网络发展状况统计报告》显示，截至 2021 年 6 月，中国网民规模为 10.11 亿，20—29 岁网民占比为 17.4%[1]；互联网已然成了高校铸魂育人重要场域。课题组通过调研发现，近年来，江西许多高校思政课注重第一课堂与第二课堂、网上与网下协同育人。南昌大学突出教学第一课堂，运用访谈式、案例式、研讨式等教学手段，把远的拉近、虚的变实。把思想政治理论课开到了红色教育基地，比如在八一起义纪念馆追寻人民军队初心、在八角楼下讲红色革命历程、重走挑粮小道体会井冈山精神、在小平小道上感悟改革开放思想。激活实践第二课堂，开展丰富多彩而又将主旋律寓于其中的学生活动。以党的十九大精神为主题内容的志愿服务、趣味闯关、演讲比赛等系列活动；在学科竞赛、创新创业、文体项目、班团活动中嵌入思政教育主题。占领网络新课堂，学生的注意力在哪里，我们的思政课就开到哪里。着力打造"指尖上的理论阵地"，四门品牌思政课均有独立网站并获省级精品资源共享课立项；利用 MOOC 课程、在线开放课程等，进行翻转课堂教学；"团学时空"微信平台开展《时习之》专栏用于习近平新时代中国特色社会主义思想的理论讲解与思想引导；借助 VR 技术，在室内创设以重走长征路为主题的数字资源，打造沉浸式教学模式。用好社会大课堂，学校引导学生深入革命老区开展知识扶贫，打造配套实践基地。到田间地头开展"稻渔混养"技术推广与服务，走进贫困户家中一对一开展脱贫评估。缅怀革命先烈，并举办"访历史名城，学红色精神"瑞金实践活动，重走长征路等活动。

第三，高校坚持用习近平新时代中国特色社会主义思想铸魂育人

---

[1] 中国互联网络信息中心：《第 48 次中国互联网络发展状况统计报告》，http://www.cnnic.net.cn/NMediaFile/old_attach/P020210915523670981527.pdf。

是持续远离平衡态的发展。参与协同育人的高校各个不同的部门，它们的育人结构中所处地位、工作职责、组织形式和利益诉求等均不尽相同。不仅如此，参与育人的主体人员在知识背景、创新能力、行为方式等方面也存在较大差异。内部差异性的影响和外部环境的不断变化，使育人过程的发展长期处于不稳定和不平衡状态。为了使得铸魂育人协同效果具有可持续性与长远性，需要承认各育人主体掌握资源的差异性、育人对象的差异性，精准识别各育人主体铸魂育人责任与义务的边界，从而在协同过程中制定分工明确、激励兼容的一系列政策保障。

第四，协同育人通过涨落实现自组织发展。涨落是推动铸魂育人协同效果最大化的内生动力，能够推动协同层次从低层次向高层次进阶、促进协同模式由模糊走向成熟，提升协同效率。来自外部环境的影响（如家庭、企业、社会环境）和内部偶然因素的作用（如思政课程、课程思政、实践活动等）均能使育人系统出现涨落现象，微小的涨落经过非线性作用机制的放大，就可以产生新的有序结构，形成新的相对稳定结构。

第四章　习近平新时代中国特色社会主义思想铸魂育人的协同样本

高校坚持用习近平新时代中国特色社会主义思想铸魂育人的实践中，不少学校富有特色。江西工业贸易职业技术学院坚持立足江西红色文化资源和传统办学特色，挖掘协同关键因素，发挥主体、场域和过程的协同作用，以"红心+粮心"实践为载体，构建起教学、实践和环境的协同育人机制，推进习近平新时代中国特色社会主义思想铸魂育人，成效显著，成为江西省高校坚持用习近平新时代中国特色社会主义思想铸魂育人的协同实践典型。

第一节　"五粮文化"三维协同铸魂育人模式

江西工业贸易职业技术学院立足自身粮食文化优势，将粮食文化作为发展根脉，提炼出"五粮文化"育人理念，以文化人、立德树人，形成"课堂育人""实践育人"和"环境育人"组成的"三维协同模式"，从文化之维度充分发挥铸魂育人协同机制的关键要素作用，以文化融入、文化寻根、文化环境构建三维视角探寻铸魂育人的实践活动，搭建主体协同形成育人合力、场域协同构建立体课堂、过程协同贯穿育人始终的协同机制，着力推进习近平新时代中国特色社会主义思想铸魂育人，真正使习近平新时代中国特色社会主义思想进入学生头脑，自觉以习近平新时代中国特色社会主义思想为指引，立志高

第四章　习近平新时代中国特色社会主义思想铸魂育人的协同样本

远、担当民族复兴大任，争做社会主义事业的合格建设者和可靠接班人。

一 "五粮文化"的科学内涵

"五粮文化育人"以粮食文化为载体，施以合适的教育方法，从知、情、意和行等进行全过程培养，促进受教育者全面成长。江西工业贸易职业技术学院自 2012 年开始对粮食文化开展深入的研究与传承，从"立什么德"入手，将中华传统美德"修身、齐家、治国"作为立德教育的逻辑起点，充分挖掘粮食文化的精神内涵，将行业特色文化与社会主义核心价值观融会贯通，形成了"五粮文化"育人理念，即"粮缘中的敬与礼、粮情中的勤与俭、粮品中的诚与信、粮艺中的传与新"。"五粮文化"育人被应用于日常的思想政治教育实践中，具有鲜明的时代价值，对大学生的行为规范、价值取向、精神激励、品格养成和传承创新等有着重要作用，是坚持用习近平新时代中国特色社会主义思想开展铸魂育人的生动表现，能教育和引导大学生健康成长，真正成为中国特色社会主义事业的合格建设者和可靠接班人（见图 4-1）。

图 4-1　"五粮文化"育人功能

资料来源：江西工业贸易职业学院供图。

（一）粮缘中的敬与礼

在人类与粮结缘的认知实践中，珍惜与粮相识相爱的情缘，善待亲缘，教育引导学生敬重粮食、敬畏自然、爱国敬业、以礼待人。粮缘中的敬与礼，是"五粮文化"育人的根本宗旨，是公民道德的精神内核。

（二）粮情中的勤与俭

粮情中的勤与俭，即在人类与粮偕行的成长实践中，认知粮食生长生产的情况，情系家国，教育引导学生勤学苦练、躬耕乐道、勤以精业、俭朴为荣。粮情中的勤与俭，是"五粮文化"育人的基本要求，是公民道德的优良品质。

（三）粮品中的诚与信

粮品中的诚与信，即在人类依粮而兴的发展实践中，培育粮食求真求实的品质，诚实守信，教育引导学生诚信至上、和谐务实、品质为先、守信如恒。粮品中的诚与信，是"五粮文化"育人的关键内容，是公民道德的必备标准。

（四）粮安中的责与献

粮安中的责与献，即在人类向粮图强的奋斗实践中，铸牢粮食储备流通的安全，匹夫有责，教育引导学生恪守尽责、敢于担当、保障安全、乐于奉献。粮安中的责与献，是"五粮文化"育人的突出特征，是公民道德的鲜明标识。

（五）粮艺中的传与新

粮艺中的传与新，即在人类与粮共荣的传承实践中，创新粮食育种耕作的技艺，赓续基因，教育引导学生传承创新、精益求精、播种希望、奋斗进取。粮艺中的传与新，是"五粮文化"育人的重要任务，是公民道德的价值追求。

二 "五粮文化"三维协同育人

江西工业贸易职业技术学院在深刻领会习近平新时代中国特色社

第四章 习近平新时代中国特色社会主义思想铸魂育人的协同样本

会主义思想精神实质的基础上，创造性开展具有自身特色的铸魂育人活动，以"五粮文化"育人为特色，明确了不同育人载体的功能定位和运行机制，形成"课堂育人""实践育人"和"环境育人"组成的"三维协同模式"，实现了课堂主阵地与实践、文化铸魂育人目标的协同，促进了铸魂育人合力的形成（见图4-2）。

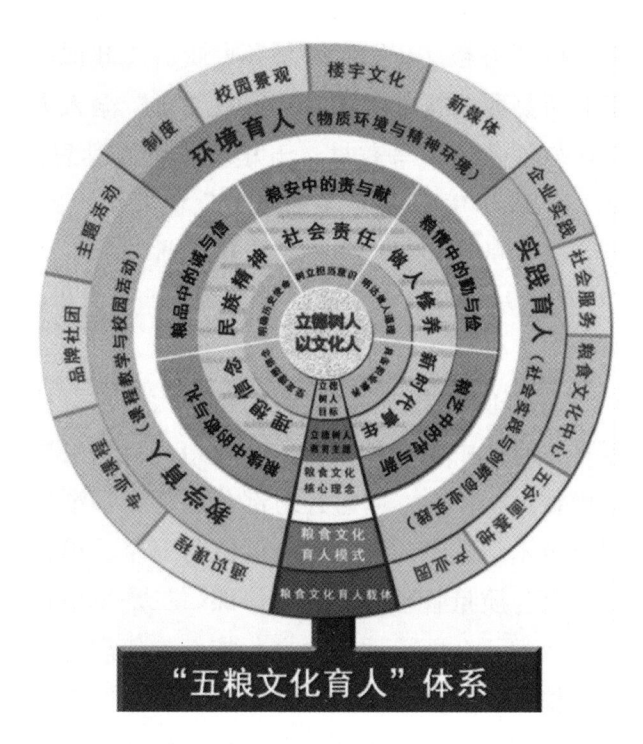

图4-2 "五粮文化"育人体系

资料来源：江西工业贸易职业学院供图。

（一）课内课外"两大课堂"协同育人

江西工业贸易职业技术学院依托课内课外"两大课堂"，将粮食文化育人融入课程体系，融入专业建设，贯穿人才培养全过程，构建课内教学和课外拓展内外联动、分层递进的教学育人体系。

1. 融入课程体系，实现全课程育人

江西工业贸易职业技术学院牢牢抓住课堂这一主阵地，构建选修与必修齐推进的课程体系。一是开设校本特色的思想政治理论必修课——《五粮文化育人学思践悟》。为进一步推进习近平新时代中国特色社会主义思想进教材、进课堂、进头脑，深化"五粮文化"育人核心理念，深度挖掘和阐发中华优秀传统文化，推动社会主义核心价值观落实落细，以"五粮文化"为载体不断提升思政课的亲和力与吸引力。江西工业贸易职业技术学院将"五粮文化"融入人才培养方案中，并组建专业教师队伍编写教材《五粮文化育人学思践悟》，针对全院所有专业一年级学生开设了《五粮文化育人学思践悟》必修课程。通过"粮人圣地的历史追寻""粮缘中的敬与礼""粮勤中的勤与俭""粮品中的诚与信""粮安中的责与献""粮艺中的传与新"6个章节的专题学习，每个专题由"古语名言""点击核心""正文""人物·故事""拓展阅读链接""实践任务"六个部分构成，每个专题都融入习近平新时代中国特色社会主义思想，教育引导学生学思践悟守初心、行稳致远担使命。同时针对部分兴趣更加浓厚的学生，江西工业贸易职业技术学院专门开设食品健康与安全、粮食食品检验基础、粮食食品安全与质量管理等公共选修课。二是将粮食文化融入通用职业能力课程教学。全面梳理粮食文化核心价值理念，结合粮食使命、粮食目标、粮食工作理念和粮食精神，确定"四大素质三种能力"的人才培养规格，并依据人才培养规格构建通用职业能力课程体系。面向全院学生专门开设《大学生职业素质修炼》课程，采用任务驱动式实践化教学模式，分四个学期开设，与其他课程相互促进补充，训练学生"16项基本职业素质能力"。三是将粮食文化融入专业课程教学。江西工业贸易职业技术学院大力推进专业课程内容和教学方法的调整，将粮食文化育人的精神内涵与专业职业能力素质培养相结合，着力推进专业教育与文化育人的融会贯通。四是建设特色专业群，引导学生热爱专业服务社会。江西工业贸易职业技术学院根据江西区域经济发展战略和行业产业转型升级的需求,按照"专业基础相通、技术领域相近、服务面向相同、职业岗位相关、教学资源共享"的原则构建了6个特色专业群,其中重点建设服务粮食综合性企业的粮食工程类专业群。通过专业教学的深入和延展,引导学生热爱粮食专业,并树立起为粮食行业企业发展做贡献的正确价值观。

2. 融入课外拓展,实现课内课外联动

江西工业贸易职业技术学院在抓牢第一课堂的同时,重视第二课堂对学生的教育引导,将"五粮文化"所蕴含的价值理念融入第二课堂活动中。一是自主开发粮漆画。为开展粮食文化研究,学院专门成立粮食文化产业研究中心,建设粮园,自主开发粮漆画,组建学生社团,学生利用课余时间到粮园开展粮漆画的创作。创作主题坚持以习近平新时代中国特色社会主义思想为指导,围绕党建、英雄人物事迹、脱贫攻坚、家乡美、乡村振兴等,形成系列画。创作过程中,融入了理想信念、爱国主义精神、劳动精神和工匠精神教育,每创作一幅画,学生的思想认识和道德水平就可以得到提高。目前,粮食文化产业研究中心已经完成粮食画专项职业资格标准制定并组织完成第一批粮食画专项能力考核,形成了较完善的粮食画人才培育体系。依托粮食画项目学生先后荣获全国"互联网+"大学生创新创业大赛全国银奖,全国挑战杯大赛全国银奖等二十多项奖项。先后获评为江西省非物质文化遗产传播基地、江西省占剑华技能大师工作室、江西省占剑华名师工作室。二是组建行业特色品牌学生社团。面向全体学生组建了粮食传统文化协会,围绕"五粮文化"育人理念开展了粮食主题书法作品展、粮食主题诗歌朗诵比赛、参观企业粮食产品制作过程及参观中国国际粮油产品及设备技术展示交易会等系列活动,树立爱惜粮食、节约粮食、诚实守信、严守职业道德的意识,并落实到学习生活中;学院粮工建艺系面向专业学生组建了五谷杂粮创意坊和创意烘焙社,开展了"三维五谷作品设计与创作"作品展、"粽情粽意"端午节主题活动、"我是创客·创意产品制作"等活动,烘焙社学生创办了步步糕（DIY）焙烤坊成功入驻学院创业一条街，在专业范围内引导学生进行粮食产品创意加工，激发学生的学习热情，传承粮食文化和技艺。三是开展形式多样的特色主题活动。学院积极开展世界粮食日活动、粮食文化寻根活动、技能竞赛节活动、凌志讲坛、创新创业成果展示活动等具有行业气息、特色文化的校园品牌活动，让学生更深刻地体会到粮食文化的思想震撼和深刻内涵。

（二）"红心+粮心"文化协同实践育人

习近平总书记强调，马克思主义是在实践中形成并不断发展的，要高度重视思政课的实践性，把思政小课堂同社会大课堂结合起来，在理论和实践的结合中，教育引导学生把人生抱负落实到脚踏实地的实际行动中来，把学习奋斗的具体目标同民族复兴的伟大目标结合起来，立鸿鹄志，做奋斗者。

近些年，江西工业贸易职业技术学院高度重视思想政治理论课的实践教学，在深化实践育人方面进行了深入探索，并从队伍建设、资源保障、组织实施等方面进行有力调配，在实践中探索出"红心+粮心"实践育人机制，包括"红色寻根 守望信仰"红心实践和"粮艺育人 弘扬传统"粮心实践。

一是立足中国丰富的红色资源，每年组织师生参加"追革命烈士足迹 寻共和国之根"实践调研，目前已到井冈山地区、赣南苏区、湘西长征、遵义会议旧址以及宁夏西吉等地开展红色实践教学，通过调研、搜集史料、红色故事、访谈革命后人等方式，了解革命历史，重温革命征途的重大事件和撼动人心的场面，尤其是革命队伍在行军过程中是如何开展筹粮、运粮、借粮及其经济建设的，找寻在革命斗争中缔造的各种精神样态，从情感、认识、信仰、价值等方面加强引导，教育学生在实践中感悟共产党人的理想信念，引导学生自觉传承红色基因，坚定理想信念、立鸿鹄志、做奋斗者。

二是立足本校办学优势，以"五粮文化育人理念"为底色，弘扬稻作文化，开展稻作文化实践活动，在特色文化实践中将思政教育落

第四章 习近平新时代中国特色社会主义思想铸魂育人的协同样本

到实处。江西工业贸易职业技术学院组织师生开展粮漆画制作，建设"粮园"，在思政课教学中，形成项目化的"粮食画"制作，如讲述理想信念、爱国主义、新民主主义革命和抗疫精神等专题内容时，鼓励学生选取相关人物、事迹素材进行粮食画创作，在创作过程中获得对理论的认知、人物事迹的理解和情感的升华。目前，"粮园"已经形成展厅、江西省五谷粮食画大师工作室、粮漆画创作区等功能区域，成为集创作、展示、教育、科研、科普、双创为一体的重要文化基地。

1. "红色寻根　守望信仰"红心实践

（1）坚持"两个立足"，关切学生思想实际，打好精神底色。江西工业贸易职业技术学院坚持立足党情、国情，组织师生深挖相关红色故事和典型英雄人物，寻找鲜活案例，熟知革命人物的革命历程和革命事迹，反映革命队伍"苦到极致志更坚""艰苦奋斗为革命""艰难奋战不溃散"的政治本色，用熟知的人和事激荡思想，打好精神底色。如在莲花县龚全珍老阿姨家里，听她讲述年轻时随同甘祖昌回乡务农的经历；在永新县贺子珍亲侄子贺光明老人家里，听他讲述革命斗争时期贺子珍的事迹；在湖南汝城，学生江海繁和王智勇同学亲耳聆听了徐解秀的孙子朱向前讲述"半条棉被"的故事，并亲身参与电影《半条棉被》的拍摄，回校后他们以《"半床棉被"里的殷殷深情》为题向全院师生，分享了他们"红色寻根"之路的所思所悟。在广西全州，寻访到了红军张育华的儿子张国军、红军李喜生的女儿李丽群、"祖孙三代保红旗"的黄合林曾孙媳李青鸾一家等，在同他们的交流中，无不感受到革命先辈对于理想信念的坚守；在宁夏银川，寻访到闽宁镇第一代移民和基层干部，在同他们的交谈中，无不感受到基层百姓对于习近平新时代中国特色社会主义思想的认同与践行。同时，学院将调研成果转化为"十个一"：一次寻根事迹被收录教育部《高校红色文化资源育人发展报告》（2018）；一本纪实《守望信仰——红色寻根之旅纪实》入选教育部《高校思想政治工作研究文库》；一个教学案例入选教育厅《思政前沿》和《铸魂——江西省高校思想政治工作百佳案例集锦》；一场舞台剧《绣球草鞋》在全院公演；一堂课《理想信念的含义及重要性》被评为省级优质课；一个红色寻根载体形成了系列省级课题——《传承红色基因"双心"实践模式和"多维合力"转化机制研究与应用》《高职院校红色基因传承的"四位一体"长效机制研究》《中国共产党人的精神谱系对高校思想政治教育的价值引领研究》《基于立德树人根本任务的高职思政课3＋3＋N综合改革与创新》《新时代行业类高职院校思政课实践教学"双心三化四耦合"模式创新研究》等；一系列微党课——《一根灯芯下的艰苦探索》《一张"生死状"中的改革开放》《一瞬越千年的"脱贫传奇"》被推送省直机关参赛；一个微电影《春雨润无声》通过获教育部优秀奖；一个典型做法——《守望信仰 培根铸魂 红色寻根"四个一"实践育人模式》通过教育厅遴选报教育部；一个名师工作室——全省教育系统黄凤芝名师工作室；一批优秀教师——宗彦，教育部思政司骨干教师；周倩兰，江西省新时代学生心中的好老师；黄凤芝，江西省十大优秀思想政治理论课教师提名奖、全省教育系统百名优秀思想政治理论课教师、赣鄱时代先锋——一心为民好支书等。

（2）坚持"四个统一"，突出政治导向。坚持"旗帜统一、服装统一、行动统一、目标统一"，实践过程中，每个分队一面旗帜，每人两套衣服，每天按时完成任务、按时撰稿交稿，按时发布成果，师生同乘车同吃同住同任务，相互帮助，相互交流。寻根队员没有特殊情况不允许请假，保证寻根任务完成和后期成果转化，锤炼师生品格，增强党性修养。红色寻根实践以活动项目作为协同育人功能发挥的交汇点，以文化实践活动调动学生主体性和增强其自觉提升思想认识的动力，主动吸纳教师、辅导员、后勤服务人员、社会等各育人主体协同，实现了把思政小课堂同社会大课堂结合起来，实现了在重温烽火岁月中、在敬仰革命英烈中、在体悟家国情怀中和在涤荡思想灵魂中强本固基的目的,促使大学生牢固树立起共产主义远大理想和中国特色社会主义共同理想,促进大学生肩负历史使命,牢固"四个意识",坚定"四个自信",做到"两个维护",在实践中提升为党、为民族、为国家建功立业的本领才干。

(3)坚持"三阶递进",重温血与火的岁月,逐步坚定理想信念。坚持"知情信行"的方法,逐步深化理想信念教育,引领学生明道信道行道。红色寻根实践主要分三阶段进行。第一阶段,守望信仰　思想启蒙。通过组建队伍、授旗仪式、学生代表讲话、全员宣誓和出征动员等环节,实施理想信念微启蒙。第二阶段,守望信仰　寻根实践。通过组织师生前往芦溪、莲花、永新、宁冈、茅坪茨坪和瑞金、兴国、于都、宁都、湖南汝城和宜章、广西兴安、全州和灌阳、宁夏西吉等17个县市,走访党史办、县志办、博物馆和文化馆等80多家单位,通过调研、搜集史料、红色故事、访谈革命后人等方式,了解革命历史,重温革命征途的重大事件和撼动人心的场面,切身体会理想信念是精神之"钙"。第三阶段,守望信仰　传递力量。"红色"寻根结束后,组织师生撰写调研日记、红色故事和研究论文,实现课题、专题展板、网站、舞台剧等系列成果转化,分"开启寻根之旅　体悟信仰之温、走进历史深处　找寻信仰之源、秉持求是之风　实证信仰之坚"三个篇章完成《守望信仰　红色寻根之旅纪实》20多万字文字稿的撰写,并将成果融入思政课程教学改革中,让单向灌输式向双向互动式转变,让抽象理论成鲜活案例,打造"有力度、有温度、有强度"的思政课程;融入课程思政教学改革中,达到"专业知识+红色教育"的融合,实现技能传授与价值引领;融入校园文化,开展"研"(红色资源)"演"(红色经典)"诵"(红色家书)"唱"(红色歌曲)"讲"(红色故事)等红色文化活动,切实做到"三方协同",形成理想信念教育合力,实现了"寻而信、寻而思、寻而行",把寻根成果转化为不可撼动的理想信念,用坚定的理想信念铸牢社会主义之魂、育社会主义有用之人。

2. "粮艺育人 弘扬传统"粮心实践

江西工业贸易职业技术学院充分发挥江西省稻作文化、非物质文化遗产传播基地和全国、全省粮食安全宣传教育基地作用，开展"大手牵小手"稻作文化实践活动，通过大学生带领中小学生聆听红色故事、体验稻作文化等实践活动，进一步增进学生对粮食安全知识的了解，丰富文化实践内涵。

（1）做好非遗"六字"文章，讲好工贸粮食画故事。江西工业贸易职业技术学院以非遗申报为契机，按照"追源、保护、传承、实践、创新、发展"的"六词"步伐，探索走出一条全国独特的非物质文化遗产研究、传承与传播的特色之路。一方面，通过粮食画非遗项目申报，全面梳理和挖掘粮食画历史脉络、主要特征、重要价值、社会意义等，并形成系列理论和实践研究成果。另一方面，通过成立中华粮漆画研究院、组建"粮缘"社会实践团队、开设非遗工坊等方式，改变传统的师徒制传承模式，探索非遗人才的新培养模式，培养具有精湛的技艺及深厚的传统文化知识素养的粮食画原创手艺人。最后，围绕粮食画的历史、技艺、品类等方面进行传播推广、产品研发，形成以粮食文化元素和粮食画工艺为核心的文创产品，打造粮食文创集市，让粮食画更好融入现代生活。此外，还积极与相关厅局进行沟通交流，加强学习调研，制定粮食画职业标准、职业规范、认定标准、培训讲义，目前已经成为全国粮食画国家专项职业资格制定单位并对外开展相关培训。

（2）融入课程教学和实践项目，推进粮食画育人资源转化。粮食画作为中华优秀传统工艺，其蕴含着丰富的教育资源。在校内，在现有社团基础上通过设立选修课，融入思政课实践项目，比如，组织拍摄我心中的思政课微电影——《粮心》和大学生讲思政公开课——《有一种力量 叫中国力量》，成立粮食传统文化协会等学生社团，让特色实践融入价值教育全时空。融入第二课堂，推进和探索粮食画融入课程、融入专业教育，总结经验并逐步形成课程大纲、授课计划、教案、粮食画教材，

第四章 习近平新时代中国特色社会主义思想铸魂育人的协同样本

建立起粮食画人才培养标准和评价标准，形成粮食画课程体系和粮食画人才培养机制。同时，挖掘"四史"中的先进典型事迹和英雄人物进行创作，用粮食画阐释井冈山精神、苏区精神、长征精神等革命精神的时代价值和教育意义，发掘红色文化融入粮食画的独特表现形式。研究落实传统工艺进高校、进课堂，研究落实加强大中小学劳动教育，完善现有文创园学生培养模式，以学期为单位，利用每个周末一天时间来集中开展粮食画创作。加强通过粮食画项目参赛、参展促进学生综合素养提升，要充分发挥学生的能动性，加强学生创新思维、文笔、美工、逻辑思路、形象礼仪、语言表达和沟通交流等多方面能力。通过个人努力、团队合作来完成一件相关作品。在校内每年有目的地选拔 5—10 个有终身从事粮食画创作意愿的学生，精心培养，让他们掌握一技之能，毕业后能依靠粮食画技艺进行生存和谋生。

（3）精炼绝技绝活，焕发独特的育人价值。在技艺传承过程中，江西工业贸易职业技术学院不断推进粮食画作品原创思维更浓厚、艺术内涵更丰富、创作载体更多样、表现手法更独特、工艺水准更高超；融传统的粮食文化、清新的现代审美旨趣于一体；实现艺术与技术、观念与材料、工艺与产品的重构；注重粮食画制作的审美体验和价值元素，展现粮食画深厚的文化底蕴和精湛的绝技绝艺，展现粮食人、教育者、艺术家对时代、社会的认知深度和独到见解。一是注重作品题材、图案的原创。每学期制定创作主题，设定校外写生方向，让粮食画说粮食事，让粮食画画丰收，让粮食画绘新时代。江西工业贸易职业技术学院用自己独特的观察与审美体会进行创作，用充满爱与激情的视觉语言来进行创作，用回应新时代的新问题进行创作，体现人性美、生态美和中国美，实现了从模仿到超越的蜕变。二是注重创作材料、技法的突破。进行漆艺、漆陶、粮食防腐、图案原创设计、粮食衍生文化、产品研究、粮食画技法工艺全过程探索。进一步完善粮漆画创作，加强对漆艺研究，多用原色粮食、多增加粮食的品种，多利用非食用的作物颗粒；利用粮食的颗粒大小和立体感来进行画面构思和搭配；要加强陶和粮的结合，探索创作一批粮陶作品，让千年陶瓷与粮食共舞；要加强向珠绣、秸秆画、鱼皮画、景泰蓝金丝画、岩彩画交流，汲取新材料、新技艺融入粮食画创作中。三是注重传播载体、媒介的创新。粮食画除了以平面画的形态呈现外，还在不同的器物上嵌入，比如屏风、桌盘、灯具等各种生活器物，关注科技的变化和光影效果，关注人民生活的需求，让粮食画和粮食文化以各种形式、形态转化为面向大众的产品和公共服务，走入寻常百姓家庭生活中。江西工业贸易职业技术学院在精炼绝技绝活过程中，促进了中华优秀传统文化创造性转化和创新性发展，作品题材和图案的原创提升了师生的创造创新能力，创作材料和技法的突破锻造出一批"技师工匠"，传播载体和媒体的创新实现了艺术产品化、产品艺术化，焕发出了独特的育人价值。

"双心"寻根实践实现了把思政小课堂同社会大课堂结合起来，实现了在重温烽火岁月中、在敬仰革命英烈中、在体悟家国情怀中和在涤荡思想灵魂中强本固基的目的，促使大学生坚定理想信念，坚定前进信心，勇挑历史重任。

（三）"一廊一园"环境育人

校园环境是高校育人的一个重要组成部分，是学校"文化软实力"的重要体现，在协同育人中发挥着"润物细无声"的作用。高校校园环境打造应基于学校的文化背景，挖掘文化的深层内涵，激发空间活力，通过环境构建独具特色的校园文化生态，营造一种浓厚的文化氛围，通过校园环境文化浸染，增强大学生对校园文化所传递思想和价值的认同。江西工业贸易职业技术学院坚持将粮食作为学院文化之根魂，依托"一廊一园"等相关物质文化和制度、新媒体等精神文化的"两大环境"，实施立体化校园环境育人。

1. 建设粮食特色校园物质环境

江西工业贸易职业技术学院整体推进"五粮文化"育人环境改造工程，将粮食文化融入教学楼、实训室、食堂、图书馆、学生宿舍等场所及周边环境，同时加大对校园道路、桥梁、大门、廊墙的粮食文

第四章 习近平新时代中国特色社会主义思想铸魂育人的协同样本

化"硬着陆",使校园内的一楼一馆、一堂一室、一廊一墙、一路一桥等都能够对学生进行"润物细无声"的教育。

(1)"一廊一园"滋心养身。江西工业贸易职业技术学院是江西省目前唯一保留传统特色——粮食专业的高职院校,学院现设有"国家职业技能鉴定所"和"粮食行业特有工种职业技能鉴定站",拥有特色鲜明的粮食工程技术、粮油储藏与检测技术等专业,先后在粮食行业获得"国家技能人才培育突出贡献奖单位""全国粮食行业技能人才培育突出贡献奖单位""示范性全国粮食行业职业教育集团成员单位"等称号,在国内粮食教育中享有盛誉。为充分利用粮食院校的基础和资源,江西工业贸易职业技术学院结合新时代校园文化建设的新要求,加强粮食主题文化建设,围绕"国以民为本,民以食为天,食以粮为源"的"人与粮"双主线,坚持抓住"发现与发展"双环节,坚持把握"滋养与滋润"双重性,注重"点与面"双要素,巧妙地将赣鄱元素融合于中华粮食文化,精心设计了"一廊一园"(即"粮食名人园"连通"粮食文化长廊"),充分发挥粮食文化滋心养身的鲜活育人功能,颇具特色的校园(见图4-3)。

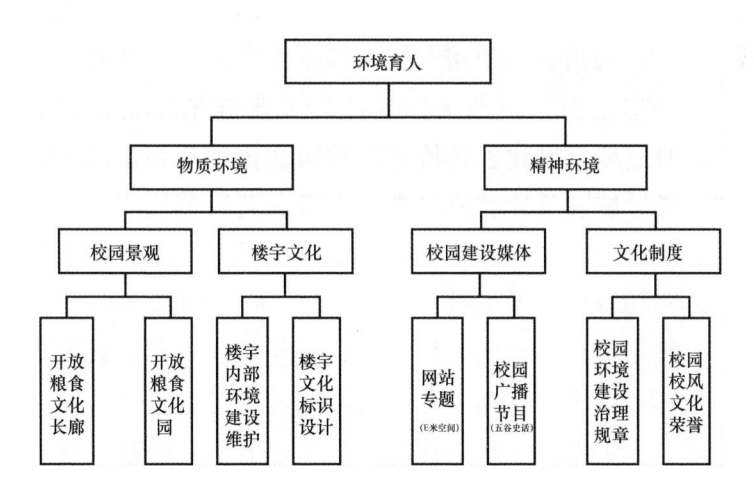

图 4-3 环境育人图示

资料来源:江西工业贸易职业技术学院供图。

江西工业贸易职业技术学院利用校内自然山树林资源，建设粮食文化园和粮食文化长廊，助力广大师生解析中国传统粮食收获、储藏、运输、加工等用具的产生、发展、演变和完善过程对粮食作物驯化、种植的影响，从中深入挖掘出中国粮食栽培历史、粮食生产管理、粮食仓储与储备制度、粮食的分配状况、粮食加工工艺以及与之相关的社会、政治、经济、文化发展脉络，不断增强粮食及食品安全意识、节约意识，以此促进国家粮食安全建设。江西工业贸易职业技术学院粮食文化园由"粮食名人园"连通"粮食文化长廊"组成。园中矗立一座高10米的"丰"字雕塑和12座粮食文化名人雕塑。"丰"字雕塑以"斗拱、稻穗"为设计主元素，兼以地雕、灯光，融合现代艺术与传统文化。"丰"蕴含五谷丰登、时和岁丰之寓意；斗拱乃中国古代建筑独具一格的经典结构，富有传统文化之韵味；稻穗代表粮食，点明粮食文化主题；地雕为二十四节气农耕文化，饱含"一年之计，莫如树谷"之春耕、夏耘、秋收、冬藏四季乐章。粮食名人园以勤于学、勤于听、勤于看、勤于思、勤于做、勤于行之"六勤"为径连接粮食文化长廊。长廊融汇了"食蕴千秋""由赣而发""继往开来"三大篇章。粮食文化园充分彰显出学院铸牢粮食之根魂，不忘初心使命，为落实立德树人根本任务作出的不懈努力。

（2）"一廊一园"润物无声。江西工业贸易职业技术学院从制度、校园景观、楼宇文化和校园媒体宣传四方面进行系统设计，以粮食文化名人园、粮食文化长廊、楼宇内部文化环境为主要载体，以图文、小品、雕塑、铺地、新媒体技术为主要手段，整体推进校园物质环境和精神环境建设，打造了一个交流交往、工作学习、休息休闲、参观游览、娱乐健康的空间，构建了校园使用、审美、教育三大功能和谐统一的环境体系。江西工业贸易职业技术学院精心构筑校园文化的"硬着陆"。设计"一廊一园"、粮食文化名人雕塑、眺望亭、五谷梯田、二十四节气广场等粮食文化园区景观，还以粮食文化长廊为载体，实施粮食文化园的研学项目，充分实现粮食文化在校园景观里

第四章　习近平新时代中国特色社会主义思想铸魂育人的协同样本

的"硬着陆"。例如近年来，学院极力打造的"工贸十景"：一是金丰凌云。该建筑位于"丰华广场"，是学院标志性建筑之一，广场正中央的"丰"字形雕塑擎天而立，辅以四季乐章之地雕，象征学院树人精神薪火传，潜心育人硕果丰，倡导学子"审问之"。二是粮源悠长。位于学院篮球场旁的"粮食文化长廊"内。长廊内，循五光十色的包袱画、枋心画而行，观几千年中国农耕方式变迁，探五十六个民族特色美食，忆四十载粮票历史，思二十四节气轮回沧海桑田，体味悠久的粮食文化，倡导学子"笃行之"。三是龙石响水。位于学院"粮食文化园"内，山弘志，水养德，声声流水如雷贯耳，与莘莘学子相得益彰，催人奋进，倡导学子"明辨之"。四是粮人仙踪。位于学院粮食文化园内的粮食名人园。神农氏、管仲、李绅、袁隆平等12位历代粮食名人雕塑形态各异、栩栩如生，藏身于书山廊间，诉说着"五粮文化育人理念"中的敬与礼、诚与信、责与献、勤与俭和传与新，倡导学子"慎思之"。五是高远夕照。位于粮食文化园中的书山顶峰之上，展现出万名工贸学子"恰同学少年，风华正茂；书生意气，挥斥方遒"的精神风采，倡导学子"博学之"。六是粮园览翠。位于学院"粮园"内，"粮园"东南隅有映翠亭，倡导学子"致远之"。七是书山月夜。位于学院"粮食文化园"内，月夜漫步书山，间杂着最质朴的农耕历史、最动人的五粮文化，倡导学子"修身之"。八是启真鱼荷。位于学院图书馆东南方及其启真池畔，古云"小荷才露尖尖角"，莘莘之子犹如初生之荷，勤学笃行，不负韶华，以"树我邦国，天下来同"的气概，尽情书写火热的青春，实现斑斓梦想，倡导学子"求是之"。九是花廊书声。位于学院教学楼旁的"思政长廊"内，常见工贸学子手捧书本，静坐花廊开启梦想，倡导学子"勤学之"。十是杏桂秋色。位于学院"思泽楼"旁，一排排银杏丹桂静驻于此，尘封一段段青春逐梦的光阴，倡导学子"沉毅之"。

2. 构建粮食特色校园精神环境

在"五粮文化"育人理念的指导下，江西工业贸易职业技术学院以新媒体技术为载体，重点打造三大校园宣传媒体，分别为网站专题《E米空间》、校园广播专题《五谷史话》、学院官方微信公众号，三大主要媒体共同推进校园文化宣传和建设，以构建具有粮食特色的精神环境，增强校园文化"软实力"。挖掘、传承、创新、发展中华优秀民间技艺五谷粮食画，形成了以粮食五谷画为核心的粮食文化产业链。学院专门设立了一批具有粮食文化蕴意的场所，如粮食文化产业研究中心、粮食文化创意产业园、五谷粮食画双创孵化基地等，并依托省级五谷画大师工作室，将文化铸魂育人具体化为学生的日常实践活动，在实践中做到知行统一，做到内化于心，外化于行。如2019年10月，在第五届中国"互联网+"大学生创新创业大赛全国总决赛中，江西工业贸易职业技术学院"粮艺"项目团队积极投身于创新创业实践中，其参赛项目"粮艺——中国粮食文创产业领军者"在国赛网评阶段顺利突围，进入全国总决赛金奖争夺战，并收获职教赛道创意组银奖。学院在五粮文化作品创新实践中，内化于心、外化于行，通过"做中学、学中育"，将立德教育、学生职业素质培养和文化传承交织在一起，创造出一批有内涵、有道德、有温度，符合当代社会主义核心价值观，体现中华文明精神的优秀五谷粮食作品。尤其是学院开创的粮漆画，通过与众不同的绘画技法与工艺，使粮食的立体感和漆的流动美相得益彰，让亘古粮食文化更好地"活"起来、传下去、"火"起来。近年来，学院师生创作的粮食画作品，已多次应邀参加全国粮食交易大会、江西高校科技成果对接会、2020年"文化的力量"江西文化发展巡视等展示交流，颇受大众青睐。

依托粮食特色人文环境，江西工业贸易职业技术学院在学生思想政治教育中有效传承了"宁流千滴汗、不坏一粒粮"的敬业精神，"爱粮节粮、杜绝浪费"的节俭精神，"为耕者谋利、为食者造福"的奉献精神，"天下粮人是一家"的大局精神等中华粮食文化传统理念。有效传承了中华粮食文化传统技艺，形成了独具特色的校园文化品牌，使学院成为全省高职院校文化育人示范学校，引领和推动高职院校铸魂育人工作的发展。

第二节 "五粮文化"三维协同铸魂育人效应

江西工业贸易职业技术学院坚持用习近平新时代中国特色社会主义思想铸魂育人，倡导"全员、全过程、全方位"育人的"三全"育人理念，通过主体、场域和过程的协同与循环，积极构建高校"大思政"的育人格局。以"五粮文化"育人为主线，推进教学、实践和环境"三维协同"，在推进"三维协同"实践中，以协同推动习近平新时代中国特色社会主义思想铸魂育人机制、渠道创新，以"双心"推动实践创新，以"一廊一园"培育良好环境，深化"三全育人"改革，促进了互联、互通、互动的三全育人格局的形成。

一 主体协同实现全员育人

推进"三全育人"综合改革，必须坚持以习近平新时代中国特色社会主义思想为指导，对标"三全育人"的要求，构建育人格局，在"三全育人"的高度、广度、深度、效度上下功夫，强化传承红色基因、赓续红色血脉的使命自觉，不断提高铸魂育人的水平和质量。江西工业贸易职业技术学院作为一所文化底蕴深厚的粮食院校，始终坚持党对教育事业的全面领导，秉承立德树人这一根本任务，主动对标"全员"要求、主体协同，实现育人"无不尽责"，破解思政教育"孤岛化"的窘境，形成高校上下联动、纵横相间、同频共振的育人格局。

（一）构建了"上下贯通"的多层级有效协同的管理体制机制

"同向同行、协同育人"体制机制建设是一项系统性、整体性的工程。习近平总书记在学校思想政治理论课教师座谈会上明确提出，"要建立党委统一领导、党政齐抓共管、有关部门各负其责、全社会协同配合的工作格局"。① 因此，在管理体制上，需要构建集高校党政部门、管理及相关职能部门、二级学院为一体的多层级、纵深式的管理体制。此外，要确保不同管理主体在分工明确、各司其职的基础上，又能实现协调统一、协同育人的效果。江西工业贸易职业技术学院一直以来就把思想政治工作摆到重要位置，立足于三螺旋理论，探索铸魂育人协同机制及协同路径。在协同机制上，江西工业贸易职业技术学院党委书记承担起思政工作建设第一责任人的职责；院长、分管思想政治教育工作的副书记、分管教学副院长负起政治责任和领导责任；其他党委班子成员实行"一岗双责"制，结合各自分管业务来抓好、抓实思想政治工作。相关部门、各二级学院坚持把思政工作"同向同行、协同育人"的体制机制建设作为加强内涵建设、提升内部治理能力的重要环节，确保学院思想政治工作体系建设落在实处、取得成效。近年来江西工业贸易职业技术学院充分发挥党组织的先锋模范作用，按照"1234"的思路和"六有六传"标准，努力探索铸魂育人实践"工贸新模式"。"1"，是指要紧紧围绕推进习近平新时代中国特色社会主义思想更加深入人心这一总目标，在学院、支部、班级三个层面分别建立铸魂育人实践中心、实践所、实践站，实现上下协同三级联动教育管理模式，打通教育、关爱和服务广大师生群体的"最后一公里"。"2"，是指要把握好两条原则，要坚持以党支部为主要阵地，以"1+3+N"模式深入开展"一支部一品牌"建设，围绕弘扬和传承"红色革命文化、中华传统文化、专业文化"三种文化展开党建；坚持以志愿服务为主要活动方式，成立教师党员、学生党员和志愿者三支队伍，组建"3+N"志愿服务模式。"3"，是指要抓好三个统筹，统筹好学院与系部之间的资源，统筹好党支部之间的资源，统筹好学院与班级两级的资源，将资源集聚到基层的实践所、实践站去，实现共建共享。"4"，是指要建好理论宣讲平台、教育服

---

① 《习近平谈治国理政》第3卷，外文出版社2020年版，第331页。

第四章 习近平新时代中国特色社会主义思想铸魂育人的协同样本

务平台、文化育人平台、文化传播平台四大平台，突出思想引领、实践养成、以文化人，实现育人工作成效。

（二）构建了"多元主体"共同参与的协同工作机制

院系（各职能部门）中的个人、组织、院系、学校等主体，会在各项工作中存在多维、交叉互动的关系，实现各主体的合力效应在构建铸魂育人协同机制中起着重要作用。江西工业贸易职业技术学院着力构建"多元主体"的协同工作机制，在学校层面注重顶层设计和激励引导，在专业人才培养方案制订和课程体系建设的源头上，注重将思想政治教育纳入其中。除此之外，学院着力建立健全以网络平台为载体的开放的资源整合协同机制，通过鼓励搭建跨系、跨部门的协同育人平台，整合多方资源，促进资源的共建共享，助力思想政治教育课程体系建设。近年来，江西工业贸易职业技术学院以凝练一个价值理念、建设一个文化基地、创新一套育人模式、打造一个思政品牌的"四个一融合"工程，真正实现全员在党指挥下的"大合唱"，各司其职，各负其责，唱出"立德树人"好声音。

（三）构建了"后继有人"的师资队伍保障机制

江西工业贸易职业技术学院在师资队伍的建设上，首先，注重对教师专业技能的培养，鼓励教师参加各种技能培训，如岗前培训、国家级省级培训、学院教学技能培训等。其次，重视对教师授课技能的打磨，通过组织督导听课评教、参与各类教学能力竞赛等方式，强化教师们的"思政意识"，提升教师对思政工作敏锐性和实践能力，搭建起后继有人的师资人才队伍保障机制。2020年，全院教师竞赛共获奖21项，其中国家级奖项3项，省部级18项，师生在国家级赛事获奖总数在全国排名第14位。再次，注重挖掘、整合校内人才资源，充分发挥党政领导干部、思政课教师、其他专业课教师在课程体系协同育人体制机制建设及实施过程中的主体作用。同时，充分整合思政课教师、辅导员、心理健康教育教师和党务工作队伍等，打造多学科背景互相支撑、良性互动的师资队伍，共同承担高校思想政治教育课程体系的教学和研究工作。最后，善于借力，聘请符合条件的专家学者、地方党政领导、知名企业家、社会各条战线的先进人物担任学校思想政治教育特聘教授，为高校课程体系"同向同行、协同育人"体制机制建设及实施提供优质教师资源保障。

二　场域协同构建立体课堂

（一）课内与课外协同的育人实践

课堂教育是第一场域，在思想政治教育中起到了主导作用，是高校思政育人主渠道，课外教育是思政育人的主阵地，两者相辅相成、相得益彰。江西工业贸易职业技术学院以铸魂育人为核心，聚焦学生的发展需求和期待，将课内教育与课外教育有机协同，推进课内课外思想政治教育形式和内容创新，充分发挥出最大的教育合力。

以"双心"实践为突破口，推进构建思政课主渠道和互联阵地的协同机制。结合省情、校情，以"红心（江西红色文化资源）实践+粮心（学院特色粮食文化）"实践为突破口，推进思政课"3+3+N"综合改革，构建"常态化的红色教育、品牌化的红色寻根和专题化的'粮漆画'制作""三化"实践教学新体系；构建"课前实践任务布置、课内实践任务探究（任务展示—催化引导—理论升华）、课后实践任务训练"的"三环三步"的立体教学新模式；构建"N维协同"的思政育人新机制。着力解决了思政课实践教学体系不健全，实践与理论割裂；思政课堂教学模式单一，供给与需求失衡；思政育人合力不够，主渠道和互联阵地协同不够的问题，推进了各类课程与思政课同向同行，构建思政课主渠道和互联阵地的协同机制。

以课程思政教学改革为着力点，推动各类课程与思政课同向同行动。由思政教师和专业教师组建团队，共同挖掘专业课程中所蕴含的中华优秀传统文化、革命时期的人物及历史事件、新时代模范英雄事迹等相关案例并运用于教学，帮助学生厚植爱国主义情怀、树立道路自信、理论自信、制度自信和文化自信；体育类课程着重培养学生团队协作意识、体育竞技礼仪和体育精神，注重挖掘女排精神、奥运精神等相关竞技项目先进人物的典型事迹案例并在教学中应用，引导学生学有所获、学有所悟。

课外场域相较于课内场域而言，形式灵活多样。江西工业贸易职业技术学院开展丰富多彩的校园文化活动，不断打通课内课外教育壁垒。学院每年开展"我和书记有个约会""院长接待日""思想政治工作体验日"和"学生生活体验日"等品牌活动，充分利用五四青年节、基层党校学习班开班等契机，院领导、党员干部走进学生宿舍、食堂、操场、社团等第二课堂中，组织学生围绕习近平总书记系列重要讲话精神开展座谈、讨论等，教育引导青年学生不负韶华，在激情奋斗中绽放青春光芒，学会思考、成长与担当。不断净化校园软环境，组织开展校园卡通形象征集评选，打造"工贸十景"和校园文化墙，塑造校园文化品牌，增强校园文化感染力。

进一步发挥粮食文化凝心聚力功能，组织开展粮食文化浮雕设计征集、粮食文化农耕小品故事征集、粮食文化长廊亭榭名称及楹联征集，并以江西工业贸易职业技术学院获批"全国粮食安全宣传教育基地"为契机，加强大学生粮食文化、传统文化教育。扎实开展"疫情防控工作优秀志愿者"等身边好人、先进典型的评选表彰工作，持续推出"最美工贸人"系列报道，通过优秀教师典型、国家奖学金获得者学生风采等师生的先进事迹报道，让学生感受有形的思想道德引领力量，进一步激励青年学子担当作为。

以生活化教育为大学生思想政治教育的又一个舞台，注重在生活的细微之处开展思想政治教育。江西工业贸易职业技术学院每年组织开展"宿舍文化节"之"宿舍美化大赛""棋王争霸赛""诗歌朗诵比赛""以言明志"宿舍座右铭征集活动等丰富多彩、形式多样的活动，吸引广大同学参与其中，用勤劳、智慧和热情建设学习生活的港湾，寝室文化环境焕然一新。如在宿舍座右铭征集活动中，有学生个人及宿舍的成长标语、心灵寄语、励志名言；有结合自身成长经历总结的精练语句；还有结合网络用语，用幽默风趣的语言表达深刻含义的语句，学生通过参与宿舍文化创建，潜移默化地锤炼了理想信念担当，涌现出了一大批优秀寝室，如"十佳寝室""免检寝室""最美寝室"等。

（二）线上与线下协同的育人实践

传统的思政课教学和日常思政教育活动是现实场域的具体教育实践活动，具有即时性，不可复制和重构。但随着互联网技术的应用，思想政治教育突破了传统思想政治教育的场域边界，逐渐构筑起虚拟、动态且声像兼具的教育场域。高校只有适应新形势的变化，充分认识并利用好新媒体的优势，占领新媒体时代网络思想政治教育制高点，思想政治教育的主流意识形态才能抢占高校思想舆论阵地，使高校思想政治教育化"被动"为"主动"、变"追赶"为"引领"。因此，需要充分运用新媒体技术，不断推进习近平新时代中国特色社会主义思想铸魂育人方式方法的创新。

在线上线下的协同育人实践中，江西工业贸易职业技术学院充分利用网络思想政治教育资源，有效开展线上线下思想政治教育。以教材为主，以网络资源为辅，充分利用"学习强国""中国大学慕课"等网络发布的专家精品课程，将网上丰富的案例、现实生活中的事件，以生动鲜活的形式展现给学生，不断增强思想政治教育的趣味性、实效性。走出课堂，学生课下再上线，可与红色网站交流，或与老师在线交流，解答疑惑，实现线上线下的有机协同。结合习近平总书记重要讲话、重要指示精神，江西工业贸易职业技术学院创新教学管理方式，组织开展专题党课，拓展学习内容。结合"走读红色圣地 传承红色基因 争做时代新人""向国旗敬礼——青春致敬祖国"主题党团日活动等线下实践活动，组织开展"共读红色家书·分享战疫故事·战疫中共话成长"、党的知识竞赛等线上活动，进一步培养学生爱党爱国情操，铸牢理想信念之基。

立足办学资源和办学特色，江西工业贸易职业技术学院让习近平

第四章　习近平新时代中国特色社会主义思想铸魂育人的协同样本

新时代中国特色社会主义思想在专业建设中"发力"、教材中"有形"、网络上"有声"。如学院2020年、2021年连续两年组织教师团队参加省级教学能力大赛，每个参赛项目都融入了思政元素、组织编写校本特色教材《五粮文化育人学思践悟》、组织申报了《以"双心"实践为突破口的高职思政课"3+3+N"综合改革与创新》教学成果奖并获得江西省教学成果奖一等奖等，微信公众号定期推送相关思政文章，实现线上线下同步育人。在疫情期间，江西工业贸易职业技术学院始终坚持"停课不停学"，如期线上开课不松劲。为讲好战疫思政大课，坚持以"疫"为"材"，集体研发《战疫必胜》《拳拳赤子心　殷殷爱国情——爱国主义专题教学》和《疫情之下的生命守望——生命教育专题教学》等特殊思政课，化"疫情危机"为"教育契机"，从抗疫中寻找"活水"，利用"战疫情"这本鲜活教材，紧扣立德树人根本任务，大力开展线上思政教育，实现思政小课堂与社会大课堂同频共振，把课堂当"战场"，用抗疫作教材，融入爱国教育、信念教育、科学教育和生命教育，为学生上好"人生成长大课"。

创新融媒体平台的"闪亮点"。江西工业贸易职业技术学院不断加强对网络思想政治工作的创新力度，构建"一报一网多平台"的融媒体传播发展新格局，传播好工贸好声音、好故事，全方位、多角度、立体化展示学院全面建设资讯、教学科研动态、师生典型故事。引导支持教学名师、优秀教师参与网络文化建设，壮大网络舆论引导力量，持续推出"最美工贸人"等系列品牌网络栏目和活动。一大批贴近生活、新鲜上口的"工贸故事""青春正能量"从面对面到键对键，让主流价值浸润学生的心田，以铸魂育人效果回答时代之问、人心之问。打造官方微信平台载体，组织策划题材新颖、师生喜闻乐见的推文，点击量累计超过10万次，官微社会影响力稳居全省高职院校前三，入选江西省十佳高校微信公众号、全国职业院校官微百强，获全省教育成就网络展示优秀组织奖，学院成为江西省新媒体协会副理事长单位。网络媒体拓展新空间，持续更新官方抖音、校园空间、微博、腾讯视频，持续传播推送正能量产品，主动占领网络思想政治教育阵地。

（三）校内与校外协同的育人实践

铸魂育人需要协同课堂内外、校内校外的力量。对于高校大学生来说，学校是教育的主战场，学校教育场域在大学生思想政治教育过程中发挥着主导性功能。校外场域在育人中也发挥着极其重要的基础性和支持性功能，家校社协同是全球教育研究与实践的重要趋势，也是新时期教育改革与发展的关键。国家"十四五"规划和2035年远景目标纲要明确提出，要建设高质量教育体系，其中，"构建家校社协同育人机制"被突出"前置"。

在铸魂育人实践中，江西工业贸易职业技术学院不断拓展育人空间，注重与家庭、社会联动育人，将思想政治教育融入生活大课堂，依托全省各地开展的"三请三回"行动，以食为媒，以寻找家乡美食为载体，教育引导大学生深切感悟父母及家乡人民的勤劳与智慧，激发学生热爱家乡，尊亲敬长情怀。将家风教育融入思想政治教育，通过校内外实践活动，帮助大学生形成良好习惯。注重与家庭联动育人，设立家庭教育辅导群，推动家长和学校共同研究教育规律，提高家庭教育水平。学院各系、辅导员采取与家长对话、微信联系等方式，互通有无，保证家庭教育在学校配合下取得良好效果。注重与社会的联动，主动吸引社会组织、优秀校友、公益团体等各类社会资源，大力丰富大学生校外实践活动。学院通过组织开展参观爱国主义教育基地、参与社会调研、开展乡村振兴帮扶等活动，让学生对爱国主义、诚实守信、公平正义、奋发有为等优秀品质有更深入的了解，提升思想政治教育的心理认同。近年来，学院通过组织市级"非遗话南昌"系列活动，提升学生珍视传统文化的价值观念；通过开展以五谷粮食画创作为抓手的"党建+粮食文化"系列创作，提升学生爱国爱党的道德品质；通过开展点对点文化扶贫活动，提升学生责任担当

第四章 习近平新时代中国特色社会主义思想铸魂育人的协同样本

及人文素养品质；通过开展粮食五谷类产品架构和产业运营，提升学生艺术审美和职业素养，在各项社会实践过程中实现对学生职业品德的塑造、担当意识的树立、职业能力的提升、创新能力的培养。

（四）理论与实践相结合的育人实践

江西工业贸易职业技术学院不断深化新时代学校思想政治教育改革创新工作，强化理论与实践的协同，在思想政治教育中既注重传承真理，又凸显其行为指导作用，着力培养具有创新发展实践能力的应用型人才。

江西工业贸易职业技术学院统筹推进各年级思政课一体化建设，构建"螺旋上升、循序渐进"的一体化育人格局。立足学生视角，从生活实践出发诠释意识形态变化，通过集体备课集思广益，结合江西红色资源、历史人文、区域发展等，对社会革命、阶级斗争、人类发展等历史事件的阐释辅之以感性经验的传递，使思想政治教育有血有肉、生动活泼。采取课前10分钟学生讲新闻方式，充分发挥学生在思政课实践教学的主观能动性，不断增加思想理论教育的温度与亲和力。江西工业贸易职业技术学院着力把创新创业能力和社会主义核心价值观融入人才培养目标，重点培养学生求真务实、吃苦耐劳、追求卓越等优秀品质。学院根据国家产业发展战略、江西区域经济发展目标和产业转型升级需求，按照"专业基础相通、技术领域相近、服务面向相同、职业岗位相关、教学资源共享"的原则，形成了粮食工程类、智能制造类、营销类、管理类、物联网应用类、建筑工程类6个特色专业群，以专业群的发展带动专业建设，服务区域产业转型升级和企业技术进步，更好地适应经济社会发展对人才的需求。明确各专业所服务的行业、产业和企业，通过专业教学的深入和延展，在服务社会实践中，引导学生热爱专业，并树立起为社会发展作贡献的正确价值观，使学生成长为心系社会、有时代担当的高素质技术技能型人才。

"教育要通过生活才能发出力量而成为真正的教育"[①]。这就要求铸魂育人要不能脱离思想政治教育，高校铸魂育人，要落脚在日常生活和社会实践中。江西工业贸易职业技术学院立足办学优势，充分发挥江西省稻作文化、非物质文化遗产传播基地和全国、全省粮食安全宣传教育基地作用，以"五粮文化育人理念"为底色，弘扬稻作文化。通过世界粮食日和全国粮食安全宣传周，开展"大手牵小手"稻作文化实践活动，创新思政教育实践，进一步增进学生对粮食安全知识的了解。同时，大力开展大学生志愿服务。江西工业贸易职业技术学院组织各系发动团员青年，遵循就近就便原则，通过云组队的方式属地化开展大学生寒暑期"三下乡"社会实践调研活动，助力脱贫攻坚、乡村振兴战略。以"校地共建 服务地方"为方向，与社区、红十字协会、南昌市中心血站等部门建立长期合作。组织开展学雷锋志愿服务月暨践行社会主义核心价值观宣传月活动，包含"青春建功新时代 志愿服务勇争先"网上主题团日活动、"身边好人好事"选树活动、"同舟共济 青春偕进"关爱帮扶活动、"精准扶贫 助力攻坚"志愿服务活动、"生态保护 从我做起"志愿服务活动、"热血战疫 青春担当"等活动，使青年学生在实践中受教育，增才干。通过开展红色寻根实践活动、"传承中华文化 坚定文化自信"——南昌汉代海昏侯国国家考古遗址公园实践教学活动和百名学子上井冈"红色走读"社会实践教学等活动，让文化自信与红色基因融入学生成长全过程。

三 过程协同贯穿育人始终

大学生从入学到毕业，在不同的发展阶段，会遇到不同的发展问题。江西工业贸易职业技术学院坚持以学生健康发展为中心，根据学生在不同阶段的发展特征，抓好各个时期育人工作，实现全过程

---

① 陶行知：《陶行知全集》第4卷，四川教育出版社1991年版，第428页。

育人。

（一）开展好大一的适应教育，夯实学生成才根基

高中到大学是人生的重要阶段，高校应重视新生的入学教育，让学生尽快适应大学生活。大一学期处于衔接适应教育阶段，无论是在生理还是心理，学生会产生各种各样的变化，可能会由期待转为焦虑、兴奋转为懈怠。教育引导不足，很容易造成学生各方面的滑坡。基于此，江西工业贸易职业技术学院充分重视学生的思想政治教育，以学生为中心，坚持课程育人、主题教育育人和活动育人相融合，助力学生成长成才。

一是开设各类适应课程。包括大学生新生入学教育、职业素质修炼、心理健康教育、职业生涯规划、理想信念教育等各类课程，及时做好大学生心理健康辅导工作，开通各种辅导渠道，引导大学生心理健康，以阳光心态对待入学新生活，培养个人责任感，解决大学生理想信念中存在的"有索取、无奉献；有青春、无热血；有欲望、无理想；有目标、无信仰"等理想信念淡薄、不坚定甚至缺失的问题，夯实思想根基；引导学生树立正确的就业观，科学规划学习生涯，脚踏实地学习技能，实现全面自由的发展。

二是开展各类主题教育。在每年的开学季，学院在做好新生入学工作的同时，开展各式各样的主题教育，对学生进行从学期始到学期末的过程协同教育。如9月的军事技能训练，培养集体主义、爱国主义和革命英雄主义精神。10月的"向国旗敬礼——青春致敬祖国"主题党团日活动，促使大学生筑牢家国情怀，崇尚英雄，学习英雄，勇于担当、甘于奉献的崇高品格，把个人理想抱负与国家富强、民族复兴紧密相连，以青春和汗水诠释爱国情、强国志、报国行。11月的基层党校专题教育培训，深化党史、国史、改革开放史、社会主义发展史教育，引导学院青年大学生坚定理想信念、树立远大志向，厚植爱国主义情怀、加强品德修养，增长知识才干、培养奋斗精神。12月的以"走读红色圣地，传承红色基因，争做时代新人"为主题的百名

学子上井冈山"红色走读"实践活动，大力弘扬和践行井冈山精神，传承红色基因。还有定期开展"光盘行动"主题系列教育活动和"厉行节约、反对浪费"为主题的"光盘有礼"活动，激励和鞭策大学生不仅是今日做到"光盘"，更要日日做到"光盘"，珍惜粮食的来之不易，勤俭节约、艰苦奋斗，做"厉行节约、反对浪费"的倡导者、宣传者和践行者。

三是组织开展形式多样的活动。例如宿舍美化大赛活动、趣味运动会、千名学子国旗下告白祖国活动、党史知识团队通关赛、"不忘初心、牢记使命"主题教育专题党课、观看红色电影、"思想政治工作体验日"和"学生活动体验日"等主题活动，不断丰富校园生活，让新生尽快融入校园生活，乐观对待学习生活；坚持将红色文化精神教育贯穿于各种活动中，帮助学生树立正确的政治立场；丰富思想政治教育工作的形式，使之多样、生动有趣，进一步提高思政育人工作的质量和水平。

（二）开展好大二的课程思政教育，助力学生梦想起航

"思政课程"与"课程思政"只有同向同行，才能形成协同效应。江西工业贸易职业技术学院坚持以习近平新时代中国特色社会主义思想为指导，着力把课程思政和思政课程协同建设作为铸魂育人根本任务的基础性工作，推动思想政治工作体系贯通学校人才培养体系，全面打造课程思政与思政课程协同育人体系，让习近平总书记关于铸魂育人的重要论述在学院落地生根、开花结果。

一是统筹课程思政教学改革。在推进课程思政教学改革过程中，明确教学主体、对象，思政课教学部主要理念植入，通过召开专题讲座或培训，设计思维导图，将马克思主义理论知识与方法有机地与其他专业知识衔接起来，让广大教师也能够充分掌握马克思主义理论教学方法，将思政元素融入教学体系。同时，通过邀请校外专家开讲座和参加国家行政学院课程思政网络培训，完成课程思政教学改革的教育理念植入。

二是明确课程思政的教学目标。将思政元素加入教学大纲，依据不同专业课程的特征和学生专业学习的阶梯式成长特征，嵌入典型案例、素材资源，围绕学生遇到社会问题的复杂度，系统设计思政教育递进教学路径，自觉地将社会主义核心价值观和中华优秀传统文化教育融入课堂教学中，如专业课如何融入、公共基础课如何融入、专业核心课如何融入，学院均在实施方案中出台具体指导意见。通过不断更新、丰富课程教学内容，创新教学设计，学院分课程、分专业、有步骤地开展课程思政教学改革，从推广到全面实施，逐渐实现所有专业课程思政教学改革全覆盖，构建了大思政格局，实现了全课程育人。

三是检验课程思政建设效果。通过开展课程思政教学改革推进会、课程思政示范课建设评审、督察课程教学效果、调研学生学习效果等，检验课程思政育人效果。

（三）开展好寒暑假的教育引导，助力学生学习不断线

双休日、寒暑假是全过程育人的一个重要时期，需要持续加强大学生的思想政治教育，实现全过程育人。可以采用线上方式进行学习，强化大学生的思想政治教育。江西工业贸易职业技术学院紧扣立德树人根本任务，利用线上思想政治教育，不间断地开展学生教育。例如充分利用"学习强国""中国大学慕课""学习通""周末理论大讲堂"平台，将网上丰富的案例、现实生活中的事件，以生动鲜活的形式展现给学生，增强思政课的针对性和时效性，引导大学生坚定"四个自信"，树立家国情怀，肩负起时代赋予的使命与担当。

江西工业贸易职业技术学院也极其重视大学生的社会实践，通过"三下乡"社会实践活动的组织和实施，让大学生充分体验课外生活，增强学生的社会实践技能，促进学生全面发展。在寒暑假，江西工业贸易职业技术学院组织各系发动学生，遵循就近就便原则，通过云组队的方式属地化开展大学生"三下乡"社会实践调研活动，助力脱贫攻坚、乡村振兴战略。例如青春"乡"约弋阳、青春"三下乡"守

护童真暖心田、"红黄蓝绿粉"五色"三下乡"等主题社会实践活动，引领教育大学生在切实感受中华人民共和国成立70多年来取得的巨大成就中增强"四个意识"、坚定"四个自信"、做到"两个维护"，在加强志愿服务中增强责任感和使命感，在社会实践中增长见识、奉献力量，以实际行动投身于乡村振兴战略，为建设富裕美丽幸福现代化江西奉献青春力量。

（四）做好毕业时期就业创业引导，助力学生放飞青春梦想

顺利就业创业是毕业生的梦想，为了更好地助力学生步入社会，放飞青春梦想，江西工业贸易职业技术学院通过规划与管理，搭建平台进行职前教育，帮助学生提前适应社会工作节奏，提高学生的紧迫感，做好毕业季的思想政治教育工作。

搭建毕业季活动平台，做好职前教育。学院开展成才观、职业观、就业观等主题教育活动，对学生的就业情况进行分析，对目前已就业的学生工作情况进行了解，对仍未就业或者就业不稳定的同学进行指导和帮助，通过分析现在的就业形势，结合目前学生所处的阶段和高职学生自身特点，找准定位，做好规划，帮助学生树立正确"成才观、职业观、就业观"，解决学生在就业及学习方面的压力和心理问题，切切实实地做好学生的就业服务工作。

为鼓励和引导毕业生留赣就业，服务地方，目前学院已与南昌小蓝经济技术开发区、昌南工业园区、新建长埝工业园区等周边几大重要新技术产业园区签订校地合作协议，初步建立国家战略性新兴产业人才需求与毕业生就业对接机制，毕业生供求信息共享机制，主动服务地方经济和产业发展，并连续四年开展"大学生园区行"活动，走进工业园区，了解园区企业。活动的开展促使学生对专业有了更深刻的认识，对园区企业情况也有更加理性和科学的认知分析，为毕业生留赣就业创业打下了基础。学院积极参与校企合作洽谈会，搭建校企对接平台，整合优质企业资源，为毕业生打开了更多就业的渠道，为后期完善教学模式及相关专业课程提供了较多的宝贵意见，帮助毕业

生实现更高质量、更专业对口的精准就业。

同时，加强引导促就业，围绕转变就业观念这个关键，加强学生思想政治教育，培养学生家国情怀，鼓励毕业生积极报考"特岗计划""大学生村官""三支一扶""西部计划"等项目，引导广大毕业生加入到乡村振兴战略中来，积极主动去国家最需要的地方奉献青春、建功立业。

学院还实施精准帮扶保就业，将困难毕业生作为重点帮扶对象，加大帮扶力度，对他们实行"经济上扶持，信息上首推，心理上疏导"的三位一体扶持措施，全方位促进大学生就业。学院党政领导高度重视，认真落实"一把手"工程、"一对一"结对帮扶，党委书记、院长亲自担任困难学生帮扶联系人，并带队深入贫困学生所在企业走访看望困难学生。确保并实现有就业意愿的"建档立卡"贫困户家庭毕业生就业全覆盖。

第五章 习近平新时代中国特色社会主义思想铸魂育人的协同效率评估

——基于江西高校的实证检验

高校坚持用习近平新时代中国特色社会主义思想铸魂育人作为一项涉及多层次的系统工程，各子系统、各要素之间为了实现协同效率的高效，必须加强密切合作、进行有效沟通，进而保障最后的育人效果。如果各高校坚持用习近平新时代中国特色社会主义思想铸魂育人，首先要考虑的一个必要前提是采用何种有效方法精准评估高校学校、学院、个体三级协同育人效率以及合理识别彼此之间的育人边界，从而实现"1＋1＞2"的倍增效应。通过对协同效率的评估，可以提供量化的分析，进而优化协同性。

第一节 协同效率评估的必要性

高校用习近平新时代中国特色社会主义思想铸魂育人协同机制的运行离不开客观的对协同效应的评估，通过客观评估明确成绩和不足，进而推动协同铸魂育人机制的完善和发展。前期对"铸魂育人"相关学术研究成果的梳理不难发现，铸魂育人作为一个独立命题，近几年才有所升温，但研究内容相对集中并且针对铸魂育人机制的相关研究，取得的成果寥寥无几，关于协同的有效性及其限度的研究更是

第五章　习近平新时代中国特色社会主义思想铸魂育人的协同效率评估

少之又少，研究价值等待挖掘。在知网（CNKI 平台）以"协同效率"等为检索词，利用陈超美教授开发的科技文本数据可视化软件 CiteSpace5.7R5W.7z 进行科学计量分析，并结合万方、维普、国家图书馆等具有代表性的文献，对协同效率相关研究进行了梳理回顾，以期在现有文献研究基础上，参考当前学者的研究成果实现本章节研究在高校协同育人领域的增益。现将相关研究成果概述如下。

学者在协同效率的相关研究上视野较广，其中在高校协同育人领域主体多样，但在思想政治教育协同育人中的研究成果未见。整体而言，协同研究范畴较宽且不聚焦，主要集中在内涵、机制、评价等方面，并且大多以企业工业为主体视角。在协同效率相关理论研究上，陈春花、朱丽提出了组织价值重构的新方法，并指出协同人越多，效率就越高，协同不仅包括组织内部人员的协同，还包括与组织的外部利益相关方的协同，而协同管理，是为了实现系统整体效率最大化，并将构成系统整体效率的关键要素归结为四个关键要素，分别是企业边界、契约与信任、组织内协同与组织外协同。[①] 黄奇帆提出借助区块链分布式的特点，打通监管部门间的数据壁垒，从而实现各系统之间的信息有效共享。并且将情况复杂不一的多方主体进行有效合作，加强有效沟通，提高协同效率、降低沟通成本。[②] 在评价方面，学者大多是对协同效率的评估进行实证分析，研究应用领域较广，主要分布于经济体制改革、工业经济、计算机软件及计算机应用、金融、贸易经济、环境科学与资源利用等。其中在高校协同育人领域，按主体划分主要有：校企合作，学界更多从产学研角度对校企协同教育进行了更深入的研究，即将"教学—科研—产业创新"三者进行结合的由"高校—企业—政府"组成的"三重螺旋模式"；家校协同育人，其中在协同边界问题上，李忠琼、黄海霞基于家校协同育人出现的问题，厘清了家校协同育人中家校各自的责任边界，但在协

[①] 陈春花、朱丽：《协同：数字化时代组织效率的本质》，机械工业出版社 2019 年版。
[②] 黄奇帆：《结构性改革》，中信出版社 2020 年版。

同效率研究上未见。① 校内育人协同,如教师与学生团队、思政课教师与辅导员等主体协作育人,任源钢、姜士生借助二元 logistic 回归模型实证分析高校专业课教师与学生工作队伍协同育人成效影响因素。② 尽管协同育人领域主体多样,但在高校思想政治教育协同育人问题上,更多是基于文献分析法,在调查研究上成果不足,而对协同育人效率的评价分析研究文献未见。

在研究方法的选择上大多基于投入产出理论,利用 DEA 分析法等,在研究设计上趋向于综合效率评价向多阶段评价发展。数据包络分析(DEA)是由美国运筹学家 A. Charnes 等在 1978 年提出,是评价同一类型的各决策单元相对有效性的方法。数据包络分析法是在相对效率概念的基础上一步步发展而来。在方法及模型选择上,大多学者采用 EDA 模型,如张玉柯、胡继成应用 DEA-Malmquist 指数模型测度京津冀金融发展与技术创新融合效率。③ 同样还有一些学者在分析县乡两级医疗机构协同管理的运行效率时,也采用了 DEA 方法。为了更有效进行协同效率评估,在研究设计上,王聪等为了提高测度结果的可比性,采用超效率 CCR 模型以解决传统 CCR 模型、BCC 模型等效率测度方法普遍存在的问题,即无法比较多个有效决策单元之间的效率高低,并进一步利用面板 Tobit 模型的两阶段法分析了科技资源配置效率的影响因素。④ 孙崇文、秦远建以湖北省为例,将产学研协同创新的过程分为研究开发与成果转化两个阶段,运用 EDA 方法分析其协同创新效率评价。⑤ 蒋明烨采用 PCA 主成分分析和三阶段 DEA 模型,选取了江西省具有代表性的 13 所高校 2015—2016

---

① 李忠琼、黄海霞:《厘清家校协同育人中各主体责任边界》,《人民教育》2019 年第 22 期。

② 任源钢、姜土生:《专业课教师与学生工作队伍协同育人成效影响因素分析——基于二元 logistic 回归模型实证研究》,《重庆师范大学学报》(社会科学版) 2019 年第 5 期。

③ 张玉柯、胡继成:《京津冀协同视域下金融发展与技术创新的融合效率》,《河北大学学报》(哲学社会科学版) 2016 年第 6 期。

④ 王聪、朱先奇、刘玎琳、周立群:《京津冀协同发展 中科技资源配置效率研究——基于超效率 DEA—面板 Tobit 两阶段法》,《科技进步与对策》2017 年第 19 期。

⑤ 孙崇文、秦远建:《基于 DEA 分析法的产学研协同创新效率评价——以湖北省为例》,《理论月刊》2018 年第 4 期。

第五章 习近平新时代中国特色社会主义思想铸魂育人的协同效率评估

学年教育质量报告中的相关数据，对其效率进行了分析研究，并提出优化资源配置等发展建议。[①] 尽管在方式方法上有所改善，提升了评估效度，但仅采用单独一年的数据进行评价分析，对于连续若干年的规律性问题仍然无法解决。

协同创新与发展成为当前研究的热点与趋势，在文献中较多体现在产学研协同创新与京津冀协同发展研究。由 CiteSpace5.7R5W.7z 分析得到的时间线视图（Timezone）可知，协同创新与协同发展作为两大聚类，同时也是除去中心词"效率评价"以外中心度（Centrality）较高的两个关键词。其中中心度超过 0.1 的关键词还有产学研（0.46）、创新效率（0.19）、DEA 模型（0.19）、生态效率（0.19）、城市群（0.19）。协同创新概念于 2011 年被正式提出后，部分学者将其与产学研相结合，尝试研究产学研协同创新效率问题，尽管研究对象仍以区域、产业或行业居多，但从近年来相关文献来看，以高等学校为对象的相关研究也在逐渐增多，如赵小峰等[②]、罗筑华[③]、高擎[④] 等。在协同发展方面，学者研究视角主要基于京津冀协同发展研究，且文献类型主要是政策研究类。如王元明以"四螺旋"理论为指导，构建了用于判断京津冀协同创新程度的复合系统协同度模型，进而导入三地科技创新相关数据，并以河北省为主要对象开展实证研究。[⑤] 王聪借助超效率 CCR 模型，研究京津冀科技资源研发阶段与转化阶段效率问题，并根据测度结果提出相应的政策建议，如城市的发展应

[①] 蒋明烨：《基于 PCA——三段 DEA 协同创新高校效率研究——以江西省为例》，硕士学位论文，江西财经大学，2019 年。

[②] 赵小峰、陈宗兴、霍学喜：《"投入—产出"的协同进化效率研究——以陕西涉农职业院校为例》，《统计与信息论坛》2018 年第 6 期。

[③] 罗筑华：《基于 DEA 的高校产学研协同创新效率比较研究》，《青岛科技大学学报》（社会科学版）2019 年第 2 期。

[④] 高擎、何枫、吕泉：《产学研协同创新背景下高校科技创新效率研究——基于我国重点高校面板数据的实证分析》，《研究与发展管理》2020 年第 5 期。

[⑤] 杨柳、王元明：《基于复合系统协同度模型的京津冀区域产学研协同发展研究》，《科技和产业》2019 年第 10 期。

根据城市功能定位、建设科技成果转化服务体系等。[1]

综观以上文献，协同效率作为一项重要的评估指标，在应用领域上可适用性宽泛，其中在产学研及京津冀协同创新与发展表现出协同效率研究热点，但在高校协同育人的研究上仍发力不足，缺少协同效率相关研究。学者们大多选择DEA方法进行实证研究并获得了有益成果，然而在铸魂育人系统工程各要素协同整合的研究中，尽管有学者关注到其对协同育人效率的影响，但在建立系统的理论框架上稍显不足，而对于经验数据的检验更是匮乏。

本章的边际贡献在于：采用三阶段DEA方法，精准评价江西高校坚持用习近平新时代中国特色社会主义思想铸魂育人效率，并有效识别了影响效率的关键指标，为今后高校全员育人协同效率的提升提供了参考借鉴。

第二节 理论分析与研究假设

科斯以交易成本的视角界定组织边界，他认为交易成本决定组织边界，而组织的最佳边界存在于市场交易成本与组织成本的均衡点上。[2] 此外，钱德勒提出，组织规模边界与其效率相关，并且效率决定组织规模边界，即当组织规模边界扩张不能产生效率时，组织应避免盲目扩张给组织带来的不必要的损失。[3]

协同效应是指一个系统中的两个及以上的要素相互合作，产生的效应大于各要素单独效应的简单加总。为了让企业的所有资源都能够被具有独立功能的不同单位主体共同利用，从而提高企业竞争力，而

---

[1] 王聪、朱先奇、刘玎琳等：《京津冀协同发展中科技资源配置效率研究——基于超效率DEA—面板Tobit两阶段法》，《科技进步与对策》2017年第19期。

[2] ［美］奥利弗·E.威廉姆森、［美］西德尼·G.温特编：《企业的性质》，姚海鑫、邢源源译，商务印书馆2020年版。

[3] ［美］艾尔弗雷德·D.钱德勒（Alfred D. Chandler）：《战略与结构：美国工商企业成长的若干篇章》，孟昕译，云南人民出版社2002年版。

第五章 习近平新时代中国特色社会主义思想铸魂育人的协同效率评估

采取的方式就是协同,即协同是组织管理和有效配置其资源及发挥其能力的一种方式。

目前,多类问题依旧存在于高校思想政治工作协同中,如高校、学院、教师、学生之间缺乏信息传递,高校思想政治教育管理机制不健全、部分队伍思想懈怠,缺乏积极性,教育教学体系不统一等。另外职能部门间缺乏交流沟通,教育资源之间不能合理配置等问题导致立德树人难以形成合力,这就使得高校协同育人具有很强的必要性。有学者指出,协同育人是由高校思想政治教育的多方面决定的,比如多主体性、多环节性、多领域性;又与协同育人过程的特征内在统一,如目标一致性、系统开放性等特征内在统一。[1] 当代高校存在育人方式与载体的不统一,这就对开展思想政治工作提出新的要求。要将协同思想政治工作理念贯彻到其他教学系统中,也要将其融入自身的思想政治工作中。[2] 从宏观层面分析,协同育人机制是思想政治教育为适应人的发展需要的表现;从微观层面分析,协同育人机制是思想政治教育实现其教育价值的具体化。[3] 在当下复杂的媒体时代环境中,构建顺应时代要求的协同创新机制是综合解决高校思想政治教育工作滞后性问题的有力落脚点。[4] 第一堂课与第二堂课作为高校协同育人的两个渠道,虽然各自有着各自的特点与职能,但在教育目标、效果等方面存在着联系性,具有协同育人的基础,[5] 高等教育应根据第一、第二课堂的特点与联系性进行有效结合,从而形成协同高校的联动机制,寻求大学生思想政治教育线上线下协同育人模式,提高大

---

[1] 王海建:《协同创新:高校思想政治教育创新发展的必然路径》,《探索》2013 年第 1 期。
[2] 孙建:《论协同育人视角下高校思想政治工作机制及实践反思》,《学校党建与思想教育》2014 年第 12 期。
[3] 王学俭、李晓莉:《思想政治教育协同创新的育人机制探析》,《教学与研究》2015 年第 10 期。
[4] 李柯:《自媒体时代的高校思想政治教育工作协同创新机制探讨》,《山西青年职业学院学报》2016 年第 2 期。
[5] 甘霖、熊建生:《"两大课堂"协同育人初探》,《中国高校科技》2014 年第 4 期。

学生思想政治教育的科学性和实效性①。由此，提出研究假设 H1。

假设 H1：高校用习近平新时代中国特色社会主义思想铸魂育人的协同机制具有显著的效率。

"兴文化，育新人。"② 在看望参加全国政协十三届二次会议委员时，习近平总书记明确高校育人要坚持以文化人、以文育人、以文培人。开展文化育人工作首先要明确其根本问题，即高校在教学过程中要培养什么人才，如何培养人才。明确问题开展文化育人工作，是更具针对性地加强大学生思想教育工作，从而落实立德树人的根本任务。教育部为了更好地提升高校思想政治工作质量，也印发了《高校思想政治工作质量提升工程实施纲要》，提出构建"文化育人质量提升体系"，为高校的思想政治工作作出指导。文化不仅反映社会经济政治，也是民族共同体意识的力量支撑，民族共同体最直接的体现是文化认同③。文化认同作为一种心理活动，是个体对于所属文化以及文化群体的认可与归属感，并在归属感的驱动下，个体在日常生活中会弘扬并创新自身文化。从个体层面来看，个人的社会身份认同和自我认同受到了文化认同潜移默化的影响；从社会层面看，文化认同借助民族文化，增强多元文化群体的凝聚力，同时也能对不同文化群体进行辨别。中国特色社会主义文化源于中华民族五千多年的优秀传统文化，源于中国共产党带领人民在革命、建设、改革中的先进革命文化，并践行在社会主义伟大实践中。"文化是一个国家、一个民族的灵魂。文化兴国运兴，文化强民族强。没有高度的文化自信，没有文化的繁荣兴盛，就没有中华民族伟大复兴。"④ 中华优秀的传统文化是

---

① 张侬：《高校思政理论教学与日常思政工作协同路径研究》，《科教文汇》（下旬刊）2016 年第 4 期。

② 《中华人民共和国国民经济和社会发展第十四个五年规划和 2035 年远景目标纲要》，人民出版社 2021 年版，第 102 页。

③ ［美］本尼迪克特·安德森：《想象的共同体：民族主义的起源与散布》，吴叡人译，上海人民出版社 2016 年版，第 6 页。

④ 习近平：《决胜全面建成小康社会 夺取新时代中国特色社会主义伟大胜利——在中国共产党第十九次全国代表大会上的报告》，人民出版社 2017 年版，第 40—41 页。

第五章　习近平新时代中国特色社会主义思想铸魂育人的协同效率评估

中华民族的精神支柱，是民族自信心、自豪感的底蕴，是民族凝聚力的源泉；中国先进的革命文化来源于中国革命艰苦奋斗的伟大实践，是实现中华民族伟大复兴的精神血脉，为中华儿女在人生观、价值观、道德观的团结统一上奠定了基础。高校在加强与特定区域社会的有效沟通时，一方面，学习了解优秀的区域文化，为高校教育及成果更好地服务当地社会创造了便利条件；另一方面，中华民族地域广阔，各区域有着自身独特的文化，而对于地域文化的保护与传承，需要各方共同努力。高校作为我国教育的最高殿堂，对其有着义不容辞的责任。将地域文化与高校育人相融合，可以使各地大学生增强对当地区域优秀文化的了解，从而增强大学对于家乡的热爱，对于国家的崇敬，主动维护地区文化，承担建设家乡、建设国家的责任重担。[①]地域文化是高校文化育人的文化底蕴，两者有着内在的联系，同时对于育人功能也是相辅相成、互动浸润。由此，提出研究假设 H2。

假设 H2：不同地域高校用习近平新时代中国特色社会主义思想铸魂育人的协同机制效率存在显著的差异。

行业文化的产生凝聚着行业人的奋斗血泪，书写着行业的发展史书，同时代表着共和国的前进车辙，这其中承载着的是沉甸甸的历史。当年那些豪言壮语不但体现着行业特色，更彰显着为国争光的爱国主义精神。行业性高校不同于一般高校，作为高等教育机构，它主要致力于行业的发展，根据行业发展需求制定办学服务。这些高校往往以其所服务的行业命名，服务面向非常专一，直接面向某一个行业。[②] 行业性高校既是一种实体高等教育机构，又是一种文化存在。作为文化存在，一方面，它延续文化的特性，将办学传统延续至今；另一方面，它在办学过程中并非千篇一律，而是展现着本身独有的精神气质。行业性高校所葆有的文化符号不仅长期受到这个社会的认

---

① 徐张咏：《高校将地域文化融入育人过程的思考》，《教育理论与实践》2015 年第 9 期。
② 秦晓静：《行业特色高校校企文化耦合研究》，《学校党建与思想教育》2020 年第 15 期。

可，还成为这类高校不可磨灭的一个标记。另外，行业性高校的文化与行业息息相关，无论是从学科专业性和与相关行业的关联度，还是从高校员工对行业产生的天然的亲近感，都是其他高校所不具备的。由于行业特色高校的特殊性，与企业的互联互通是其主要特点，因而企业与行业特色高校的耦合可发挥共同的行业情感，产生共振效应[1]。

行业特色是行业特色高校的立身之本，而文化作为精神上的信仰，特色鲜明的行业文化更具有辨识度。在物质环境与精神氛围的双重影响下，生活于其中的成员在一言一举一行中，受到潜移默化的影响，实现了自己价值观、精神世界的塑造，并在实际生活中通过自己的一言一行表现出来，将自己的行为与学校价值相统一，将自己的行为与学校目标相结合，从而规范师生员工的行为。因此，行业特色高校文化是大学师生凝聚力的精神支柱，是培育高素质优秀人才的重要保证。由此，提出研究假设 H3。

假设 H3：不同行业高校用习近平新时代中国特色社会主义思想铸魂育人的协同机制效率存在显著的差异。

第三节 研究设计

一 研究方法

传统的 DEA 模型并没有将随机噪声与外部环境因素两者对决策单元效率评价的响应，作为两个因素列为考虑范畴的，因此测算结果会出现偏差，但是通过使用三阶段 DEA，我们发现它在数据的测算中能够去除自身不可控要素对效率结果产生的影响。

第一阶段：传统 DEA 模型。此模型最早由 Charnes 提出用于评价相同部门间的相对有效性[2]；后期 Banker 等提出 BCC 模型，测度规模

---

[1] 王建利：《发挥行业特色高校文化育人功能》，《高校理论战线》2012 年第 2 期。
[2] Charnes A., Cooper W. W., "Rhodes E. Measuring the Efficiency of Decision Making Units", *European Journal of Operational Research*, Vol. 2, No. 6, 1978, pp. 429–444.

第五章 习近平新时代中国特色社会主义思想铸魂育人的协同效率评估

报酬及可变条件下决策单元有效性问题[①]。本章选择 BCC 模型对高校协同育人工作的初始投入与产出进行测算。

$$\min_{\theta,\lambda} = \{\theta - (e^t s^- + e^t s^+)\}$$

$$s.t. \begin{cases} \sum_{j=1}^{n} \lambda_j X_{ij} + S_{ik}^- = \theta X_{ik}, i = 1,2,\cdots,m; \\ \sum_{j=1}^{n} \lambda_j y_{rj} - S_{rk}^- = y_{rk}, r = 1,2,\cdots,s; \\ \sum_{j=1}^{n} \lambda_j = 1 \\ \lambda_j \geq 0, j = 1,2,\cdots,n; \\ s^+, s^- \geq 0. \end{cases} \quad (5-1)$$

其中，$i = 1,2,\cdots,m$；$r = 1,2,\cdots,s$。$k = 1,2,\cdots,n$ 为决策单元数，m、s 分别代表投入指标和产出指标个数，$x_{i,k}$（$i = 1,2,\cdots,m$）为第 k 个决策单元第 i 个投入要素，$y_{i,k}$（$r = 1,2,\cdots,s$）为第 k 个测算单元第 r 个产出要素，θ 为决策单元有效值。若 $\theta = 1$ 且 $s^+ = s^- = 0$，则决策单元 DEA 有效；若 $\theta = 1$ 且 $s^+ \neq 0$ 或者 $s^- \neq 0$，则决策单元弱 DEA 有效；若 $\theta < 1$，则决策单元非 DEA 有效。

第二阶段：为了剔除环境因素和统计噪声，借助相似 SFA 回归。无法消除不可控因素对效率值的影响是第一阶段 DEA 模型存在的固有问题，因此，第二阶段通过引进 SFA 模型，将第一阶段的松弛变量分解为环境因素、随机因素和管理无效率的 3 个自变量函数。以投入导向为基础构建类似 SFA 回归函数。

$$S_{ni} = f(Z_i;\beta_n) + \upsilon_{ni} + \mu_{ni}; i = 1,2,\cdots,N; N = 1,2,\cdots,n \quad (5-2)$$

其中，S_{ni} 是第 i 个决策单元第 n 项投入的松弛值；Z_i 是环境变量，β_n 是环境变量的系数；$\upsilon_{ni} + \mu_{ni}$ 是混合误差项，υ_{ni} 表示随机干扰项，μ_{ni} 表示管

[①] Banker R. D., Charnes A., Cooper W. W., "Some Models for Estimating Technical and Scale Inefficiencies in Data Envelopment Analysis", *Management Science*, Vol. 30, No. 9, 1984, pp. 1078 – 1092.

理无效率项。其中 $v \sim N(0,\sigma_v^2)$ 是随机误差项；μ 是管理无效率，假设其服从零点截断的正态分布，即 $\mu \sim N(0,\sigma_\mu^2)$。$\gamma = \sigma_\mu^2/(\sigma_\mu^2 + \sigma_v^2)$ 表示技术无效率方差占总方差的比重，当 γ 趋近于 1 时，管理因素的影响占主要地位，当 γ 趋近于 0 时，随机误差的影响较大。

为了将环境因素和随机因素的影响降到最低，因而控制外部环境保持一致性，并选取最有效预测单元，以投入量为基础对上述公式进行如下调整：

$$X_{ni}^A = X_{ni} + [\max(f(Z_i;\hat{\beta}_n)) - f(Z_i;\hat{\beta}_n)] + [\max(v_{ni}) - v_{ni}] \quad i = 1,2,\cdots,I;\ n = 1,2,\cdots,N \quad (5-3)$$

其中 X_{ni}^A 是调整后的投入，X_{ni} 是调整前的投入，$[\max(f(Z_i;\hat{\beta}_n)) - f(Z_i;\hat{\beta}_n)]$ 表示外部环境因素调整，$[\max(v_{ni}) - v_{ni}]$ 将所有决策单元置于相同外部环境下。

第三阶段：经调整后形成的新 DEA 模型。通过在第一阶段的传统 DEA 模型中加入完善后的投入产出变量，通过调整后的 DEA 模型来测算各决策单元第三阶段的协同创新效率。经过处理后的效率值明显去除了环境因素、随机因素它们所产生的影响，具有更高的科学性。

二 指标选取与说明

从经济学的立场来看待问题，可知在从事某项生产活动时，它的基本要素是资本与劳动，同样地，高校协同育人活动也是这样的情况。通过剖析协同育人效率的一些基本原理再加以研究现有的某些研究成果，通过分析高校协同育人主体之间的关系，选择投入产出指标的原则体现如下。

（一）目的性原则

评价目的引领评价研究，高校协同育人效率评价指标是为大学生思政效果质量服务的，所以首先应该明确研究目的，并在此基础上用以指导评价指标的设计。

第五章 习近平新时代中国特色社会主义思想铸魂育人的协同效率评估

（二）代表性原则

如何通过有限的指标选取对协同育人进行全面反映，其中应考虑三个问题：指标是否具有足够代表性，是否能真实而又客观地反映协同育人的效率，是否具有独一性。

（三）实用性原则

指标体系过于简化，计算方便但牺牲了准确性，指标体系过于详尽，准确性足够但计算难度过高，不具备可操作性；因此，我们需要保证评价目标具有客观、完整的前提，尽可能地简化指标体系，舍弃掉一些对目标解释比较细微的指标，这样做的好处在于不仅对最终的评价结果没有影响，还能够减少计算量，简化计算过程。此外，对于指标的衡量数据不仅需要容易获得，来源出处也应十分可靠。最后，对于指标的操作也应当做到规范正规。

基于上述原则，投入指标方面，考虑到高校协同育人主体构成主要是学校、学院、个体三个层面，借鉴相关文献以及专家访谈以及实际指标的可获性，构建了相关指标（见表5-1）。

表5-1　　　　　　　高校协同育人投入相关指标

一级指标	二级指标	指标解释
个体层面	教师基本工资（S）	对应每位教职工每年的基本收入
	学历（X）	教学人员学历构成
	其他保障性收入（Q）	除工资外其他补贴性收入
	教师授课课时数（K）	教学年度内每位教师授课课时数
	授课班级学生总人数（M1）	每位教师在一个教学年度内授课班级人数之和
院系（职能部门）层面	院系师生比（P）	每个学院教职工人数
	思政教育经费支出（L1）	相应院系（部门）当年思政教育经费总支出
	思政课程经费支出（L2）	相应院系（部门）当年与思政教学相关经费总支出
	学生活动支出（L3）	相应院系（部门）当年学生活动经费总支出
	教学办公经费（L4）	相应院系（部门）当年教学办公经费总支出
	行政管理支出（L5）	相应院系（部门）当年行政管理费总支出

续表

一级指标	二级指标	指标解释
校级层面	全校师生比（Z）	全校每年教职工总人数与学生总数之比
	事业支出（r1）	开展教学、科研及其辅助教学活动产生的经费支出总数
	经营支出（r2）	教学、科研及其辅助活动之外产生的经费支出总数
	思政工作会议次数（r3）	学校党委每年专题研究思政工作会议次数
	协同育人服务平台建设经费	学校每年建设协同育人服务平台的投入

产出指标方面，结合现有研究，大学生思想政治教育效果是从三方面进行综合考察的，即思想政治行为表现、奖惩情况及工作成绩。主要有四项指标：（1）思想政治教育是否有助于积极情绪的培养；（2）思想政治教育是否提高了大学生思想觉悟；（3）思想政治教育是否有助于大学生的社会主义思想道德的发展；（4）思想政治教育是否有利于大学生的身心健康。根据数据的可获性，结合习近平总书记提出中国共产党人坚持不忘初心，继续前进，就要坚持"四个自信"，因此本章将"道路自信、理论自信、制度自信、文化自信"作为上述指标的代理变量，通过对在校大学生"四个自信"的认可度调查可以获得相关产出数据（见表5-2）。

表5-2　　　　　　　高校协同育人产出指标调查

维度	非常认可（5分）	较认可（4分）	一般认可（3分）	较不认可（2分）	非常不认可（1分）	权重
道路自信						0.25
理论自信						0.25
制度自信						0.25
文化自信						0.25

三　研究样本与数据来源

根据数据的可获性以及样本的代表性与多样性，以江西高校为研究对象,从中选取了20所高校,包括省会城市高校、地级市所在城市高校、211高校、一般省属院校、高职高专院校,综合性高校和行业特色明显的高校。投入产出指标通过江西省教育厅相关处室、高校本身获取,产出指标通过设计调查问卷,从"道路自信、理论自信、制度自信、文化自信"四个维度设计学生的认可度,采用李克特5分制量表从非常认可、较认可、一般、较不认可、不认可来实现,四个维度权重相同,然后加总。共发放样本问卷5000份,有效回收4881份,有效率97.62%。样本取自2018—2020年年度数据,以2017级学生问卷数据代表2020年数据,2018级学生问卷数据代表2019年数据,2019级学生问卷数据代表2020年数据。

第四节 实证分析

一 传统DEA测算结果分析

第一阶段运用BCC模型,以江西20所高校2018—2020年数据为样本,通过对软件DEAP 2.1的使用来测度以习近平新时代中国特色社会主义思想铸魂育人协同效率。最终结果显示得到了三个不同的效率,其分别是规模效率、纯技术效率以及综合效率,它们的平均值见表5-3。

表5-3　　　　　　　　第一阶段协同效率平均值

年份	综合效率	纯技术效率	规模效率
2018	0.872	0.936	0.932
2019	0.897	0.951	0.943
2020	0.932	0.963	0.968
年均值	0.900	0.950	0.948

在不考虑外部环境与随机误差影响的条件下,如表5-3所示,

江西省高校坚持用习近平新时代中国特色社会主义思想铸魂育人纯技术效率与综合效率变化趋势一致，表明江西高校协同育人投入要素配置合理且利用效率高。参阅江孝君对协同效率进行等级划分的标准①可以看出（见表5-4），江西高校坚持用习近平新时代中国特色社会主义思想铸魂育人协同效率处于极高协同等级，整体效果明显，达到了1+1+1>3的基本目标，各高校在学校层面、学院层面、个人层面实现了较好的合作与优势互补，假设H1得到基本验证。但是我们也要清醒看到，目前江西高校铸魂育人协同效率还没有完全达到1.0的最优效率，当前育人主体的认识存在偏差可能是其原因。一是部分教师对育人责任认识不清。教书育人是每一位教师的神圣使命，但是少数教师只将教学作为自己的首要工作，认为育人是由班主任与辅导员负责，与自己关系不大，与其他行政管理人员更无多大关系；还有个别教师认为，思政课老师作为学生的思想的导师，育人是他们的工作职责，与其他老师并无关系；二是育人主体的协同意识不强。学校的各类人员在育人过程中仅仅司其职、做其事，但协同性远远不够。学校各部门人员还应该加强有效的信息沟通，从而全面了解掌握学生的各项情况，实现对学生的精准帮助、精准教育。只有全体教职工从内心认可自己的育人职责，不再将育人工作当成工作，而是发自内心地去践行，才能形成人人育人、协同育人的全员育人氛围。

表5-4 协同效率等级分级

协同效率分级	一级	二级	三级	四级	五级	六级
	极低协同	低级协同	中级协同	较高协同	高级协同	极高协同
协同效率值	[0, 0.2]	[0.2, 0.4]	[0.4, 0.5]	[0.5, 0.6]	[0.6, 0.8]	[0.8, 1.0]

---

① 江孝君、杨青山、刘鉴：《中国地级以上城市"五化"协调发展时空格局及影响因素》，《地理科学进展》2017年第7期。

第五章 习近平新时代中国特色社会主义思想铸魂育人的协同效率评估

另外,从时间变化上看,江西各大高校积极坚持使用中国特色社会主义思想来提升铸魂育人综合效率与纯技术效率,这些效率不仅在研究区间内有显著变化差异,且呈现出上升趋势。2019年比2018年分别上升2.87%和2.46%,2020年比2019年分别上升3.9%和1.26%。说明随着时间的推移,学校、学院、个体三者育人主体磨合匹配度不断优化、体制机制关系越来越顺畅,二者资源配置逐渐趋于合理,投入产出比在不断优化,育人效率和育人效果不断凸显。

二 相似 SFA 分析

第一阶段利用 DEAP 2.1 软件测算效率值可以得到各高校投入要素的松弛变量,投入松弛变量会受外部环境因素、随机干扰项和内部管理无效率等方面影响。本部分以投入松弛变量为被解释变量,以红色文化氛围、经济发展水平、行业精神3个环境变量为解释变量,采用相似 SFA 回归模型,运用 Fron - tier4.1 分别估算 2018—2020 年环境变量对江西高校坚持铸魂育人理想投入与实际投入差额的影响,回归结果如表5-5所示。

表5-5 第二阶段 SFA 回归结果

时间	资金投入	人力投入	时间投入
红色文化氛围	-1.475*** (-14.52)	-1.214*** (-12.34)	-1.031*** (-9.864)
经济发展水平	0.763** (8.87)	0.792** (8.983)	0.634** (7.864)
行业精神	-2.321*** (-25.32)	-3.421*** (-30.89)	-2.95*** (-27.63)
Sigma-squared	19.53	18.34	18.03
gamma	0.894	0.871	0.869
Con_	3.541*** (25.74)	3.126*** (23.71)	2.861*** (20.19)

注:*、**、***表示10%、5%、1%显著性水平,括号内为t值。

表5-5回归分析中，环境变量的SFA回归系数在1%显著水平上显著且值趋近于1，说明在混合误差项中，管理无效率项对投入松弛变量产生的影响比随机因素产生的影响更明显，进一步表明模型设定具备一定的可靠性，外部环境因素对江西高校铸魂育人协同效率存在影响。因此，对原始投入值作调整符合理论规律，而且是必要的，具体结果分析如下。

红色文化氛围支持力度对资金、人力、时间等投入松弛变量的影响为负，并在1%的显著性水平显著，说明不同红色文化氛围，能够显著降低资金、人力、时间等要素在铸魂育人协同效率上的投入。红色文化是一种先进的政治文化，在思想政治教育中具有至关重要的作用。红色文化教育是对大学生进行思想政治教育的重要组成部分，为有效开展大学生思想政治教育工作，需要将红色文化教育纳入大学生思想政治教育中来，将红色文化教育与立德树人相融合，创新方式方法，将红色文化带入教材、带入课堂。加强大学生红色文化教育将为大学生树立正确的三观、坚定理想信念、增强艰苦奋斗意识带来重要助推作用，有利于提高大学生思想政治觉悟，对培养中国特色社会主义的合格建设者和接班人，具有深远而又重要的意义。高校思想政治理论课能够有效拓展和丰富对大学生的德育教育，在教材中编入红色文化内容，并将其纳入理论课教学计划中，使红色文化融入课堂，能够激励和提升大学生的志向，让红色文化教育为加强大学生理想信念教育开辟新途径。将红色文化教育与在校大学生的社会实践服务活动有效结合，能够加强红色文化教育在大学生思政教育中的实践性与实效性。因此红色文化氛围加强可以减少人力、资金和时间的投入冗余。

经济发展水平对资本、人力、时间投入松弛变量的影响在5%显著水平上为正，说明学校所在地经济发展水平影响了高校铸魂育人协同效率。经济发展水平对思想政治教育的影响是双面的，一方面，促进了思想政治教育的发展，丰富了思想政治教育的内容、方法和手段

第五章 习近平新时代中国特色社会主义思想铸魂育人的协同效率评估

等，有利于思想政治教育的创新。另一方面，给思想政治教育带来了挑战，一些错误思潮如拜金主义、享乐主义和极端个人主义等会随着经济发展有了滋生的环境和土壤，影响青年学生的人生观和价值观，为思想政治教育带来一定的困难和阻力。

行业精神对资本、人力、时间投入松弛变量的影响回归系数为负，通过1%的显著性水平检验，说明行业精神越悠久、越深厚，人力、资本及时间投入冗余越少，越有利于推进高校铸魂育人协同效率的提高。近年来，为了更好地提高大学生思想教育水平，党中央对此作出相应指示，要求各高校充分认识并发挥社会主义核心价值观的作用。在此大背景下，面对不断变化的新形式，行业高校要继续加强行业精神教育。新中国成立初期，国家根据自身实际情况，成立了一批行业特色鲜明的高校，在长期的办学过程中，积淀了深厚的行业精神。无数行业人才就是在这些精神的指引下，积极投身于国家建设中。行业精神教育并不只是坚定的理想信念，更包含着扎实的行业知识与崇高的职业操守等。扎实的行业知识是工作的前提，只有理论知识扎实可靠，才能在实际工作中发现问题、分析问题、解决问题，创新方式方法，推动行业更好地发展。崇高的职业操守是自身思想道德水平的体现，更是对行业恪尽职守、无私奉献的践行。因此行业精神的沉淀增厚可以减少人力、资金和时间的投入冗余。

三 调整后的 DEA 计算结果

将第二阶段调整后的投入数据与原始产出数据再次导入传统DEA模型进行分析，得到第三阶段江西高校坚持用习近平新时代中国特色社会主义思想铸魂育人协同效率综合效率、纯技术效率和规模效率，以及与第一阶段相比的改进情况，测算结果如表5-6所示。

表 5-6　　　　　　　　第二阶段协同效率平均值　　　　　　　单位:%

年份	综合效率		纯技术效率		规模效率	
	第三阶段	改进比例	第三阶段	改进比例	第三阶段	改进比例
2018	0.891	2.19	0.947	-1.16	0.941	0.97
2019	0.919	2.41	0.966	-1.55	0.954	1.17
2020	0.962	3.09	0.981	1.87	0.981	1.34
年均值	0.924		0.974		0.959	

在剔除外部环境因素和随机误差因素后,江西高校坚持用习近平新时代中国特色社会主义思想铸魂育人协同效率综合效率、纯技术效率和规模效率分别由 0.891%、0.947%、0.941% 升至 0.924%、0.974%、0.959%。可以看出,综合效率、纯技术效率与规模效率变化趋势一致,说明综合效率的变化不仅取决于现有的要素投入,还取决于规模效率,表明随着时间的推移,协同育人形成了一定的规模效应,进而提升了规模效率。

第五节　对策建议

高校坚持用习近平新时代中国特色社会主义思想铸魂育人作为一项涉及多层次的系统工程,各子系统、各要素之间为了实现协同效率的高效,必须加强密切合作、进行有效沟通,进而保障最后的育人效果,本章采用三阶段 DEA 方法,以江西 20 所高校为样本,选取 2018—2020 年数据,精准评价了江西高校坚持用习近平新时代中国特色社会主义思想铸魂育人效率,研究结果发现,江西高校坚持用习近平新时代中国特色社会主义思想铸魂育人协同效率处于极高协同等级,整体效果明显,但尚未达到最优效率。根据研究结论,协同需要全员的相互配合,通过全程的协调,实现教育力量、教育过程和教育场域等育人要素的协同并进,需要从育人的理念、组织关系结构、各种保障等方面入手,把握协同铸魂育人的具体策略。具体而言,增强高校铸魂育人效果,要完善育人领导体制,寻找协同的合理对接点、

第五章　习近平新时代中国特色社会主义思想铸魂育人的协同效率评估

强化主体协同意识、搭建合力育人平台、创新协同育人模式，实现协同育人效果最大化，产生1+1>2的效果。

一　完善育人领导体制

育人领导体制是铸魂育人的保障性要素。在铸魂育人各种体制机制中，领导体制尤为重要。完善铸魂育人领导体制，要坚持统一领导原则和整体优化原则，着力破解铸魂育人中的瓶颈问题。要以"三全育人"和"大思政"理念为共识，理顺各种育人关系，明确育人分工，推动组织结构优化，形成跨部门的日常指导和协调领导组织机构和互促互进的合作工作机制，促进协同育人合力系统的持续稳定的运行。高校应根据铸魂育人实际，建立校党委统一领导、党政同责、校党委宣传部牵头抓总、相关部门联动、院系落实推进、自身特色鲜明的铸魂育人格局。要优化符合本校实际的党委宣传部、学工处、团委、马院、各基层党委协同运行机制，加强党委宣传部对铸魂育人的顶层设计和统筹规划能力，发挥其在协同中的咨询等不同作用。最后，应大力解决铸魂育人日常运行等各方面的问题，明确各职能部门和基层院系在铸魂育人体系所处的地位和作用，明确"做什么"与"怎么做"，畅通自上而下的层级之间信息的准确流通。在顶层设计下，应当确保育人活动的有序性、连续性和协同性，确保育人系统的高效率运转。

二　寻找协同的合理对接点

科斯从交易成本的角度出发界定组织边界，他认为交易成本决定组织边界，而在市场交易成本与组织成本两者博弈产生的均衡点上存在组织的最佳边界。[①] 此外，钱德勒提出，组织规模边界与其效率相

---

① ［美］约瑟夫·费尔德：《科斯定理1-2-3》，李政军译，《经济社会体制比较》2002年第5期。

关，并且效率决定组织规模边界，即当组织规模边界扩张不能产生效率时，组织应避免盲目扩张给组织带来的不必要的损失。① 恩格斯的历史合力理论②告诉我们，要注重发挥系统中各个要素的作用，并且通过要素间协同，发挥出系统的整体合力。这一整体合力是一种新的力量，是单个要素力量所无法达到的。主体协同、场域协同、过程协同之间存在非线性的相互作用和影响的关系。因此，无论是主体协同、过程协同，还是场域协同，要达到合力大于分力的效果，要在实践中善于发现和寻找协同的合理对接点，如理论点对接、实践对接、热点话题对接等，并根据实际情况动态调整协同的内容、方法、机制等，使得协同体系处于一种远离平衡态的稳定态。

三　强化主体协同意识

育人主体是铸魂育人系统中的主体性要素，在铸魂育人中始终起着主导和支配作用。高校铸魂育人工作是一项复杂的系统工程，需要统筹多元育人主体，协调多方育人力量，有效衔接育人过程，建立协同配合的工作格局。思想是行动的先导，育人主体作为育人的主要实施者，其育人理念的正确与否直接影响着铸魂育人的效果。因此，育人主体一方面要注重协同理念的强化，以"立德树人"目标为统领，强化"三全育人"和"大思政"理念，"善于'接力'和'续力'，即将一切外来的'育人'力量和资源与学生成长的需求'对接'和'衔接'"③，构建纵向衔接、横向协调的协同机制，形成协同合力育人"场"，形成立体化的思政课育人模式。另外育人主体作为铸魂育人的发动者、组织者和实施者，不仅运用科学的教育理念、采用恰当

---

① 路风：《从结构到组织能力：钱德勒的历史性贡献》，《世界经济》2001年第7期。
② 参见杜岢桉《恩格斯历史合力理论的哲学价值与当代意义》，硕士学位论文，首都师范大学，2006年。
③ 朱平：《辅导员在高校"三全育人"中的角色与定位——兼论"育人"的特点与功能》，《思想理论教育》2020年第3期。

第五章　习近平新时代中国特色社会主义思想铸魂育人的协同效率评估

的教育方式方法向育人对象传播正确价值观，而且针对育人对象的个性特点与思想动态，根据育人环境的特点，综合运用计划、组织、协调等手段对育人对象施加影响。要增强对育人使命与职责的认识，必须完善教学资源的配置与整合机制，让更优质更高效的资源向教育主体流动。通过提升薪资待遇、完善教学环境、拓宽交流平台等，提升育人主体的职业认同感、崇高感。要善于用具有行业特色高校文化铸师魂，帮助育人主体回答好"为谁培养人""培养什么样的人""如何培养人"这三大问题，并做到教书育人相统一、管理服务相统一。要完善铸魂育人反馈评估机制，规范考核评价和反馈机制，科学制定关于铸魂育人的内容、方法、效果等方面的评估内容，明确考核程序，制定考核办法，提出奖励、惩罚的主要举措，尤其要改变当前只考核业务，未将协同育人纳入考核范围片面做法，或考核过于抽象，没有明确具体的可操作性考核标准的做法，从而激发主体的协同育人的内生动力。

四　搭建合力育人平台

育人平台是联通育人主体、育人内容、传播育人内容的中介和载体。搭建合力育人平台是铸魂育人协同机制最为重要的机制，铸魂育人工作离不开有效的合力育人平台，提升铸魂育人效果，必须搭建立体多元化的线上线下、校内校外育人合力平台，形成以制度协同为保障、以主体协同为前提、以课程协同为核心、以过程协同为关键的合力育人机制，充分发挥制度与制度协同、课程思政与思政课程协同、第一课堂与第二课堂协同等各种协同育人平台的作用。铸魂育人作为一个系统工程，具有系统运行的特性，"在一个系统中，存在各种各样的构成部分：有人与人的组合、有物与物的组合、有人与物的组合，有多因素混合的组合等，这些组织具有多样性和普遍性。如果在组织运行过程中，这些组合要素之间互动良好，那么就会产生正面效应，使整体的功能大于部分之和；反之，如果相互牵制约束，就会产生负面效应,使整体的作用小于部分之和"。① 不同的育人平台在育人的功效不同,要使整体的功能大于部分之和,必须统筹各育人平台,促进各育人平台同频共振。各育人主体需加强同相关部门之间的协同,行政、教学、科研、后勤等各协同育人主体要有自觉的协同育人意识,抓住各种协同育人契机,利用好合力育人平台,主动打好配合战,尽量防止协同育人模糊地带和真空地带的产生,切实发挥育人平台在铸魂育人中的协同效应。

五 创新协同育人模式

育人模式是铸魂育人系统的构建性要素。熵变性特点告诉我们,只有创新协同育人模式,尽量解决协同育人中的问题,才能避免熵和熵增的负面效应。高校应从教育目标、教师队伍、教育内容、育人形式、考评机制等方面有效结合,形成协同高效的联动育人模式。提升高校坚持习近平新时代中国特色社会主义思想铸魂育人协同效率,要不断强化"三全育人"共识,在"三全育人"理念指导下,通过创新协同育人模式,促进体系内各构成要素良好互动,形成铸魂育人合力运行系统。首先,明确育人目标。明确铸魂育人的目标是效率提升的推动力,是同向同行的前提,这就要求在铸魂育人目标的指引下,紧密围绕"培养时代新人"这一时代育人目标,凝聚力量,增强育人队伍战斗力、文化的渗透力。其次,优化设计,建立高效顺畅的运行机制。增强育人主体间的消息联动,重视有益信息的吸纳和整合,构建学校—学院(职能部门)—教师个体的三螺旋模式,促进这三个层级主体之间以及层级内部主体之间的沟通与协作。铸魂育人系统具有开放性,育人系统内部、系统内部与系统外的信息交换处于不断变化中,学生思想在内外环境的影响下也处于不断变化中,各育人主体基

---

① [以色列]伊塔马·埃文-佐哈尔:《多元系统论》,张南峰译,《中国翻译》2002 年第 4 期。

第五章 习近平新时代中国特色社会主义思想铸魂育人的协同效率评估

于自身职业和岗位性质的不同，对各种育人信息的掌握情况也不同，这就需要加强专业教师、科研人员、辅导员等相互间以及与管理人员、后勤人员等之间的信息互通，相互配合，建立信息共享机制和过程沟通机制，以三全育人为导向贯通理论武装体系、学科教学体系、日常教育体系、管理服务体系、安全稳定体系、队伍建设体系、评估督导体系，进行整体施教，通过信息互动和过程问题化解等减小低效甚至无效无序的协同，努力形成 1+1>2 的育人合力效应。

本章基于江西高校数据实证检验了习近平新时代中国特色社会主义思想铸魂育人协同效率，由于习近平新时代中国特色社会主义思想铸魂育人的实践还处于起步阶段，因此在实证检验过程中相关指标的设计以及数据的获取存在一定难度，导致样本数据有限和指标稍显简单，对最终研究结论会产生一定的影响；同时本章只考虑江西高校，没有在全国范围高校开展实证检验，这样的结论是否适用于其他地方的高校有待于今后进一步的研究。

附　江西省高校思政工作测评满意度调查问卷

亲爱的同学：

　　你好！

　　为更好地了解你们对学校思想政治工作的满意程度，改进我们的工作，我们设计了这套调查问卷，需要占用你几分钟的时间参与完成。本问卷采用匿名制，题目选项没有对错之分，所有数据只用于我们统计分析使用，不会对你的成绩、升学有任何影响。请你务必按照自己的真实情况和想法如实填写，谢谢！

1. 你的性别是（　　）

　　A. 男

　　B. 女

2. 你的专业是（　　）

　　A. 文史类

　　B. 理工类

　　C. 医学类

　　D. 其他

3. 你对老师讲解习近平新时代中国特色社会主义思想还有印象吗？（　　）

　　A. 没有印象，不记得讲了什么

　　B. 有点印象，但是记得不太清楚

C. 有些印象，也记得一些内容

D. 很有印象，能够记得很多内容

4. 你认为中国是否能够重新成为真正的世界强国，实现中华民族伟大复兴的中国梦？（ ）

A. 没有想过，与我无关

B. 应该可以，但是好难啊

C. 肯定可以，只是还需要一段时间

D. 绝对可以，而且很快就能实现

5. 你能够完整地说出社会主义核心价值观吗？（ ）

A. 不好意思，一个都说不出

B. 只能说出少数几个

C. 大多数都能说出

D. 倒背如流，能够完整说出

6. 在你们的思政课堂上是否专门讲述过社会主义核心价值观？（ ）

A. 应该是从来没有讲过

B. 应该是讲过，但是我记不太清了

C. 肯定讲过的，我能够记得一些内容

D. 肯定讲过的，而且我记忆如新

7. 你们学校是否大力宣传过英雄模范、时代楷模的典型事迹？（ ）

A. 印象中好像没有

B. 可能有吧，但是我想不太起来

C. 肯定有的，我还能记起一两个

D. 绝对有的，我几乎每次都会被感动

8. 你是否参加过先进人物的事迹报告会、班会或者其他宣传活动？（ ）

A. 从来没有过

·227·

B. 有过吧，但是印象不深

C. 有过的，还记得一些内容

D. 肯定有过，还被感动得潸然泪下

9. 入学以来，你们对思政课印象如何？（ ）

　　A. 没有印象

　　B. 有点印象，但是我记不清楚具体什么课了

　　C. 有些印象，我能记得少数课程

　　D. 很有印象，我对每门思政课都记忆犹新

10. 你的思政课堂一般都是多少人一起上课？（ ）

　　A. 50 人以下

　　B. 50—100 人

　　C. 100—150 人

　　D. 150 以上

11. 你的思政课一般安排在什么时间上课？（ ）

　　A. 周一至周五的白天

　　B. 周一至周五的夜晚

　　C. 周末的白天

　　D. 周末的晚上

12. 你的思政课所用的是哪一类教材？（ ）

　　A. 没有注意过

　　B. 老师推荐他自己编写的

　　C. 老师推荐别人编写的

　　D. 国家统编高等教育出版社出版的

13. 你们是否到过革命纪念馆、历史遗址等实践基地上过思政课？（ ）

　　A. 从来没有过

　　B. 去过，但是非常少

　　C. 去过，还是有几次的

D. 去过，每位老师的课堂都会去

14. 你们的校领导和院领导会通过各种方式给你们上思政课吗？
（   ）

    A. 没有吧，我没有听说过

    B. 应该是有的，但是我没有上过

    C. 肯定是有的，我就上过

    D. 绝对是有的，我几年来上过好几次

15. 你喜欢你们的思政课老师吗？（   ）

    A. 不喜欢，上课一点劲都没有

    B. 还行吧，反正和其他老师也差不多

    C. 挺好的，讲得有点意思

    D. 很好的，是我最喜欢的老师之一

16. 你觉得在你们思政课堂能够学到真正的知识吗？（   ）

    A. 不能够，老师净在那里瞎扯

    B. 还行吧，多少有点知识

    C. 挺好的，能学到蛮多东西

    D. 很好啊，学到很多以前完全不知道的东西

17. 你们的思政课老师是否存在迟到早退、胡扯瞎聊等情况？
（   ）

    A. 很普遍啊，基本都是很不敬业

    B. 还行吧，个别老师会有这种情况

    C. 没有的，大部分思政老师还是可以的

    D. 肯定不会，我认识的思政老师都是很敬业的

18. 辅导员（班主任）老师平时联系你们多吗？（   ）

    A. 基本见不到人，也不联系

    B. 很少，偶尔联系一下

    C. 还可以，联系比较多

    D. 很多的，基本天天可以看到

19. 你觉得心理健康教育对你日常学习生活有作用吗？（　　）

　　A. 感觉一点用处都没有

　　B. 没什么大的用处，偶尔有点帮助

　　C. 还是有一些用处的，能够帮助到一些方面

　　D. 用处很大啊，甚至改变了我的生活

20. 你们的思政课堂上是否曾经有老师来听课？（　　）

　　A. 从来没有过

　　B. 可能有，但是我没有见到

　　C. 肯定有的，我遇到过几次

　　D. 绝对有的，我经常遇到

21. 你是否参加过学校组织的社会调查、志愿者服务、勤工俭学等社会实践活动？（　　）

　　A. 从来没有参加过

　　B. 偶尔去过一两次

　　C. 去过好几次

　　D. 去过很多，每个学期都会去

22. 你们学校是否开设了创新创业课程？（　　）

　　A. 没有听说过

　　B. 听说过，但是没有真正上过这门课

　　C. 上过这门课，但是讲什么记不清楚了

　　D. 上过这门课，感觉对自己走入社会作用很大

23. 你会经常关注你们学校的网站、微信公众号或者网络论坛吗？（　　）

　　A. 从来没有看过

　　B. 只在通知有事的时候才会偶尔登录

　　C. 不时会看一下

　　D. 基本每天都会看

24. 你喜欢你们学校的网站、微信公众号或其他网络平台上发布的内容吗？（ ）

    A. 不喜欢，觉得没意思

    B. 还行，反正就那样

    C. 比较好，蛮喜欢

    D. 很好，很贴近我们

25. 防控疫情期间，你们的思政课是否通过各种方式开展了网络教学？（ ）

    A. 没有通知，也没有在网上上课

    B. 开展了，但是基本没有人去上

    C. 开展了，还是有一点效果

    D. 开展了，而且感觉效果很好

26. 你们是否开设了"红色文化"方面的专门课程或者专项教学？（ ）

    A. 没有印象，记不清楚

    B. 听说过，但是没有正式上过课

    C. 上过课，还有些印象

    D. 肯定有这课，我受益匪浅

27. 在思政课堂中对中国传统文化是否有过专门的讲述？（ ）

    A. 没有印象，记不清楚

    B. 好像讲过，但内容基本忘了

    C. 肯定讲过，还记得一些内容

    D. 绝对讲过，而且讲得很好

28. 学校是否组织你们诵读过红色家书或者英烈故事？（ ）

    A. 从来没有过

    B. 有过，但是非常少

    C. 还有过一些，谈不上很多

    D. 经常会有，简直应接不暇

29. 在九一八事变、南京大屠杀等纪念日的时候,你们学校是否组织学生参加了相关纪念活动?( )

    A. 从来没有过

    B. 有过,只有偶尔几次

    C. 基本会有,但是不是每年都能坚持

    D. 每年都会坚持举办

30. 你最希望多开展以下哪方面的文艺活动?( )

    A. 中国传统文化

    B. 红色革命文化

    C. 社会主义先进文化

    D. 当代西方文化

31. 你是否参加过学校组织的升国旗、唱国歌仪式?( )

    A. 从来没有过

    B. 有过,但是非常少

    C. 有过一些,也谈不上很多

    D. 有过很多,每隔一段时间就会参加

32. 在需要的时候,你是否愿意去心理咨询室找老师倾诉?( )

    A. 不想去,不想对他们说

    B. 想去,但是觉得有点不好意思

    C. 想去,可是又怕没有什么效果

    D. 想去,而且已经去过了

33. 你们学校是否开展过针对所有学生得心理健康筛查活动?( )

    A. 从来没有过

    B. 有过,但是好久又没有开展了

    C. 有过,而且每年都会开展

    D. 这个事情我不太清楚

34. 你是否参加过各种类型的宗教宣传活动或宗教团体？（ ）

　　A. 经常参加，基本每周都有

　　B. 参加过一段时间，后来就没有了

　　C. 只参加过一两次

　　D. 从来没有参加过

35. 针对家庭困难、难以缴纳学费的同学，你们学校会提供助学贷款吗？（ ）

　　A. 没有听说过

　　B. 好像有的，但是我没有见过

　　C. 肯定有的，我身边就有少数

　　D. 绝对有的，很多同学都收益

36. 你们学校有各种类型的奖学金、助学金或困难补助吗？（ ）

　　A. 没有听说过

　　B. 好像有的，但是我没有见过

　　C. 肯定有的，我身边就有少数

　　D. 绝对有的，很多同学都收益

37. 你参加过诸如学生会之类的各种学生社团吗？（ ）

　　A. 从来没有参加过

　　B. 参加过，但是很快就退出了

　　C. 参加过一些，也维持了一段时间

　　D. 参加过，而且还一直在这些社团

38. 在你参加的社团中，是否有学校老师参与指导工作？（ ）

　　A. 从来没有过

　　B. 有过，但是不多

　　C. 有过，比较普遍

　　D. 肯定每个社团都有的

39. 假如给你一次选择国籍的机会，你会愿意成为欧美发达国家的公民吗（ ）

A. 说实话肯定愿意

B. 比较愿意，又担心难以融入西方文化

C. 不太愿意，主要是故土难离

D. 完全不愿意，我是中国人

40. 平时你会主动通过各种方式了解时政要闻、国家大事吗？（　）

A. 从来没有过

B. 偶尔会这样

C. 时常会这样

D. 天天会关注

41. 结合实际，谈谈你对增强学校思政工作针对性和实效性的看法。

参考文献

《马克思恩格斯选集》第1—4卷，人民出版社2012年版。
《毛泽东选集》第1—4卷，人民出版社1991年版。
《邓小平文选》第1—2卷，人民出版社1994年版。
《邓小平文选》第3卷，人民出版社1993年版。
《江泽民文选》第1—3卷，人民出版社2006年版。
《习近平谈治国理政》第1卷，外文出版社2018年版。
《习近平谈治国理政》第2卷，外文出版社2017年版。
《习近平谈治国理政》第3卷，外文出版社2020年版。
《习近平谈治国理政》第4卷，外文出版社2022年版。
习近平：《在北京大学师生座谈会上的讲话》，人民出版社2018年版。
习近平：《思政课是落实立德树人根本任务的关键课程》，人民出版社2020年版。
习近平：《论党的宣传思想工作》，中央文献出版社2020年版。
习近平：《在党史学习教育动员大会上的讲话》，人民出版社2021年版。
习近平：《在哲学社会科学工作座谈会上的讲话》，人民出版社2016年版。
习近平：《在庆祝中国共产党成立95周年大会上的讲话》，人民出版社2016年版。
习近平：《决胜全面建成小康社会 夺取新时代中国特色社会主义伟大

胜利——在中国共产党第十九次全国代表大会上的报告》，人民出版社2017年版。

习近平：《在纪念五四运动100周年大会上的讲话》，人民出版社2019年版。

习近平：《在庆祝中国共产党成立100周年大会上的讲话》，人民出版社2021年版。

《中共中央关于党的百年奋斗重大成就和历史经验的决议》，人民出版社2021年版。

中共中央文献研究室：《十八大以来重要文献选编》（上），中央文献出版社2014年版。

中共中央党史和文献研究院：《十九大以来重要文献选编》（上），中央文献出版社2019年版。

艾四林：《新时代如何办好思想政治理论课》，人民出版社2019年版。

陈虹：《协同育人与创新发展》，文化发展出版社2017年版。

陈寿灿：《增强大学生思想政治理论课获得感研究》，浙江工商大学出版社2021年版。

冯刚：《改革开放40年高校思想政治教育编年史》，北京师范大学出版社2019年版。

冯刚、高山：《新时代高校思想政治教育治理论》，中国社会科学出版社2021年版。

顾海良：《高校思想政治理论课程建设研究》，中国人民大学出版社2016年版。

郭凤志：《高校思想政治理论课程建设研究》，北京师范大学出版社2020年版。

韩振峰：《新时代思想政治理论课改革创新研究》，中央编译出版社2021年版。

何宗元：《新时代思想政治教育协同育人原理与实践研究》，企业管理出版社2021年版。

黄瑞雄：《科学教育与人文教育相融合的思想政治教育及其方法创新研究》，人民出版社2018年版。

荆筱槐：《大数据与高校思想政治理论课》，光明日报出版社2020年版。

李华、李欣：《铸魂育人——思政教学与生涯教育融合课例》，福建教育出版社2021年版。

李梁：《现代信息技术与高校思想政治理论课教育教学深度融合研究》，人民出版社2021年版。

李晓莉：《思想政治教育协同论》，中国社会科学出版社2019年版。

刘建军：《寻找思想政治教育的独特视角》，中国人民大学出版社2016年版。

马俊平：《高校思想政治教育和创新创业教育协同育人研究》，水利水电出版社2018年版。

潘开灵、白烈湖：《管理协同理论及其应用》，经济管理出版社2006年版。

蒲勇、何雨洋：《大学生思想政治教育主渠道和主阵地融合路径研究》，四川大学出版社2020年版。

单春晓、延诺：《高校思想政治教育长效机制路径选择》，中国社会科学出版社2018年版。

佘双好：《思想政治理论课程教学法探析》，中国人民大学出版社2018年版。

宋斌：《民办高校思想政治教育协同机制研究》，人民出版社2020年版。

陈纪：《"大思政"视域下高校思政工作者与专业教师协同育人模式探究》，《四川民族学院学报》2020年第29卷第3期。

成洪波：《充分发挥高校思想政治教育协同育人力量》，《中国高等教育》2020年第5期。

董秀娜、李洪波、杨道建：《"三全育人"理念下构建高校思想政治工作体系的三维路径》,《思想教育研究》2021年第1期。

谷佳媚、周静:《习近平新时代中国特色社会主义思想铸魂育人的逻辑分析》,《思想教育研究》2019年第11期。

何祥林、张振兴:《思想政治教育实效性研究:基于场域的视角》《教育评论》2014年第8期。

李红权、张春宇:《用习近平新时代中国特色社会主义思想铸魂育人的内在机理分析》,《思想教育研究》2019年第7期。

李忠军、牟霖:《发挥高校思想政治理论课的铸魂功能》,《中国高等教育》2019年第2期。

李忠军、杨科:《新时代铸魂育人的关键:信仰、信念、信心》,《思想教育研究》2019年第6期。

李忠军:《"铸魂育人"是思想政治教育本质核心内涵的探讨》,《思想理论教育导刊》2015年第10期。

刘爱玲:《互联网视域下思想政治教育场域的转换与重构》,《思想理论教育导刊》2020年第6期。

刘宏达:《以体系思维推进高校思想政治工作体系的创新发展》,《思想理论教育》2020年第8期。

刘建军:《习近平理想信念论述的历史梳理与理论阐释》,《河海大学学报》(哲学社会科学版)2015年第3期。

刘建璋:《新时代铸魂育人的要素构成、现实表征与实践理路——基于习近平关于铸魂育人重要论述的探析》,《广西社会科学》2019年第12期。

刘远杰:《场域概念的教育学建构》,《教育学报》2018年第6期。

骆郁廷:《铸魂育人:新时代文化软实力发展战略》,《文化软实力研究》2018年第6期。

毛志强、熊官旭、丁梅君:《"思政课"铸魂育人的三维标识:逻辑抽象・价值意象・路径具象》,《学术探索》2019年第6期。

佘双好:《习近平关于中国精神重要论述的现实意义》,《马克思主义理论学科研究》2019 年第 2 期。

沈壮海、董祥宾：《论新时代高校思想政治工作质量提升》，《思想理论教育》2018 年第 8 期。

沈壮海、李佳俊：《论新时代高校思想政治工作体系的构建》，《思想理论教育》2019 年第 12 期。

沈壮海、王芸婷：《用习近平新时代中国特色社会主义思想铸魂育人》，《思想理论教育》2020 年第 6 期。

石书臣：《同向同行：高校思想政治教育协同创新的课程着力点》，《思想理论教育》2017 年第 7 期。

史巍：《社会主义核心价值观：铸魂育人有效落实的整体统筹》，《社会科学战线》2016 年第 6 期。

王习胜：《以"三全育人"为导向构建高校思想政治工作管理体系》，《思想理论教育》2021 年第 4 期。

谢新峰、张鑫凝：《刍议新时代思想政治教育对时代新人的培育》，《思想政治教育研究》2019 年第 5 期。

严蔚刚、张澍军：《从耗散结构理论看思想政治教育》，《思想教育研究》2010 年第 3 期。

杨峻岭：《时代精神：铸魂育人的重要精神支撑》，《社会科学战线》2016 年第 6 期。

杨仲迎：《全媒体融场域下高校思想政治教育协同育人体系构建研究》，《学校党建与思想教育》2021 年第 2 期。

袁占亭：《高校要始终以社会主义核心价值观铸魂育人》，《中国高等教育》2019 年第 23 期。

张军：《在把握铸魂育人特点规律中培养新一代"四有"革命军人》，《南京政治学院学报》2015 年第 1 期。

张利明：《铸魂育人的文化之维》，《思想政治教育研究》2020 年第 6 期。

张小玲：《新时代红色文化铸魂育人价值意蕴探析》，《中国社会科学报》2020 年 3 月 10 日。

郑敬斌，孙雅文：《思政课与其他课程同向同行的逻辑前提、现实梗阻与实践指向》，《高校辅导员》2019 年第 4 期。

钟启东：《马克思主义理论教育铸魂逻辑论析》，《社会科学战线》2016 第 6 期。

钟启东：《用习近平新时代中国特色社会主义思想铸魂育人的内容范畴与精神实质》，《思想理论教育》2020 第 8 期。

崔晓丹：《大学生思想政治教育主渠道与主阵地协同研究》，北京科技大学，博士学位论文，2020 年。

钟启东：《习近平铸魂育人思想研究》，东北师范大学，博士学位论文，2017 年。

后　　记

本书是 2019 年度获批的首届国家社科基金高校思政课研究专项"高校坚持用习近平新时代中国特色社会主义思想铸魂育人的协同机制研究"（19VSZ008）的最终研究成果，课题以"优秀"等级结题。

本书稿课题组主持人郭杰忠教授负责拟定撰写大纲、各章节重要理论和学术观点的提出、全书的修改审定等工作。在课题完成的过程中，郭杰忠教授多次主持召开会议，组织课题研讨，对课题组成员的撰写工作进行了具体指导，指导课题组成员反复打磨成果。南昌航空大学郭莉、卢艳兰协助主持人完成书稿的校对工作。各章具体执笔人如下：前言：郭杰忠；第一章：郭莉、吴娜；第二章：郭杰忠、郭莉、卢艳兰、吴娜、李江波、端剑锋；第三章：卢艳兰、黄凤芝；第四章：万玉青、雷筱芬、万晓波、何锐、宋小兵、黄凤芝等；第五章：舒长江、郭　莉。

在本书付梓之际，首先要感谢课题组全体成员的辛勤付出，在本书写作过程中，得到了课题组成员的大力支持。最后，还要感谢南昌航空大学学术专著出版基金对本书出版的资助，感谢中国社会科学出版社编辑黄晗提出的修改意见以及他们的辛苦编审工作。

郭杰忠
2022 年 10 月